ちくま学芸文庫

フランス革命の政治文化

リン・ハント
松浦義弘 訳

JN095855

筑摩書房

フランス革命の政治文化　目次

ちくま学芸文庫版へのまえがき

自分の著作の日本語訳のためにこのまえがきを書くことは、わたしにとって大変な名誉です。自著で提示した議論は今でも相変わらず意味をもつとわたしは信じていますが、書物はそれが書かれた時代を反映しているものです。わたしは本書のための研究を一九七〇年代に始めましたが、それはフランス革命のマルクス主義的解釈がいまだ論理的に妥当性をもつことを証明することを期待してのことでした。

わたしはまず、大都市で革命をおこなった人びとに焦点をあてました。というのも、もっと多くの商人や製造業者、つまりマルクス主義のいう「資本主義的ブルジョワジー」が大都市のレベルでは革命的指導者として出現するのではないかと思っていたからです。わたしは実際、商人や製造業者を発見しましたが、その発見のパターンは予測しがたいものでした。ある地域では、商人が革命期をとおして勢力をふるいましたが、ある地域では勢力をうしないました。そして別の地域では、彼らはほとんど影響力をもちえなかったのです。同様に、異なる地域の政治的傾向を説明するための社会的・経済的ファクターも、数量分析をくわだてたときの結果も、わたしを驚かせるものでした。左翼の政治がもっとも一貫して受け入れられたのは、中心から遠く離れた、相対的に「発展の遅れている」地域で、事実上大規模な製造業が存在しない地域だったからです。社会的・経済的地位や職業は、わたしが予期したほどには重要ではないように思えました。より重要だったのは、王政のもとで地域政治を支配していた人びと（彼らの敵対者がいまや地域政治を掌握した）とか、婚姻、フリーメーソンの会所、あるいはクラブなどを通して知り合いになった人びととか、人びとが信じていたこととかだったのです。要するに、政治的アイデンティティは、社会的・経済的地位以上のものに依拠しており、文化的構成要素が重要だったのです。

わたしの最初の研究で提起された問題は、より一般的に歴史学の分野で提起された問題と共鳴するものでした。一九八〇年代初頭、文化史が歴史学における社会史の支配に挑戦していましたし、フランス史においては、フランス革命のマルクス主義的解釈に対するフランソワ・フュレの正面からの攻撃が歴史学を席巻《せっけん》していました。文化史家（しばしば社会史家自身が転向したものでしたが）は、社会的アイデンティティは、その言語学的・文化的表象をとおしてのみ把握されうると主張しました。商人は、ある文脈ではあることを意味したが、別の文脈では他のことを意味したというわけです。同じような議論として、フランス革命は社会階級間の闘争としては説明されえず、言語やシンボルの支配をめぐる政治闘争としてのみ理解されうるのだと、フュレは強調しました。一九七七年にカルナヴァレ美術館でフランス革命期における版画の展覧会にいってから、わたしはますます革命期のシンボルに関心をもつようになりました。ほかの多くのフランス革命史家とおなじように、わたしもそれまでは無意識に、自分のつかう史料として選挙結果、新聞、回想録、警察報告、議会演説、納税申告書、会員リストなど、すべて言語史料に頼っていました。でもカルナヴァレ美術館の版画の展示品を見てから、視覚的表象をともなった革命期の何千もの版画、レターヘッド、カレンダー、トランプ、皿などをわたしはもはや無視することができなくなりました。

その結果として時間とともに、わたしが使用する史料は、フランスのさまざまな地方の数量的データや個々の役人にかんする何百もの一件書類から共和国の印章のために提起されたデッサンにいたるまで、かなり特異な史料の混成ということになったのです。これらの史料をすべて結びつけることは可能なのでしょうか。わたしは可能だと信じましたが、それらの史料を提示する順序について頭を悩ませました。なにが最初にくるべきなのでしょうか。それにかんするわたしの選択は、因果関係や意味についてのわたしの見方についてなにを意味するのでしょうか。わたしは、土台と上部構造にかんする標準的なマルクス主義の図式、つまりもっとも根本的なファクターとしての土台における経済的・社会的関係、そして下に横たわる土台の機械的な副産物である上部構造としての政治と文化という図式を是認することができませんでした。しかしながらわたしはまた、この定式を単純に転倒して、社会的区分や経済的変化を生み出すものとしての政治という考え方も受容することができませんでした。それゆえわたしは「政治文化」に焦点をあてることにしたのです。わたしの説明は、ことばの通常の意味での政治史も文化史も提供するものではなく、むしろフランス革命期の政治をかたちづくった社会的パターンや文化的想定の分析を提供することにあります。土台 - 上部構造とか水準といったメタファーから逃れるために、わたしは「メビウスの帯」に飛びつきました。帯の片面としての社会、帯のもう片面としての政治を想像してみてください。両者は解きほぐしがたいほど絡み合っていて、「上」か「下」につねに固定されることはありませんし、一方が止まるところで他方がスタートするということもありません。

メビウスの帯は、印刷された書物にとっては、建築物よりも視覚的メタファーとしてより効果的です。印刷された書物におけることばは、順々に線状に書かれなければなりません。ですからわたしは、政治から出発するか社会から出発するか、文化的想定から出発するか社会的パターンから出発するかを選択しなければなりませんでした。わたしは、「政治の社会学」よりもむしろ「政治の詩学」からはじめることを選択しました。そうしたのは、わたしが詩学は社会学にたいして不可避的に因果関係上の優位性をもつと信じていたからではなく、社会学は詩学にたいして不可避的に重要だといまだ考えている読者を揺りうごかすためだったのです。多くの人びとは、社会学（社会）が詩学（政治）を説明するものと信じており、その逆ではなかったのです。一九八四年にわたしの書物が刊行されたとき、ほとんど誰もが、その前半（詩学）をもっとも独自で挑発的だととらえました。そのときまでに歴史家たちは、「言語論的転回」を受け入れており、政治の社会史は、新しい文化史の素材であるレトリックや儀礼や画像の研究と比べて面白くないと思われていました。

しかしひろく普及すれば風向きも変わるものです。研究者がフランス革命の文化的・言語的・視覚的そして詩学的な次元を詳細に分析した今となっては、わたしの著作の後半がより強い関心をもたれはじめているのかもしれません。そこで検討された地理的・社会的パターンにかんする強調は、一九八〇年代以来の学問における新しい潮流と合致するだろうと思います。大きな変化がフランス革命の研究においても進行中です。一九八九年のフランス革命二〇〇周年はフュレの影響力の頂点とマルクス主義的な解釈のどん底を画すものでした。しかしながら、それ以後多くの研究者が、支配的なフュレの正統的学説（すべては政治である）を批判し、フランス革命の社会的意味を分析する新しい方法を探し求めてきました。しかしある点まで、フュレにたいする批判論とそれに付随するマルクスの復権は、両者の下に横たわる類似点を無視するものでした。ちょうどマルクス自身がフランス革命の政治的次元を決して見落とすことがなかったように、フュレもこの革命の社会的意味を無視することはなかったのです。それなのにどういうわけか両者の絡みあいは、マルクス主義と共産主義をめぐる論争のなかでゆくえがわからなくなってしまいました。共産主義は西欧世界ではもはや死にもの狂いの反応を引き起こさないのですから、いまや社会と政治との関連を新しい観点から考えることも可能かもしれません。読者のみなさんは、フランス革命の社会的意味を評価するためにマルクス主義のすべてに同意する必要がありませんし、フランス革命期の政治文化はそれ固有の論理をもっていたことを認めるために全体主義の起源としてのフランス革命というフュレの見方を受容する必要もないのです。まさに社会と政治がどのように関連しているのかは、相変わらず興味ぶかい問題でありつづけているのです。

わたしの著作の後半部分は、一九七〇年代末と一九八〇年代初めに利用できたテクノロジーの限界をもっとも直接的に反映しています。わたしはその部分をもっとも初期のパーソナルコンピュータ（片面・単密度フロッピーディスクに三三頁のテクストを保存できたミシンサイズのオズボーン・コンピュータ）を利用して書いたのですが、（当時のわたしの研究助手であったポール・ハンソンとデヴィッド・ランスキーのなくてはならない助けを借りて）汎用コンピュータ上で電卓やキーパンチカードをもちいて数量分析をおこないました。これらの骨の折れる方式は、今日のコンピュータによってもたらされる融通性とかスピードとかとはまったく無縁なものでした。とはいえ、新しいテクノロジーを利用すれば異なる結果がもたらされるかどうかは明白ではありません。というのも、データの入力と操作がはるかに容易になったにもかかわらず、わたしの知るところでは、だれひとりとして、そこで提供された分析を論破したり、修正したり、拡張したりすることを試みていないからです。多くの新しい情報、とくに選挙の調査や社会的・文化的ファクターの地図などが出現したのですが、だれもこのデータをまとめて新しい支配的な解釈を打ちだしてはいないのです。フランス革命の社会的意味にたいする関心が高まり続けるのであれば、数量的方法の復活とこの新しい情報を利用するための組織的な試みから利益が得られるのではないかと思います。

わたしの著作が刊行された一九八四年以後、関連するテーマにかんして数え切れないほど多くの著作と論文が出版され、新しい解釈があらわれ、かつて遺失した史料が再発見されました。そしておそらく、二〇年以上前にわたしが研究に着手したとき、有用な情報の一部をうっかり除外してしまいました。いまこれらの情報すべてに実質をあたえようとすれば、新しい、おそらく異なる書物を書くことを必然的にともなうことになると思います。わたしは、この書物におけるすべてのことが完全に妥当なままであると主張するつもりはありませんが、その基本的研究方法、政治と社会とのあいだの、権力の詩学と政治の社会学とのあいだのバランスは、いまでもフランス革命についてのわたしの理解を象徴しています。その理解が読者のみなさんを納得させるものかどうかは、みなさんが自分で決めることだと思います。

リン・ハント、ロサンゼルス、二〇二〇年一月

日本語版への序文

自分の作品がある外国語に翻訳されるというのは、つねにたいへん名誉なことである。この機会に私の作品をふりかえり、現在の歴史学のコンテクストのなかにそれを位置づけさせていただければ、と思う。フランス革命にかんする著作は、近年、劇的に増加した。これは、ただたんに、フランス革命二〇〇周年によってフランス革命にたいする新たな関心が生じた、という理由によるだけではなくて、一九七〇年代末にフランス革命というテーマに新たな生命があたえられた、という理由にもよる。

一九七〇年に私がフランス革命史家として研究をはじめたとき、社会史はまさに、アメリカ合衆国において卓越した地位をきずきつつあった。このような社会史の卓越は、「アナール派」の影響と、労働者階級にかんする新しい柔軟なマルクス主義史学の影響がむすびついたために生じたものであった。私は、社会史というこの新しい方法を、当時古典的な道具だてのなかにあった地方政治史の研究に適用しようとした。その結果として、私は最初の著作を書いた。それが、シャンパーニュ州の比較的大きなふたつの製造業の都市へのフランス革命の到来にかんする著作、『フランスの地方におけるフランス革命と都市政治――トロワとランス、一七八六～一七九〇年（*Revolution and Urban Politics in Provincial France: Troyes and Reimes, 1786-1790*）』だった。[*1] この最初の著作においては、私の最大の関心は、相違、つまり、きわめて多くの特性を共有していたふたつの都市において革命期の経験がなぜ大きく異なったのか、ということを説明することにあった。社会史と都市史にかんする私の関心は、本書『フランス革命の政治文化』にもちこされた。しかし本書では、私は、都市の経験の相違と同じくらい、あるいはそれ以上に、その類似点に注意をはらった。本書では、相違への関心は地方と国家のレベルであらわれている。たとえば、異なる地方がなぜきわめて異なる政治的傾向を選択したのか、とか、国家全体をとおして町と農村はたがいにどのように異なっていたのか、とか、がそれである。

私が一九八〇年代初頭に本書を執筆していたとき、フランス革命にかんする論争は、いまだ大部分、社会史に集中していた。マルクス主義的解釈の擁護者もその批判者も、革命家集団の社会的出自にかんする史料に依拠して自説を展開していた。その後社会集団にかんする研究はたしかに消滅してはいないが、フランス革命にかんする論争は大きな方向転換を経験した。これはおもに、フランソワ・フュレの作品の影響によるものであった。彼の歴史論集『フランス革命を考える（*Penser la Révolution française*）』は、革命研究に思弁的ないしは哲学的転換をもたらしたのである。フュレ自身、それにつづく著作において彼の見解をねりあげた。[*2] フランク・フェイヘアとパトリス・ヒゴネットの近著は、フュレの議論のいくつかの要素をとりあげ、それをさらに展開したものだった。彼らはフュレの議論をなにからなにまで踏襲しているわけではないが、彼らはどちらも、フュレと同じく政治哲学的な手法で著述しており、この手法においては、政治の社会史は大幅にぬけおちてしまっている。[*3] ブライアン・シンガーの『社会・理論・フランス革命』のように、フュレとの関連がそれほど明白でない著作でさえも、フランス革命によって提出されたより広い哲学的問題にかんする関心の増大をしめしている。[*4]

新しい思弁的な分析方法のこのような隆盛のなかで、マルクス主義史家の多くはとりのこされてしまった。より哲学的手法で書かれたいくつかのマルクス主義的な著作のひとつ、ジョージ・コムニネルの『フランス革命を再考する』は、議論をあまりにも狭く「ブルジョワ革命」の概念に限定していて、ぜひとも注目しなくてはならないという著作ではない。[*5] コムニネルは、フランス革命期の研究におけるもっとも重要な新しい強調点、つまり政治文化を無視している。近年におけるキース・ベイカー、デイル・ヴァン・クレイ、モナ・オズーフ、そしてほかの多くの史家たちは、革命前と革命期の政治文化を構成するレトリックと儀式の実践を強調するアプローチが実り多いものであることをすでに明らかにしているというのに、である。

私の著作はこのような一般的なアプローチの一部をなすものであり、ほかの史家の著作と同様、それは、フランス革命とはまずもって政治文化の変換の過程だった、というフュレの中心的な議論の影響を証している。しかしそれは、重要な点でフュレとは異なる。モナ・オズーフが革命祭典にかんする研究において、そしてモーリス・アギュロンが共和国の女性の寓意画像にかんする分析においておこなったように、私も、政治文化の表現形態を明らかにして、現実をあばこうとした。近年いっそう抽象的な方向に分析がむかっているフュレとは異なり、これらふたりの史家は、政治文化の実際の表現形態にかくされた、哲学的に理解される論理よりも、それらの表現形態に分析を集中したのである。

マルクス主義史家は大部分、哲学的領域におけるフュレとの論争を無視したが、皮肉にも彼らみずからが、政治文化の実践への関心を新たに追求するにいたっている。実際、フュレ「学派」（きわめてゆるくそう命名しうるとすれば）が政治哲学の方向にますます移行するにつれて、マルクス主義者は、あらかじめ方針のさだまった彼ら自身の立場をはなれて、政治的・文化的実践の分析にむけられたはるかに柔軟なアプローチに移行してきている。この傾向は、『共和暦二年の文化革命』にかんするセルジュ・ビアンキの著作や、最近ミシェル・ヴォヴェルが公にした革命的心性にかんする多くの著作にみてとることができる。[*6] ソルボンヌのフランス革命史講座の教授としてヴォヴェルは、ほぼありとあらゆる表現手段におけるフランス革命の表象行為にかんして広い範囲にわたる新しい研究をおしすすめた。[*7] このように、マルクス主義史家のあいだにおいてさえも、文化、ことに政治文化の分析によって、社会集団の研究は、舞台の中央からおいやられてしまったのである。

私もたしかに、フランス革命のシンボルやレトリックにかんするこのような関心を共有している。しかし私がまた、そのようなシンボルやレトリックはそれらが部分をなす社会との関連で理解されなければならない、と考えていることも明らかだと思う。私は自分の著作の第I部をレトリックやシンボルや政治的実践にあてたが、そうしたのは、それらが革命家の社会的出自からは単純に演繹されえないのだ、ということを主張したかったからであった。つまり、フランス革命の政治文化は、新たに勝利をえたブルジョワジーの侍女以上のものだったのである。革命のレトリックとシンボルは、根本的なかたちで革命のプロセスそのものをかたちづくるのに寄与したのだ。しかし本書には第II部があり、これは第I部におとらず重要だ、と私は考えている。フランス革命の成否は、結局のところ、それをおこなった者やそれを支持した者にかかっていた。つまり言語やシンボルは、はげしい政治的危機と同様、はげしい社会的・経済的危機の時期にあった一般民衆の関心や願望と共鳴した場合にのみ機能したのである。

実際、本書の第II部はいまやもっとも独創的だ、と主張することができる。というのも、政治文化への新たな関心にもかかわらず、文化的実践と社会的実践とのつながりにかんしてはほとんど注意がはらわれてこなかったからである。フュレは、政治的メカニズムの下に横たわる哲学的論理を理解しようとする関心から、社会的なものを無視してしまった。この意味で彼は、社会的なものを消去しようとしたジャコバン派の夢を再現している。マルクス主義史家でさえ、社会的次元をとくに注意をはらう必要のないものとみなすためか、あるいは文化的なものをしかるべき地位にぜひ復権させたいと思うためか、社会的次元を無視する方向にむかってしまった。

本書の第Ⅱ部で、私は、社会的出自とフランス革命の政治文化的実践とのあいだのつながりに新たな光をあてようとした。多様な証拠にもとづいて、フランス革命は、生産様式にたいする一元的な関係によってよりもむしろ社会的・文化的位置によって定義される「新しい政治階級」によってなされたのだ、と私は主張している。この主張は正しい、と私はいまなお確信しているが、この領域ではもっと多くの研究がなされなくてはならないことは、いまや明白である。西ドイツの歴史家たちは、最近、啓蒙運動とフランス革命における社会認識の発展にかんしていくつかの傑出した著作を上梓した。*8 けれども、歴史的意味論においてきわめて重要な社会的要素の分析を導入したとはいえ、彼らの主要な関心はやはり、政治的・社会的活動そのものの広範な拡がりよりもむしろ、言語や社会的現実の概念化にあるのである。

政治的・文化的活動の社会的コンテクストにかんする私自身の作品は、政治文化の統一性の源泉をあばくことに大きな関心がむけられていたため、地方ごとの相違をおそらく過小評価してしまった。政治的・文化的実践の地域的・地方的・国家的形態のあいだの関連にかんしては、まだあまりにもわずかのことしか知られていない。同様に、異なる社会集団が政治的・社会的革新にたいしてどのように対応したか、ということにかんする研究がもっと必要である。私の著作で見すごされているきわめて重大な断層線は、両性の経験を分かつそれである。女性は、革命の言語やシンボルをどのようにうけとったのだろうか。女性の役割や地域ごとの相違は、もっと多くの研究がなされてはじめて、革命史によりうまく統合されるだろう。同じように、たとえば、一六四〇年代のイギリス革命と一七七〇年代や一七八〇年代のアメリカ革命、そしてフランス革命のあいだの広範な比較は、このような地域ごとの相違を理解することによっておおいに質が高まるだろう。残念ながら、標準的な地域史はこの点ではほとんど役にたたない。というのも、それらはきわめてしばしば、政治的・文化的実践の地域的形態にかんする分析よりもむしろ、地域の出来事の年代記を提供するだけだからである。私たちは、新しい世代の研究者たちがこの種の研究をくわだててくれることを期待しなくてはならない。というのも彼らは、ここ一五年ないしは二〇年のあいだに発展してきた新たな歴史学的関心によってみちびかれるであろうからである。さいわいなのは、私たちがフランス革命にかんする持続的な神話によってとらわれているにもかかわらず、将来の研究にかんする展望にはなんら際限がないようにみえることだ！

一九八九年一月

L・ハント

謝辞

一九七六年に本書のための研究を開始したとき、私は別の計画を心にいだいていた。そのとき私は、フランス革命期の四つの都市における政治権力の地域的構造について書こうと思っていたのだ。けれども、問題の四つの都市の研究にとりくんだとき、私は、自分の関心の焦点が変化しはじめているのに気づいた。ひとつには、カリフォルニア大学バークリー校の私の友人や同僚の大きな影響のせいであり、ひとつには、フランソワ・フュレやモナ・オズーフやモーリス・アギュロンによる、フランス史における新しい作品の影響のせいであった。その結果、革命期の政治にかんする私のもともとの社会史は、しだいに文化的分析に転化し、問題の四つの都市の政治構造は、その話のたんなる一部でしかないものとなった。にもかかわらず、権力は本書における私の中心的関心でありつづけた。というのも私は、フランスの革命家たちがパリ、地方の中心都市、あるいは政治の主潮流からはるか離れた農村のどこで活動していようと、権力は彼らの中心的な関心であった、と信じているからである。

何年にもわたって私は、多くの施設や個人の援助から恩恵をこうむってきた。私の研究は、ミシガン大学フェロー協会、アメリカン・カウンシル・オヴ・ラーニッド・ソサエティーズ、そしてもっとも最近ではグッゲンハイム財団からの特別研究費によって資金を提供された。私の研究をたすけてくれた有能な大学院生には、カリフォルニア大学バークリー校の研究委員会とバークリー校の国際研究研究所によって資金が提供された。フランスへの数度の旅行のあいだには、多くの図書館と文書館で歓待をうけた。国立文書館、ジロンド県、オート＝ガロンヌ県、ムルト県、そしてソム県の県文書館、アミアン、ボルドー、ナンシー、トゥルーズの市文書館、パリの国立図書館、パリのカルナヴァレ博物館、ボルドー市立図書館、そしてアミアンとトゥルーズの大学図書館のスタッフの方々には感謝の意を表したい。ロンドンでは、パブリック・レコード・オフィスで研究をした。

多くの友人、同僚、そして学生たちが、私をさまざまなかたちで助けてくれた。私とともに研究してきた大学院生たちは、しばしば実り多き示唆を提供してくれた。フランスでは、幸運にも二人の友人の助力をえた。レズリー・マーティンは、私がはじめて結婚契約書と租税記録を研究しようとしていた一九七六年に地方文書館で研究していた。そしてリザベス・コウインは、一九八〇年にトゥルーズのデータを提供してくれた。ふたつの地図はどちらも、エイドリエン・モーガンによって描かれた。バークリー校やほかの大学の同僚は、本書の草稿の何章かの改訂稿を読んでくれた。私は、コメントしてくれた彼らに感謝する。とくに私は、ランドルフ・スターン、レジナルド・ゼルニック、トマス・ラーカー、ジャック・センサー、ヴィクトリア・ボネルが全草稿を通読し、その改良のための貴重な示唆をあたえてくれたことにたいして、彼らに感謝したい。ジョイス・マッキャンは寛大にも本書の全体を詳細に読み、本書をより読みやすいものにする手だてを提案してくれた。おそらく私がはっきりと自覚しうる以上に、私は、私の友人たちのおかげで問題をより広い視角からより明晰に考えるにいたったのであり、本書には、彼らの影響をしめす多くの痕跡がみられる。最後に私は、それほど明白ではないがまさに現実的な、カリフォルニア大学バークリー校の寄与に感謝したい。カリフォルニア大学は、金と時間にくわえて、同僚や学生をたえず刺激するという、きわめて貴重な環境を提供してくれた。

凡例

1　本書は、Lynn Hunt, *Politics, Culture, and Class in the French Revolution* (University of California Press, 1984) の全訳である。

2　原著の引用符は「　」でしめした。

3　原著のイタリックは、書名・雑誌名・新聞名の場合には『　』で、団体名の場合には〈　〉で、それ以外の場合には傍点でしめした。

4　原著の大文字ではじまる用語は、適宜〈　〉でしめした。

5　原著の（　）および［　］はそのまま訳書に使用した。

6　〔　〕内は訳者による補足・補注である。フランス語やラテン語が原著者による補足・補注なくして直接使用されている場合も（書名・雑誌名・新聞名および団体名をのぞく）、初出のさいに原語のあとに〔　〕をおき、訳語をしめした。ただし初出以後にかんしては、原則として〔　〕内の訳語でもって代用し、とくに原語をしめさなかった。

7　日本語版への序文の注および原著の脚注は、一括して巻末に収録した。

フランス革命略年表　一七八九〜九九年

一七八八
　八／八　国王が一六一四年以後ひらかれていなかった全国三部会の招集に同意。
　九／二十一　全国三部会が一六一四年と同じ議事手続きを踏襲することをパリ高等法院が要求。
一七八九
　五／五　ヴェルサイユで全国三部会が開始。
　六／十七　第三身分がみずからを「国民議会」とよぶことに決定。
　七／十一　国王が人気のある大臣ネケールを罷免。
　七／十四　バスティーユ監獄の陥落。
　一〇／五〜六　「十月事件」。このとき多くの群衆がパリからヴェルサイユに行進し、王家をパリにつれもどす。

一七九〇

七／十二　聖職者市民化法。

七／十四　バスティーユ事件を祝す連盟祭。

十一／二十七　聖職者に忠誠の誓約を要求する法令。

一七九一

六／二十　国王が変装して逃亡をこころみ、ヴァレンヌでつかまる。

十／一　立法議会が開始。

一七九二

四／二十　オーストリアに宣戦布告。

六／二十　テュイルリ宮に群衆が侵入。

八／十　パリにおける蜂起とテュイルリ宮の襲撃によって王政停止。

九／二　ヴェルダンがプロイセン軍に陥落。

九／二〜六　「九月の虐殺」における被収監者の殺害。

九／二十一　国民公会が招集され、君主制を廃止。

一七九三

一／十四〜十七　国王裁判での採決。

一／二十一　ルイ十六世の処刑。
二／一　英国とオランダ共和国に宣戦布告。
三／十　革命裁判所の設立。
三／十一　ヴァンデで蜂起開始。
五／四　穀物価格にかんする最初の「最高価格法」。
五／三十一〜六／二　国民公会における「ジロンド派」の逮捕をもたらしたパリの民衆蜂起。
七／二十七　公安委員会にロベスピエールが加入。
九／五　国民公会におけるパリ民衆の示威運動。「恐怖政治」の採用が日程にのぼる。
十／五　革命暦の採用。
十／十六　マリ・アントワネットの処刑。

一七九四
二／四　フランスの植民地で奴隷制廃止。
三／十三〜二十四　「エベール派」の逮捕、裁判、処刑。
三／三十〜四／五　「ダントン派」の逮捕、裁判、処刑。
六／八　最高存在の祭典。

七／二十七　「テルミドール九日」――ロベスピエール、サン＝ジュスト、および彼らの支持者の逮捕（七月二十八～二十九日処刑）。
十一／十二　パリのジャコバン・クラブの閉鎖。
十二／二十四　「最高価格法」の廃棄。
一七九五
四／一～二　パリで民衆蜂起。
五／二十～二十三　二回目の民衆蜂起、ふたたび失敗。
五～六　フランス南部で以前の恐怖政治家にたいする「白色テロ」。
八／二十二　国民公会が共和暦三年憲法を可決。
十／五　新憲法に反対するパリの右翼の蜂起が失敗。
十／二十六　共和暦四年の選挙（一七九五年十月）ののち、総裁政府が開始。
一七九六
四～一七九七　十　ボナパルトのイタリアでの連勝。
一七九七
三～四　共和暦五年の選挙で王政派が増加。
五／二十七　バブーフの処刑。
九／四　「共和暦五年フリュクティドール十八日のクーデタ」。王政派と考えられた議員が立法府から粛清される。

一七九八 三〜四 共和暦六年の選挙でジャコバン派が復活。

五／十一 議会のジャコバン派にたいする「共和暦六年フロレアル二十二日のクーデタ」。

五〜一七九九 十 ボナパルトはエジプトと中東にあり。

一七九九 十一／九〜十 ブリュメール十八〜十九日のボナパルトのクーデタ。

フランス革命の政治文化

序説　フランス革命の解釈

Interpreting the French Revolution

私は、すべては根本的に政治にかかっていること、そして、どのように試みようと、いかなる国民もその政体の性質によってつくられるもの以外のものにはけっしてなりえないこと、を知った。こうして私には、ありうべき最良の政体というこの重大問題は以下のことに帰着するように思えた。つまり、もっとも有徳で、もっとも啓発され、もっとも賢い、要するに、ことばのもっとも広い意味で最良の国民を形成するにふさわしい政体の性質は何か、ということに。

ジャン＝ジャック・ルソー『告白』*1

ルソーが「すべては根本的に政治にかかっている」と宣言したとき、彼は挑発的で曖昧な申し立てをしていた。彼の考えでは、政治は、慣習や道徳や宗教よりもむしろ、社会生活の基礎であった。一国民の性格はその政体の性質にかかっていた。「ありうべき最良の政体という重大問題」を提示することによって、ルソーは、政体は過去のそれと異なっても当然なのであり、そのほうが良いこともありうる、と暗にしめしたのである。しかしこの政体はどこから由来することになるのか。死すべき人間がどうして、ある国民を「もっとも有徳で、もっとも啓発され、もっとも賢い、最良の国民」にするものは何か、を決定しうるのか。ある政府がどうして、それがつくりあげることになっている国民よりも啓発されていることがありうるのか。フランスの革命家たちはまさにこういった問題に直面しなければならなかった。彼らはルソーを自分たちの精神的よりどころと考えた。しかしルソーは、まさしく彼らがもっとも重大な決定に直面するところでもっとも曖昧であった。社会契約をふたたびとりきめる機会がただの一回あたえられたとしたら、それはどのような形式をとるべきか。一七九〇年代のフランスにおいて一般意志とは何なのか。ルソーのように、政体という言葉を「そのもっとも広い意味で」とった場合、ありうべき最良の政体とは何なのか。

フランス革命はすべてがいかに政治にかかっているかをしめした。しかしそれは、もしルソーがもう一五年長く生きていたなら彼を驚かしたであろうような仕方でそれをしめしたのである。革命家たちはただたんに、共和政にたいする君主政の長所とか、貴族政か民主政か、といったような、政体にかんする古典的な問題を論じただけではなかった。彼らはまた、新たな驚くべき仕方で、それらの問題にかんして実践したのである。論争と政治闘争のまっただなかで、まさに「政治的なもの」の概念が拡大し、かたちを変えた。政体の構造が、増大する政治参加と民衆の動員の強い影響のもとで変化し、政治的言語や政治的儀式、そして政治組織がすべて新たな形式と意味をおびた。ルソー自身はぼんやりとしか想像しえなかったが、彼が予言したように、政体が国民をつくりあげるための道具となった。国民公会議員のグレゴワールが一七九四年一月につぎのように宣言したように。「フランス国民は他のあらゆる国民をこえて進んだ。しかしながら、われわれがその残滓をふりはらおうとしている嫌悪すべき政体によって、われわれは今なお本来の状態から大きく隔たったままである。現在のわれわれとありうべきわれわれとのあいだには、いまだに巨大な溝が存在するのだ。いそいでこの溝を埋めよう。人間性に新たな刻印をあたえることによって、それを再構成しよう」[*2]。

〔人間性の〕再構成と再生というこの目標によってかたちづくられた注目すべき経験から、政治にかんするわれわれの観念や実践の多くは生じたのである。革命の一〇年間の終わりまでに、フランス人(そしてもっと一般的には西欧人)は新しい政治的レパートリーをまなんでいた。すなわち、イデオロギーがひとつの観念としてあらわれ、競合するイデオロギーが秩序と調和というヨーロッパの伝統的なコスモロジーに異議をとなえた。プロパガンダは政治的目的とむすびつくようになった。ジャコバン・クラブは大衆政党の可能性をしめした。そしてナポレオンは、党派をこえた立場に立つことを主張して最初の世俗的な警察国家を樹立した。

政治も、政治的なものという概念も、フランス人によって生みだされたものではなかった。しかし、いまだによく理解されていない理由のために、フランス人はそれらに驚くほど感情にうったえる、象徴的な意味を付与することになった。少しずつ、ときとして何がおこっているのかが漠然としかわからないまま、フランス人は今日までつづいている革命的伝統をきずいた。逆説的なことだが、フランス人のうちもっとも革命的であった者は、政治の形態と意味を増やしていながら、明白に政治的なものにたいする深い不信の念から行動したのである。指導的な政治的人物は自分自身をけっして政治家とはよばなかった。というのも、彼らは「公益」(chose publique) に仕えたのであって、狭い「党派心」(esprit de parti) に仕えたのではなかったからである。政治や政治工作は終始一貫して、心の狭さ、卑劣さ、分派性、党派心、日和見主義、自己中心主義、そして利己主義と同一視された。革命家たちは、homo politicus〔政治人〕という古典古代の理想の、これらすべての堕落を非難しているあいだに近代に入っていったのだ。つまり彼らは、新しい国内の政治的フロンティアをきりひらき、民主主義や権威主義、社会主義や恐怖政治、革命的独裁やギロチンという予期されなかった果実を収穫したのである。革命政治の予期されなかった創造が、本書の主題である。

われわれは現在、革命政治が一七九〇年代においていかに驚くべきものであったのかがほとんどわからない。ほとんどどの教科書も、一七八九年を近代の分水嶺としてとりあげており、フランス革命は西洋史のなかでもっとも叙述されることの多い出来事のひとつである。だが、それはありふれたものになってしまったために、その新鮮さと目新しさとをうしなってしまった。ふりかえってみれば、「フランス革命という」転換点はまったく疑問の余地がないようにみえる。政党、イデオロギー、独裁者、大衆運動、そして政治に批判的ではあっても政治的なレトリックがなかったら、われわれの世界はどのようなものとなるだろうか。フランス革命にかんする最近の学術的論争もまた、この出来事をとくに注意をはらう必要のないものとみなしているようにみえる。論争における争点は革命経験それじたいの性格ではなく、むしろその長期的な起源と結果なのである。フランス革命はただたんに長期の原因と結果のあいだの運搬手段として役立っているにすぎないのであり、その結果として、革命政治の出現ははじめからわかりきった結論となってしまっている。以下の三つの主要な解釈上の立場はすべて、起源と結果にかんするこのこだわりを共有している。

フランス革命にかんするマルクス主義者の解釈は近年はげしい非難にさらされたが、これは、それが理論的にもっとも進んだ説明であるためでもある。[*3] マルクス自身、フランス革命の歴史には大変な関心をもっていた。一八四〇年代中葉に、彼は国民公会の歴史を書こうとして資料を集め、おおいに読んだ。[*4] 当面の政治的関心とその後のより一般的な資本主義研究のために、彼はこの計画を遂行して完成することができなかった。だがそれでも、マルクスの歴史的著作のすべてにおいて、フランス革命は試金石として役立った。フランス革命は生産にかんする封建的束縛を破砕することによって資本主義の発達を促進し、階級としてのブルジョワジーを権力の座につけたのである。これらふたつの切り離しえない要素——資本主義の発展にとって適合的な法的枠組みの樹立とブルジョワジーの勝利に帰する階級闘争——は、それ以来、フランス革命にかんするマルクス主義者の説明を特徴づけてきた。アルベール・ソブールは、「フランス革命の古典的な歴史叙述」のもっとも最近の擁護者として、フランス革命は「ブルジョワジーの出現と成長と最終的勝利」を画した、と主張した。*5

フランス革命は、マルクス主義者の説明では、その起源と結果がブルジョワ的であったがゆえに、現実にブルジョワ的なものであった。マルクス主義史家はフランス革命の起源を、一七八〇年代に貴族の反動に直面したブルジョワジーが攻撃的に自己主張したことにもとめ、フランス革命の結果は、明白にブルジョワ的な資本主義的生産様式の勝利であると考える。*6 そしてそのあいだに介在する変数——革命期の経験——は、このシナリオへの寄与という観点から解釈される。ブルジョワジーは封建貴族の背骨を折るために民衆層と同盟しなければならなかったが、恐怖政治体制が収拾のつかなくなりそうになったとき、民衆層との関係を断たねばならなかった。そして、所有と法的改革におけるブルジョワ的利得の地固めを確かなものとするためにナポレオンと同盟しなければならなかった。フランス革命の結果（ブルジョワジーの社会的・経済的支配）は、いっけん動かしがたいかたちで、その起源（ブルジョワジーと貴族のあいだの階級闘争）から生じたのである。

「修正主義者」の見解は、マルクス主義者の説明にほとんどあらゆる面で挑戦するものである。しかし修正主義者はたいてい、マルクス主義者の議論の中心的前提、すなわち、フランス革命の解釈は社会的な起源と結果の説明からなる、という前提を暗黙のうちに受けいれている。そもそも、マルクス主義者の正統派的解釈にかんして広範な攻撃をくわえたアルフレッド・コバンは、フランス革命は資本主義の発展をはかろうとするブルジョワジーによってではなく、むしろ、運勢が傾きつつあった打算的な官職保有者や知的・技術職業家によってなされたのだ、と主張した。結局のところ、彼らの活動は地主一般に利益をもたらし、革命の経験は現実にはフランスにおける資本主義の発展を遅らせたのだ。[*7] マルクス主義者の説明、すなわちコバンが「社会的解釈」とよぶ説明は、革命の一〇年間の起源と結果のどちらについても誤っていたのだ、とコバンは主張したのである。

他の批判者たちも同じ調子で、フランス革命以前にはブルジョワジーと貴族とのあいだには意識的な階級闘争はまったくなかった、と主張してきた。貴族はブルジョワジーの障害になってはいなかったのであり、実際彼らは、多くの経済的・社会的・政治的利害を共有していた。[*8] 君主の専制にたいして革命を主導したのは、欲求不満におちいったブルジョワジーではなく、自由主義的な貴族だったのだ、と。[*9] 修正主義者たちが別の解釈を提供するということになる場合、彼らはコバンにしたがって、やはり社会的な起源と結果にその分析の基礎をおく。このような修正主義者の見解は、フランソワ・フュレとコリン・ルーカスによる論文によってもっとも的確にその大要がのべられている。[*10] 両者とも、フランス革命の起源は貴族とブルジョワからなる混合エリート内部における社会的流動性の危機と社会的地位の切望のなかにもとめられるべきである、と主張する。社会的上昇のチャンネルの拡張は、一八世紀における人口増加と繁栄に見合うものではなかったのであり、その結果、エリート内部におけるさまざまな社会的「緊張地帯」において軋轢が増大した。この緊張は、新たに招集される全国三部会が一六一四年に確立された議事手続きにしたがうことをパリ高等法院がかたくなに主張したとき、突然革命へと転化した。パリ高等法院のこの運命的な決定は、エリートの貴族部分と平民部分のあいだの、理解しうるが、しかし不必要な亀裂を急速に促進したのである、と。[*11]

［フランス革命の］起源にかんするこのような議論には、フランス革命の主要な結果は資本主義ではなく、基本的に土地所有によって定義される、より一体化した名士エリートの創設であった、という見方が事実上ふくまれていた。[*12] いったん貴族も平民も自分たちの誤解と誤認の代価を知ってしまうと、彼らは、富と功績がものをいうステータス社会における彼らの利害が本質的に共通していたため、ふたたび結びつくことができたのだ。修正主義者の説明においては、フランス革命はあらかじめ方向づけられていた特性をうしなってしまう。というのもそれは、相当なミスを演じるからだ。けれども革命の意味はやはり、長期の社会的・政治的結果にたいするその寄与という観点から解読される。つまり革命の経験は、先だつ社会的・政治的誤解にたいする矯正物としてのみ、試練そして（主とし

て）誤りの学習過程としてのみ、役立つのである。たとえばブルジョワジーは、民衆の支持を当てにすれば彼らが重要視する法的改革が危うくなること、さらには法と秩序を彼らが維持することさえ危うくなることを学んだ。[*13] この見方においては、フランス革命は、自由主義的なエリート支配への潮流からの、劇的だがつかのまの逸脱であったのである。

この社会的解釈の周縁にアレクシス・ド・トクヴィルと近代化論的説明が位置する。トクヴィルは社会的緊張の重要性を否定しなかったが、しかし彼は、本質的に政治的な枠組みのなかに社会的闘争を位置づけた。つまり彼にとっては、フランス革命は、資本主義の勝利よりもむしろ国家権力と中央集権化の強化を意味したのである。どの階級もこの闘争に勝つことはなかった。フランス人たちはたんに、権威主義的な政府に知らず知らずのうちに隷従していくという点でより平等になったにすぎなかったのである。トクヴィルは、フランス革命の（そして一八世紀の社会的緊張の）起源を絶対君主政の悪習にもとめた。君主政は国家権力を増大させるために貴族の政治的権利を破壊したが、それによって貴族の社会的権威がほかの社会集団にとっては耐えがたいものとなったのだ。[*14] 革命家たちは君主政と闘っていると思っていたのだが、結局は、その同じ絶対君主政をモデルとしたよりいっそう強力な国家を創造することになったのである。こうして、トクヴィルにとってもまた、フランス革命は起源と結果をつなぐ鎖のひとつの環でしかなかった。つまり革命の経験は、ルイ一六世からナポレオンへの移行をいやおうなしに促進したのである。

シーダ・スコッチポルは、最近の比較研究のなかで、増大する国家権力というトクヴィルのテーマを復活させている。[*15] 彼女は、フランス革命のもっとも重要な結果はより中央集権的で官僚的な国家の創造であったという点ではトクヴィルに同意するが、フランス革命の起源については〔トクヴィルとは〕やや異なる仕方で分析する。のちのロシアや中国のように、フランスは、近代の国際競争の軍事的難局にうまく対処しえなかったために崩壊した。また、「農地所有に立脚する君主制（agrarian monarchical regimes）」の構造的弱さのゆえにこれらの諸国では農民反乱が生じやすく、この反乱は革命という状況において以前の農地にもとづく階級関係を破壊した。そのとき戦争（ふたたび国際的競争）が中央集権化と官僚化を志向する革命的なエリートの出現を促進し、彼らが「近代国家の組織」を創造したのだ、というのである。社会構造上の先行条件と農民蜂起の役割を強調するにもかかわらず、革命の経験をその長期的な起源と結果のあいだにはさみこむという点で、スコッチポルはトクヴィルに似ている。つまり、革命という現実の出来事は、シェーマの隙間においてのみ現れるのである。ここでは、トクヴィルの古典的な分析におけるのと同様、フランス革命は国家の近代化の媒介物として現れるのである。[*16]

フランス革命の解釈をめぐる現行の論議は起源と結果の分析に集中しているため、研究の努力がますます革命の一〇年間に先だつ時期とそれにつづく時期に集中してきているのは驚くべきことではない。[*17] たいていの研究はマルクス主義者の説明を検証するためにくわだてられてきた。アンシャン・レジームの軍隊の将校、司法官、そしてエリートの文化的諸機関がすべて、革命前の階級分裂が事実かどうかを決定するために検討されてきた。[18] また、ナポレオン期およびナポレオン以後の時期のエリートも、その社会的性格がフランス革命の結果の分析と関連するため、研究されてきた。[19] だがたとえそのような研究が、修正主義者の見解を洗練するのに役立ったにしろ、それによってマルクス主義史家がみずからの立場を放棄せざるをえなくなるということはなかった。マルクス主義者はただ、階級と資本主義の現実は別のところに、あるいは別の仕方でもとめられるべきだ、と答えるだけなのである。[20]

マルクス主義史家と修正主義史家は革命家とその行動を研究してきたが、これらの研究は起源‐結果という彼らの全体的シェーマにほとんどインパクトをあたえなかった。修正主義者は、革命期の闘争がなんら特別の社会的意味をもたなかった、と主張するか、きわめて一般的で曖昧な社会的意味（金持ち対貧乏人、都市対農村、パリ対地方）しかもたなかった、と主張する。[21] マルクス主義史家たちは、マルクス主義の説明の細目がますます攻撃にさらされるようになるにつれ、より構造論的な立場に退却した。階級闘争の重要性と資本主義の発展を実証できるほどにフランス革命の起源と結果を革命の前後にたどりうるかぎり、ある特定の時期にだれがフランス革命を主導したかとか、だれが権力を掌握したかとかいうことは、どうでもよいことだ、というのである。[22]

トクヴィル派の解釈は、対照的に、ほとんどなんら実証研究を刺激しなかった。それは起源と結果を強調する点でマルクス主義者や修正主義者の説明に似ているが、これらの起源や結果はきわめて長期的で広い観点から考えられており、それらを実証することが困難になったからである。たとえば、トクヴィル自身は、国家権力の発展をどのような特定の社会集団ともむすびつけることはなかった。「デモクラシー」や「平等」はひろくゆきわたった構造的な趨勢だったのであり、それらは「巨大なほうき」として作用したかもしれないが、だれもその作用を統御できるようには思えなかったからである。その結果として、トクヴィルの説明においては、革命家の出自や意図は〈革命の長期的な起源と結果という当面の問題と〉ほとんど関連をもたなかった。「彼らはこのことをまったく知らなかった」のであり、「それほど彼らの意図からかけ離れたものはなかった」のである。フランス革命の「さだめられたコース」は、革命家がなしとげつつあると思っていたものとはなんら関係がなかったのである。*23

三つの解釈上の立場はすべて、以下のように、革命家の意図にたいするあらかじめ決まっている軽視を共有している。トクヴィルと彼の分析によって刺激された人びとは、革命家たちは無意識のうちに絶対権力の夢想のなかにまきこまれたのであり、このことが結局、フランス革命のコースを決定したのだという理由で、革命家がだれであったのかということや、彼らが何を考えていたのかということの意味を否定する。マルクス主義者と修正主義者はともに社会的出自の重要性をみとめているようにみえる。だが、彼らの分析結果は異なるにもかかわらず、結局は、革命家の意図や目的にたいするトクヴィル派の不信を同じように支持することになる。革命家の出自はマルクス主義者の説明にも修正主義者の説明にも合わないため（革命家は資本家でもなかったし、一七九一年以降は、自由主義的貴族でも平民のエリートでもなかった）、どちらの説明も、革命家がだれであったかということや彼らが何をおこなっていると思っていたかということの重要性を否定することに帰結するのである。マルクス主義者の説明では、革命家は資本にたいする敵意を表明しているときでさえも資本主義の勝利を促進したのであり、修正主義者の解釈では、革命家は革命のプロセスを自由主義的な名士支配へのコースから誤ってそらしたのである。革命家が意図したことはフランス革命から帰結したことではない、したがって革命家が意図したことはほとんど問題ではない。こうして、起源と結果への関心の集中によって、革命期の経験そのものは〔当面の問題にとって〕無関係のようにみえることになったのである。

この結果として、政治の形態と意味における革命期のさまざまな革新はしばしばあらかじめ決定されているか、まったく偶発的にみえる。マルクス主義者の説明では、自由主義的な立憲政治、デモクラシー、恐怖政治、そして権威主義的支配はすべて、ブルジョワの主導権の強化のためのしもべとして現れる。トクヴィル派の分析においては、それらはすべて中央集権化の力の進展に役立つ。修正主義者の説明はこの点でそれほど首尾一貫していない。というのも、修正主義者は、マルクスやトクヴィルの作品のような共通の原典を引き合いにださないからである。たとえばリチャード・コッブの著作では、革命期の政治は少数の闘士の憤りや挫折を表現する。だから彼らの行動の背後にはなんら抵抗しがたい歴史的論理はない。たとえば、人びとは「恐怖政治家」になったが、これは彼らが隣人にたいして恨みをいだいたからなのである。*24 マルクス主義者とトクヴィル派の解釈においては革命政治は起源から結果への必然的なコースによって決定される一方、修正主義者の見解では、政治は起源‐結果のシェーマに合致しないがゆえに偶然にみえる。しかしながら、最終的な結果はおなじである。つまり、政治は研究対象としての意味をうしなうのである。

本書は革命政治の名誉復権をめざそうとするものである。けれどもそれは政治史ではまったくない。革命期の出来事の物語をくわしく語ることよりもむしろ、私は政治的行動の諸規則をあばこうとした。歴史家は、ただたんに、フランス革命における個々の行為者が公言した意図をすべて合計し、彼らがみずからおこなっていたことについてどう考えていたのかを理解するだけにはとどまりえないのである。革命期の経験になんらかの統一や首尾一貫性があったとすれば、それは共通の価値と行動への共有された期待に由来していた。これらの価値と期待が、私がまずもって重点的に説明しようとすることである。集団的な意図と行動を表現し定めた、これらの価値と期待と内在的規則は、私がフランス革命の政治文化とよぶものであり、この政治文化が革命期の政治行動の論理を提供したのである。

今日フランス革命における「政治」を強調する研究者は、たいてい反マルクス主義の観点からそうする。ジョージ・V・テイラーは、「非資本主義的富とフランス革命の起源」にかんする、大きな影響をおよぼした論文において、「それは本質的に社会的結果をともなった政治革命であったのであり、政治的結果をともなった社会革命ではなかった」と結論づけた。[*25] フランソワ・フュレは社会的なものと政治的なものとを区別し、この区別を恐怖政治の説明に拡張した。恐怖政治とは、彼の見方によれば、「政治的なものにたいする社会的なものの自由」にもとづいていたのである。[*26] 恐怖政治は、社会と政治との通常の関係が革命期にはねじれていたことの論理的結果だった。というのも、政治はもはや競合する社会的利害を代表するための舞台ではなく、むしろテロ行為を行使して社会を別なかたちにつくりかえるための手段だったからである。これらの批判者はどちらも、政治と社会の関係にかんするマルクスの仮定に異議をとなえた。彼らは、革命期の政治は社会構造上の先行条件から生じたのではなく、むしろ、少なくともある時期には政治が社会をかたちづくったのだ、と主張するのである。

フュレの最近の著作『フランス革命を考える』は、「政治的なもの」の重要性に関心をひきつけるという大きなメリットをもっている。彼は、マルクス主義者の「教理問答」をじょじょに弱めようと努力して、政治的なものを、政策や決定や組織としてではなく、世の中の新たな行動の源泉として、広い観点からみる必要性を強調したのだった。しかしながら、彼自身の革命政治にかんする議論はまったく抽象的だ。彼は、革命の一〇年間のさまざまな政治的革新は社会を別のかたちにつくりかえるために使われたがゆえに革命的であった、と主張する。だが、どのようにしてこのことが起こったのかを明らかにすることにも、だれがそのような努力に参加したのかを明らかにすることにも、ほとんど注意をはらわない。その結果彼は、政治を社会構造から機械的に演繹することに異議をとなえることにはみごとに成功しているが、革命政治はあらゆるコンテクストから切り離されているかのようになってしまっている。新しい政治文化はただ、デモクラシーという、それ自身の内的論理によってのみ動いている。[*27]

　政治と社会との関係を分析するさいの困難はたいてい、現在のわれわれの常識となっている社会分析の言語に由来する。「政治的なもの」を論じるときには、構造のメタファー、とくに空間における階層関係のメタファーがきわめて容易に心に浮かぶ。水準《レベル》、段、基礎、土台などがそうである。当然のことながら、とくにマルクス主義の理論に賛成しようとすまいと、政治は社会的基礎とか下部構造にもとづくようにみえる。社会的ネットワークとか集団とか階級、あるいは構造は、政治に変化への可能性とともに持続的なパターンをあたえると考えられている。その結果として、政治一般にかんしてであろうと特殊フランス革命にかんしてであろうと、論争はたいてい、先行して存在する社会的基礎とそこから生じると考えられる特定の政治的決着とのあいだの関係にかかわってきた。政治の性格は社会との関連によって説明され、政治的決着における変化はそれに先行する社会関係における変化にまでたどられる。ほとんどすべての議論は、政治の本質的特質はただその社会的基盤との関係によって説明されうるだけだ、という仮定から発している。このような思考様式からのがれようとする人びとでさえも、しばしば意に反してそれを確証するにいたる。こうしてフュレは、革命政府を、まさしくその政治が通常の仕方で、あるいは期待された仕方で社会的利害を代表しないがゆえに、ある意味で病理的なものと特徴づけるのである。政治が最初にやってくるとき、情況は定義上異常なのである。

本書における分析で、私は水準というメタファーを避けようと努力した。革命期の政治文化は、社会構造とか社会的闘争、あるいは革命家の社会的出自からは演繹されえないのである。政治的実践は「下に横たわる」経済的・社会的利害の表現であるばかりではなかった。革命家はその言語とイメージと日常の政治活動をとおして、社会と社会関係を再構成しようと努力した。彼らは意識的にフランスの過去との関係をたちきり、新しい国民共同体の基礎を確立しようとしたのである。この過程で、彼らは新しい政治的・社会的関係と新たな種類の政治的・社会的区分を創造した。彼らはその政治的・社会的闘争の経験によって世界を新たな仕方で見ざるをえなくなった。

過去との関係をたちきろうとする革命期の試みのもっとも重大な結果のひとつは、イデオロギーの発明であった。ためらいながらも、しぶしぶながらでさえも、革命家とその敵は、政治と社会との関係がきわめて不確かだということを知るようになった。伝統はその所与性をうしない、フランス人は、社会的なものと政治的なものとの関係（社会契約）は取り決めなおされうるというルソーの確信にもとづいて行動していた。そしてこの再取り決めの性格にかんする意見の相違が明白になるにつれて、この新事実を説明するために異なるイデオロギーが発明された。社会主義、保守主義、権威主義、そして民主共和主義はすべて、ルソーによって提起された理論的問題にたいする実践的な解答だった。したがって革命期の政治は、イデオロギーを表現するよりもむしろイデオロギーを生じさせたのだ。革命の過程でフランス人は、社会思想や政治行動というカテゴリーを鋳直したのである。

このことは、しかし、フランス革命がたんに知的なものであったとか、社会が政治にたいして優位にあったというよりもむしろ政治が社会にたいして優位にあったとか、ということを意味しない。政治における革命は、理念と現実のあいだの、意図と状況のあいだの、集団的実践と社会的コンテクストのあいだの、爆発的な相互作用だった。革命政治は革命家の社会的出自からは演繹されえないにしろ、それから分離することもできないのである。フランス革命は具体的な人びとによってなされたのであり、しかも、ある人びとは他の人びとよりも革命政治によりひきつけられたからである。社会と政治との関係のいっそう適切なメタファーは、結び目とかメビウスの帯である。というのも、そのふたつの側面は分かちがたく絡みあっており、ずっと「上位」であったり「下位」であったりすることはなかったからである。革命政治はある特定の個人と集団にアピールしたのであり、彼らはそのたびに革命政治の用途をつくりあげたのである。この新しい政治階級（階級を広い意味でもちいれば）は、革命政治をつくりあげたのと同じ程度に、革命政治にたいするその関係によってつくりあげられたのだった。

したがって、革命期の行動とさまざまな革新の論理を復元するためには、革命政治とそれを実践した人びとの双方を検討することがぜひ必要である。私が主張したいのは、それらのあいだには対応ないしは類縁関係があったということであり、一方が他方から演繹されうるということではない。革命の政治文化は、言語、イメージ、ジェスチャーのような象徴をもちいた実践によって構成されていた。これらの象徴的実践はある場所において、ある集団によって、他の場所や集団においてよりもより熱狂的に歓迎された。多くの点で、この象徴的実践――ある特定のレトリックの使用、ある特定のシンボルと儀式の普及――は新しい政治階級を生みだした。たとえば、国民の再生を語ることや連盟祭は、新しい政治エリートに一体感と目的感をあたえたのである。一方、その新しい実践を受けいれるさいの相違が、革命政治がはたらく仕方にかんして、とくにその成功と失敗にかんして強い影響をあたえた。普遍主義のレトリックはだれにでもアピールしたわけではなかったが、しかし、その影響が深く永続的なものになるほどには人びとにアピールしたのである。

分析上の目的のため、革命政治とそれを実践した人びとはこれまで分離されてきた。第

Ⅰ部の三つの章は、人びとが象徴をどのようにもちいて政治行動の論理を表現したのか、を検討する。つまり、人びとはどのように話したのか、そして彼らは、フランス革命や革命家としての彼ら自身をどのようにイメージやジェスチャーに表現したのか、ということである。第Ⅱ部の諸章は、そのような革命的経験の社会的コンテクスト、とりわけその経験の差異を確定する。革命期のフランスにおける地理的・社会的境界線はなんだったのか。どこで革命的政治文化はもっともよく受けいれられたのか。第Ⅰ部でも第Ⅱ部でも、新しい政治文化の創造が、つまり、「フランス革命」がどのようにして首尾一貫した経験としてのかたちをとったのかが強調される。フランス革命が異なった人びとには異なったことを意味した、ということをしめす研究には事欠かない[*28]。だが私はむしろ、フランス革命が多様性のなかにあってさえどのようにしてある統一性をもつにいたったのか、を明らかにしようとした。統一性や首尾一貫性はいくつかの源泉から生じたのだが、それらは本書ではふたつの一般的な題目のもとに論じられる。つまり、象徴的なものと社会的なものである。統一性の象徴的源泉には、たえずキーワードや原則がくりかえされたこと、行動としての政治にたいする態度が共有されていたこと、そして自由の木とか女性による共和国の表象のように同じシンボルが使用されたこと、がふくまれていた。そして首尾一貫性の社会的源泉には、異なった場所においても同じタイプの指導者が出現したことや革命的行動の最前線に同じタイプの場所が位置することがふくまれていた。

本書の主題は政治だが、特定の政策、政治家、党派闘争、形式的な制度とか組織についてはほとんどふれられていない。むしろ、異なる政策の出現、新たな種類の政治家と闘争と組織の出現を可能にした政治文化にひそむパターンが強調されている。たとえば、穀物最高価格法とかロベスピエールとかジャコバン・クラブに焦点をしぼるよりもむしろ、革命的言語の一般的原則と革命的シンボルの作用、そして儀式とジェスチャーへの関心の普及に注意がむけられている。象徴的行動に政治的意味が付与されたことによって、特定の政策と個人と組織が革命以外のときにはもちえなかったであろうような影響をもったのである。

このような方法的手続きは、革命期の政治文化の研究を最初におこなった三人のフランス人史家の仕事に依拠している（彼ら自身はかならずしも政治文化という用語を使わないが）。もっとも重要なのはフランソワ・フュレであり、彼はほかのだれよりもフランス革命史学にかんする論争を活性化し、論争を新しい方向にむけた。モーリス・アギュロンはより特殊な仕方で、印章と彫像における共和国のイメージがいかに有効にフランス人の政治的見方をつくりあげたか、をしめした。[*29] 同じようにモナ・オズーフは、革命祭典が新しい国民的コンセンサスをつくりだすためにいかに利用されたか、を論証した。[*30] アギュロンとオズーフの研究は文化的示威行動が革命政治の最重要部分であったことを明らかにしており、ことにオズーフは、革命の儀式にはある論理があったことを明らかにしている。歴史家はもはや、政治が文化とはまったく別な領域にあると決めてかかることはできないのである。

フランス革命の主要な成果は、根本的に新しい政治文化の創造であった。フランス革命は、資本主義の発展や政治的近代化の基礎をすえたために同時代人をびっくりさせたのではなかった。イギリス人は前者を促進するのにより効果的な方法を見出したし、プロイセン人は諸領邦がデモクラシーや革命なしでも後者を追求することができることをしめした。フランスにおける革命は、経済成長や政治的安定にはほとんど寄与しなかった。それが確証したのはまさしく、民主共和政の動員可能性と革命的変化の有無をいわさぬ強さだった。国民の再生にかんする言語、平等と友愛のジェスチャー、そして共和主義の儀式は、すぐには忘れられなかった。デモクラシー、恐怖政治、ジャコバン主義、および警察国家はすべて、くりかえし生じる政治生活の特徴となったのである。

一七八九年以前の何年間ないしは何十年間かにおける新しい政治文化の起源はあまり明白ではなかったし、その結果もちょっと見ただけでは印象的なものではなかった。というのも、ナポレオンと彼につづくブルボン王家の人びとは、その文化のあらゆる面影を懸命にとり除こうとつとめ、多くの点で彼らは成功したようにみえたからである。けれども、革命的価値と期待をともなった、新しい革命の伝統は消滅しなかった。フランス国外においてさえ、それは地下組織においていきいきと命脈を保ちつづけたし、その亡霊は、保守主義という新しいイデオロギーの擁護者の不安と著作のなかに生きつづけた。それを阻止するために発達した新しい警察国家においてさえも、革命の記憶は持続した。いったん革命家が政体は新しい国民をつくることができるというルソーの信念にもとづいて行動したとき、西欧はもはやけっして同じではなかったのである。

第I部　権力の詩学

The Poetics of Power

第一章　フランス革命のレトリック

The Rhetoric of Revolution

「ことばは事態と同じく恐ろしいものだった」。

ロベスピエールの失墜後、著名な文芸批評家であり作家であったジャン・フランソワ・ラアルプは、『革命期の言語における狂信について』というタイトルの長大な随想を公にした。[*1] ラアルプの議論はそれじたいとしては驚くべきものではなかった。つまり彼は、フランス革命の暴虐行為の発端を聖職者市民化法〔一七九〇年七月に制定された法令。平等の原則にもとづいて聖職者身分を廃し、聖職者の選任を選挙制とし、彼らの俸給を国家が支給することをさだめた。なお、聖職につくまえに国民と国王と憲法にたいする忠誠の誓約をおこなう義務が課されたため、多くの聖職者が誓約を拒否し、このことが政治闘争を激化させる一因となった〕にまでたどり、「このいまわしい革命精神」の狂乱を哲学が猛威をふるっているせいにしたのだが。とはいえ、フランス革命の逸脱行為を理解する鍵はその言語にあるというラアルプの確信は、きわめて教訓的である。ラアルプは、実際には、この言語それじたいの分析をほとんどおこなわず、その原因や機能を検討することよりもその結果を非難することにより興味をいだいた。だがそれにもかかわらず、彼の辛辣なパンフレットは重要である。というのもそれは、革命家自身がフランス革命における言語の重要性をみとめていたことを明らかにしているからである。

一七八六年以後のフランスの国家崩壊によって、印刷物や会話や政治集会においてことばがどっと氾濫した。一七八〇年代のパリでは数十の定期刊行物——それらはどれもいわゆるニュースを伝えるものではほとんどなかったが——が流布していたのにたいし、一七八九年七月十四日から一七九二年八月十日までのあいだに五〇〇以上の定期刊行物が発刊されたのである。[*2] 同様なことが、演劇でもおこった。フランス革命以前には毎年少数の新作演劇が上演されたのにたいし、一七八九年から一七九九年までのあいだに少なくとも一五〇〇の、多くは時事的な新作演劇が上演され、そして一七九二年から九四年のあいだにはじつに七五〇以上の新作演劇が上演されたのである。[*3] 政治クラブはあらゆるレベルで激増したし、選挙集会はフランス革命当初の心うきたつ年のあいだはほとんどひっきりなしに開かれたようにみえた。[*4] 記念と祝賀の目的のためにフランス全土で開催された無数の祭典がこれらの出来事にくわわった。要するに、どこでも言語は時代の最大関心事だったのである。

ことばは奔流のようにやってきた、しかしさらにいっそう重要なのは、それが類のないほど魔力的な性質をおびたことだった。フランス革命の当初から、ことばは大いなる熱情をこめられた。一七八九年の秋までに、「おまえは国民か」ということばが国民衛兵パトロール隊の合い言葉となった。[*5] 社会における国王の神聖な位置がしだいにむしばまれていくにつれて、政治的言語はますます情念的で、生死を決する意味さえおびることになった。アンシャン・レジームとむすびついていることば、王政主義とか貴族社会とか特権とかの色あいをおびた名称はタブーとなった。procureurs や avocats（アンシャン・レジームの法律家のタイプ）は、もし彼らが法律業務をつづけたいと思えば、hommes de loi（たんなる「法にかかわる人びと」）となったし、impôts（租税。上から強制的に課すというニュアンスがある）は、より自由意志にもとづくという響きをもつ contributions によって代えられた。名称がアンシャン・レジームの諸価値と関連している場合にはつねに、それらは新しい革命的な（しばしばギリシャないしはローマの）名称によって代えられた。赤ん坊は古典古代の英雄にちなんで名づけられ、歴史的過去と関連する州は地理的に同定される県に代えられ、そして、反乱をおこした町が奪いかえされたときには新しい名前がつけられた。名称にかんする関心がもっとも高じた一七九三年には、パリの一セクションからやってきた代表団が、「共和国に必要なあらゆる美徳」にちなんでパリの街路と広場の名称を組織的に変えることを国民公会に提案した。こうすれば、「道徳の無言の学習課程」がパリの民衆にあたえられることになろう、と。[*6]

ある特定のキーワードは、革命の呪文として使われた。国民はおそらくもっとも普遍的に神聖なことばであったが、祖国（patrie）、憲法、法、そして急進派により特徴的だが、再生や美徳や警戒もまたそうであった。そのようなことばは、ある特定の文脈のなかで発せられたり、すぐによく知られるようになる決まりきった表現にふくまれたりして、ほかならぬ革命的共同体への愛着をしめしたのである。革命家たちは、王権のカリスマに代わるものを探しもとめていたために、ことばの儀式的使用をひじょうに強調した。儀式的なことばのなかで最たるものは革命期の誓約、あるいはラアルプが「救いようのない誓約マニア」とばかにしたものだった。[*7]ジャン・スタロバンスキーが主張するように、革命期の忠誠誓約は、国民主権と国王の権威とのあいだの対照をはっきりとしめしたがゆえに重要な儀式となったのである。国王は聖別のあいだに超越的な神から「権力の超自然的なしるし」をうけとったのだが、それとは対照的に、革命期の忠誠誓約は国民共同体の内部から主権を生みだしたのだから。[*8]

革命期の言語にかんする諸解釈は、序説でおおまかにえがかれた三つの学派とはかならずしも重ならない。言語にかんするマルクス主義者の立場とトクヴィル派の立場はあるが、いまのところ、十分に展開された修正主義者の立場というものはない。革命期の言語へのマルクス主義者の関心は比較的最近のものであり、そして修正主義的な歴史家はこれまで、言語に少しでも関心をしめした場合には、トクヴィルの分析のおおまかな方針にしたがってきた。革命期の言語にかんする第三の説明は、デュルケム派の立場とよびうるもの、つまり、革命期の言語の文化的な、とくに統合的な機能を強調する分析である。三つの立場はみな、言語の「ほんとうの」意味はなんらかのかたちで隠されているという共通の仮定から出発しており、したがって分析の仕事はきわめてしばしば仮面をはぐ仕事と解釈される。

マルクス主義者の解釈では、政治的言語はイデオロギーの表現とみなされる。この見方においては、革命期のレトリックはほんとうの社会的利害、とりわけ、ブルジョワジーの階級的目的を隠しているのである。マルクス自身、フランスの革命家の虚偽意識をつぎのように強調した。「その剣闘士たち〔ブルジョワ社会の剣闘士たち〕は、ローマ共和国の典型的に謹厳な文化的遺産のなかに理念と芸術様式を、つまり彼らの闘争内容のブルジョワ的限界をみずからの目から隠すために必要な自己欺瞞の手段を見出したのである」。[*9]ニコス・プーランツァスはこの一般的な立場を支持して、ジャコバンのイデオロギーの「ブルジョワ的な政治的側面」は「その言語が倫理的な言語であって政治的な言語ではないという事実によって隠されている」と主張した。[*10]同じようにジャック・ギヨムーは、『デュシェーヌ爺さん』〔民衆指導者エベールが発行していた新聞〕のラディカルなレトリックを、「サン＝キュロット的であろうとする形式」の背後にデモクラシーにかんするブルジョワの考え方を隠すものと特徴づけた。[*11]これらの見方のいずれにおいても、ブルジョワの言説は、ただ現にあるもの――ブルジョワの政治的・社会的支配のイデオロギー上の手段――以外の何かであるように装っているだけなのである。

最近、何人かのマルクス主義史家は、言語にかんするこのような還元主義的な見方から離れようとしはじめている。ギヨムー自身、ジャコバンの言説は覆いやごまかしには還元されえない、と書いた。だが、彼やレジーヌ・ロバンは、言語が社会的現実の反映とかその再生産のための機構以上のものであることをみとめるとはいえ、やはり相対的に柔軟性を欠いた分析枠組みをもちいる。彼らは言説を、特定の状況「局面」に位置づけ、この「局面」を「所与の時期の社会構成体の諸矛盾の単位、政治的レベルで重層的に決定される単位」と定義するのである。[*12] このような見方は、革命期の言語にかんするマルクス主義者の分析をより複合的なものにするかもしれないが、やはり上部構造と下部構造という暗黙のメタファーにたよっている。つまり、社会構成体は政治や言語のレベルの下に横たわっており、言語は下に横たわるあの社会的矛盾を表現するのである。政治的言説は、「言語外の」レベルと関連させてのみ理解されうるのである。[*13]

トクヴィル派は言語を階級闘争のイデオロギー上の手段とする立場をとらないが、自己欺瞞の要素を強調しすぎる。トクヴィルの見方では、革命家たちは、「きわめて古い、高度にいりくんだ社会組織の急激で根本的な変革が、理性の庇護のもとで、しかもその効力のみによって、ほとんどぞうさなくなされうるのだ、というばかげた希望をいだいた」。彼らは、「おおざっぱな一般論や紋切り型の立法手続き、そして杓子定規なつりあいを好んだため」、彼らが嫌ったアンシャン・レジームの絶対的権力を実際には再生産していたのだ、ということに気づくことができなかった。[*14] フランソワ・フュレは、『フランス革命を考える』のなかでこのトクヴィルの立場を復活させ、それに記号論的ねじれをあたえている。フュレの場合は、言語のベールはただたんに政治的連続性という事実を隠すだけでなく、同時に政治的競争という現実の代わりとなるのである。すなわち、「発話行為そのものが権力の代わりとなるのであり」、したがって「その記号論的回路が政治の絶対的主人なのである」。[*15] 社会と政治との通常の関係がこわれてしまったため、政治は国民のために語る権利をもとめての闘争となる。言語は権力の一表現となり、権力は人民のために語る権利によって表現される。フランス革命において言語が並外れて重要となったのは、フランス社会がいかに人跡未踏のものとなったかを示すものだった。

〔フュレの立場と〕代わりうる立場は、革命祭典の分析においてモナ・オズーフによって説得的に提示された。彼女は、この祭典の社会的内容とか政治的欺瞞をあばきだすよりもむしろ、デュルケム流にそれらの儀式的機能を検討する。デュルケム自身、革命礼拝にかんするマティエの研究を利用し、彼の宗教にかんする議論を例証するためにしばしばフランス革命から事例を引用した。[*16] オズーフの見方では、多くの、いっけん相対立する革命祭典は、深い「同一の考え方」「同一の集団的要求」をあらわにする。これらの祭典が新しい革命的共同体への「聖性の移行」をなしとげたのだ。祭典制度をとおして、「フランス革命のそれ自身にかんする言説」は、新しいコンセンサスにもとづいて新しい国民を形成する努力をしめした。[*17] 儀式の言語と儀式化された言語は国民統合の役割をはたした。それは、社会的連帯への要求を表現したのである。*18

言語にかんする歴史的分析はとくに層や水準といったことばの比喩的用法の影響をうけやすい。言語は、結局のところ、何かほかのもの、ことばそれじたいよりも「ほんとうの」何かを表現すると考えられているのが普通である。革命期の言語の読解は一般に、それに先行するなんらかの仮定の当然の結果として生じる。つまり、言語は社会的闘争の手段である（マルクス主義者の立場）とか、政治的自己欺瞞の手段である（トクヴィル派の立場）とか、文化的統合の媒体である（デュルケム派の立場）とか、という仮定の結果として生じる。これらの見方はそれぞれ長所をもっており、かならずしも折り合わないわけでもない。しかし本書では、別の出発点が提案される。つまり、革命家自身のレトリックがそれである。私は、革命期の言語が「ほんとうに」何を意味したのかということを理解するためにその層を垂直的に剝ぐよりもむしろ、言語をより水平的に、つまり、その内部的パターンや政治文化のほかの側面との関係という観点から考察することを提案する。いわばことばの下や外部に政治的言説の意味をもとめるよりも、私はまず第一に、それらのことばのレトリック上のコンテクストを明らかにしたいと思うのである。

フランス革命期の言語はたんに革命期の変化や闘争の現実を反映するものではなく、むしろそれじたいが政治的・社会的変化の手段に変わった。この意味で、政治的言語はただたんに、その下に横たわる社会的・政治的利害によって決定されたイデオロギー上の立場の表現ではなかった。この言語じたいが、利害の認識を、それゆえイデオロギーの発展をかたちづくるのに寄与したのである。いいかえるならば、革命期の政治的言説は修辞的効果をねらったものだった。それは説得の手段であり、社会的・政治的世界を再構成するための方法だったのである。ラアルプは、フランス革命を、「その主要な手段であり、あらゆるもののうちでもっとも驚くべきものであるその言語の検討によって」特徴づけるという意図を表明したとき、革命期の言語のレトリックの力をみとめていた。彼は、「この言語の定着や法律上の聖別がいかに独特の出来事であり前代未聞のスキャンダルであり、神の復讐によって以外にはけっして説明しえないことを証明しようと」考えた[*19]。

「神の復讐」は、歴史的説明のレパートリーのなかではもはや一般的な説明項目ではない。私は、どうして政治的レトリックが「前代未聞のスキャンダル」とフランス革命の「主要な手段」となりえたのかを理解するために、革命期のレトリックを文芸批評でいうテクストとしてあつかうつもりである。だがいうまでもないことだが、文芸批評の方法はひとつではない。文芸批評家は少なくとも歴史家と同じ程度には、その方法的アプローチにかんしては分かれているのである。ほんのわずか名前をあげても、新批評家、構造主義者、ポスト構造主義者、受容理論家は、ほとんどあらゆる点で意見を異にする[*20]。それにもかかわらず、文芸理論内部の論争は歴史家にとって多くの可能性をひらいている。たとえば、革命期の政治家の多様な言辞がひとつのテクストを構成すると考えられるならば、そのとき、

〔文芸理論における〕テクストの性格についての論争とテクストの解釈のための方法は〔革命期の政治的レトリックの解釈に〕直接的に関連してくる。

革命期のレトリックは、まさしくその性格によって、今日の文芸批評における周知の問題と同じ問題の多くを提示した。文芸解釈の基準が今日論議されているのと同様、政治的解釈の基準が一七九〇年代には論議された。文芸批評家が今日、作者、読者、筋書きの構造、および物語の機能の性格に関心をもつのとちょうど同じように、革命期の政治演説家もまた、権威、聴衆、および革命史の正確な解釈に関心をもった。第三身分の議員たちが、彼ら自身およびだれでも彼らにくわわろうとする者を「国民議会」とよぶことに決定したとき、彼らは君主制の伝統的基盤に挑戦し、権威の所在にかんする一般的問題をひらいた。議員たちは国民の名において主権を要求した。しかし、つづく数年においては、だれが〈国民〉のために語るかという問題はフランスではけっして決定的なかたちでは解決されなかったのである。*21

いいかえるならば、権威《オーソリティ》——革命期のテクストの作者《オーサーシップ》——は不確かだった。社会の伝統的な聖なる中心である国王のカリスマは着実におとろえたが、いかなる人物も、いかなる制度も、あるいはいかなる文書も、彼にとって代わることには成功しなかった。再生する〈国民〉の聖なる中心はどこにあったのか。ナポレオンの権力の座への上昇以前には、個人的にカリスマをもつ指導者は一人もいなかった。フランスにはジョージ・ワシントンの役割をになうことを切望する何人かの候補者はいたが、彼に相当する人物はいなかったし、新しい〈国民〉は米国建国の父に相当する者をみとめなかった。フランス革命は世襲的な起源も明白な系統ももたなかった。多くの憲法と国民議会のいずれも、〈国民〉のための固定した参照点となることはできなかった。政治的権威のこのたえざる交代の結果として、カリスマはもっとも具体的にことばに、すなわち、〈国民〉の名において語る能力のなかに位置するようになった。革命期の言語は、ラアルプの言葉によれば「狂信的」であったが、それというのもそれが神聖なる権威をおびていたからであった。

革命の「テクスト」は神聖だったが、同時にまたたえず変化していた。革命期の実践を確証し聖別する源泉として役立ちうるような革命の聖書は、何もなかった。フランス革命のレトリックはそれ自身の聖書解釈学を提供しなければならなかったのである。こうして、政治と政治的言説の実践のなかに、この実践が評価されうるさいの基準となる諸原則や典則が埋めこまれた。とはいえ、新しいレトリックはすべていちどに創造されたのでもなく、その諸原則はずっと完全に固定されたのでもなかった。さらに困難の度が増すことには、それらのレトリックの諸原則は、それみずから新しさを宣言しているにもかかわらず、あるいはそれゆえに、大部分吟味されなかった。革命家たちは一七八九年以後発作的にそのレトリックをつくりあげたのであり、彼らがその原則を明白にしたのは政治闘争の渦中においてにすぎなかったのである。

革命期のレトリックはそのテクストとしての統一性を、フランス人は新しい国民を創設しているのだ、という確信から受けとった。〈国民〉と〈革命〉はたえず参照点として引用されたが、それらは歴史を欠いてやってきた。一人の地元の革命家がのべたように、

革命というのはけっして中途半端ではなされない。それは全面的に成功するか失敗するか、かならずどちらかだ。われわれの時代にこれまで試みられた革命と同様、人の記憶に残っている革命はすべて、人びとが新しい法を古い習慣と調和させ、新しい制度を古い人間でもって統治しようとしたために失敗してきた。……革命的とは、これまでのあらゆる形式とあらゆる原則以外のものを意味する。つまり、革命的とは、革命を確かなものとし固めること、革命の進展をじゃまするあらゆる障害をとりのぞくこと、を意味するのだ。[*22]

国民的過去と断絶しようとする意志によって、フランス革命は先行する革命運動と区別された。アメリカの急進派の新しい共同体は生きた伝統だった。アメリカ人たちは、彼らがイギリスの政治の腐敗と考えたものから離れた「新世界」にいつも住んでいたのだから。イギリスの急進派は、サクソン人の起源にかんする神話や一七世紀の非国教会派の宗教観のなかに事実上ふくまれていた理想的な共同体に言及した。フランス革命のレトリックは

類似のものを何ももたなかった。フランス人たちは、〔イギリス人たちのように〕宗教的不和によって民衆の読み書き能力が刺激されるという積年の伝統をその背後にもっていなかったし、〔アメリカ人たちのように〕革命期のレトリックを維持し活気づけるための、「自由の身に生まれた」フランス人にみとめられた生得権もなんらなかった。[*23] そのかわりフランス人たちは、私が「神話的現在」とよぼうと思うもの、新しい共同体の創造の瞬間、新しいコンセンサスの神聖な瞬間に耳を傾けた。自由の木のまわりでおこなわれたり、多くの革命祭典のあいだに集団で誓われた儀式的な忠誠誓約は、社会契約の瞬間を記念し、再創造した。儀式的なことばは、神話的現在をくりかえし生きたものとしたのである。[*24]

神話的現在は本質的に日付を特定しえず、その結果、フランス革命そのものの歴史はたえず流動的だった。革命祭典におけるたえざる変化がこの時間的な曖昧さを証言している。すなわち、各体制、各派閥は、異なる日を祭典挙行のために選択することによってフランス革命の歴史的論理にかんするみずからの解釈を表現したのだった。[*25] バスティーユ監獄の襲撃がおこった日(七月十四日)は、ほかのあらゆる革命的事件に先行したために、新しい共同体の創設日のつねに有力な候補だったが、フランス革命がすすむにつれて、ほかの日がそれと等しい、そしてしばしばそれに優越する意味をもった。たとえば、八月十日(一七九二年)の君主制の転覆、一月二十一日(一七九三年)の国王の処刑、テルミドール九日(共和暦二年)のロベスピエールの失墜が、そうである。だが、それらの相違にもかかわらず、革命祭典は新しいコンセンサスの瞬間を再創造するという目的を共通してもっていた。祭典は参加者に、彼らがみずからの革命的叙事詩の神話的ヒーローなのだということを思いださせたのである。

革命期の言語は宗教的熱情をもって言明されたが、にもかかわらず内容は決定的に世俗的だった。教会との戦線がより明白になったとき、そしてほとんどただちにそうなったのだが、革命家たちはキリスト教へのきわめて明白な言及をその語彙からとりのぞいた。キリスト教ないしはカトリック教への言及をこのように拒否することは、フランスとヨーロッパの過去との革命的断絶を表明するもうひとつの手段だったのである。新しい社会契約は聖書の聖約との類似をなんら必要としなかった。それは人間の理性と自然権に根拠づけられていたのである。革命家たちは、フランスの国民的過去をとびこえ、インスピレーションをもとめてローマやギリシャのモデルに目をむけた。一八世紀の教育ある人びとはすべて、何ほどか古典の心得があったのだが、急進的な革命家たち、たとえばカミーユ・デムランやサン＝ジュストやロベスピエールのような人びとは、そこに新しい秩序を創設するための教訓を見出したのである。つまり彼らは、古典古代の歴史を「ユートピア化して」新しい汚れのない社会、理想的な共和国のモデルとしたのである。[*26]

歴史にかんする革命期の見方においては、ギリシャやローマの共和主義者は自由をつくりだしたのであり、フランスの使命はこの良き知らせをあらゆる人にもたらすことだった。

『ガゼット・ド・パリ』の保守的な編集者は、早くも一七九〇年七月にこの見方の含意に気づいていた。彼は連盟祭にコメントしながら、つぎのように断言したのである。「[この祭典は]ギリシャやローマで開催された祭典と比較されている。人びとは、モデルとしてギリシャやローマの共和国がいつも引き合いにだされていることを忘れている。……わが国は君主国である。……ローマ人でもギリシャ人でもなく、フランス人たれ」。そして翌日、彼は歴史にかんする保守的な見方をこう展開した。

> ああ、われわれの古くからの決まった言い方を変えないようにしよう[「国王万歳」と「王妃万歳」は「国民万歳」に道をゆずろうとしていた]。みずからの偉大さをさらにいっそう偉大な族長たちの威光にてらして判断した「フランク族」——その後継者であるわれわれは、父祖たちの原則に忠実に、彼らのようにたたかい、愛し、生き、死のう……われわれは家長のまなざしのもとでいっしょにつどったひとつの大家族だった。……われわれはみな兄弟たることを誓ったから、共通の父をもっているのである。[*27]

保守的な立場においては、君主制、伝統、および父の権威が、フランク族の歴史的モデルとむすびつけられたのだが、この歴史的モデルは、絶対主義による蚕食にたいして貴族の特権を弁護する者たちにとっては長くお気に入りの言及事項であった。そして保守派は、伝統的なレトリック――「われわれの古くからの決まった言い方」――を維持することをはっきりと主張した。保守的な新聞は多くのスペースを過去のフランス史との類似物にささげ、議会では保守的な演説家が、みずからの主張の正しさをしめすために過去の事例にたよったのである。[*28]

対照的に急進派は、自由、過去との断絶、および過去というよりはむしろ未来社会のモデルを表現した古典古代人のモデルをむすびつけた。一七九三年の急進派の一文書が宣言したように、「真の共和主義者となるためには、市民のそれぞれが、フランスを変えた革命に匹敵する革命をみずからのうちに経験し、もたらさなければならない。暴君の奴隷と自由な国家の住人とのあいだに共通するものは何もない、ぜったいに何もない。後者の慣習、原則、感情、行動、すべてが新しくなければならないのだ」[*29]。さらに新しさの強調は、ときには古典古代人の権威の否定にまでいたった。コンドルセは、一七九二年四月のその草分け的な「公教育の全般的組織にかんする報告と法令案」において、なんらことばを控えることがなかった。

最後に、すべてのことを口にだしていうことが必要であり、あらゆる偏見はいまや消滅しなければならないのだから、古典語の長期にわたる、注意深い勉強は、……有益であるよりもおそらく有害であろう［、と私は断言する］。われわれは真理を知らしめる教育をもとめているが、これらの書物は誤りにみちている。われわれは理性を訓練しようとしているが、これらの書物は理性をまよわせる危険がある。われわれは古典古代人からきわめて隔たったところにおり、真理への道程のはるか前方にいるのだから、これらの貴重な遺物によって理性が堕落させられるのではなく豊かにされるためには、みずからの理性をいま や十分に強固にしておくことが必要である。*30

伝統と根本的に断絶すること、歴史的起源への言及によって権威を正当化することと根本的に断絶することは、同時にまた、権威の恩情主義的ないしは家父長的モデルの拒絶を意味した。公式の印章や新しい共和国を表現する彫刻や版画、そして祭典の tableaux vivants〔活人画〕において、古典古代起源の女性の寓意化が国王の表象にとって代わった（図版1参照）。これらの女性の表象は、生きた女性であろうと彫像であろうと、きわめてしばしば権威や権力の抽象的象徴によってとりかこまれて、いつも一人で座っているか立っていた。〈共和国〉は子供たちや男の防御者さえともなうことがありえたが、〈父〉が同席することはけっしてなかった。*31

守勢にたった保守派がまず最初に、歴史的モデルと家族のメタファーと権威の性格とが政治的レトリックにおいて密接にむすびついていることに気づいた。急進派がそのレトリ

図版1　1792年10月の自由の祭典　自由の女神の彫像が，以前にはルイ15世の彫像があった台座におかれた。『パリの革命』171号からの版画

（リン・ハントによる写真）

ックの異なる諸要素を展開するのにはもっと時間がかかったし、それらの諸要素を完全に結合するにはなおさら時間がかかった。だが当初から急進派は、伝統的になされてきた、権力と家族との類比をひっくりかえしていた。彼らはその父である国王を、国民公会が実際にその死刑判決をくだすずっと以前に、レトリックのうえで殺害したようにみえた。急進派は la Nation〔国民〕の美徳と la Liberté〔自由〕をまもる兄弟だったが、フランス人の「自由の息子」は一人もいなかった。遠くはなれたジェール県の地元の急進派は、その請願書のひとつでつぎのように宣言したとき、この事態を理解していた。「フランス人は、共通の母によって平

等に愛され守られる、たんなる兄弟家族になろうとしているし、またそうならねばならない」。[*32] 一七九三年には、象徴的な父の暗黙の殺害がもっと明示的になった。[*33] 国王は処刑され、キリスト教の神でさえも非キリスト教化運動のなかで異議をとなえられた。フランス全土にわたる理性の祭典では、〈自由〉の女神が聖なる場所をしめたのである。

革命家たちが権威にかんする家父長的な考え方のくびきと訣別したとき、彼らは二分法的な、きわめて熱烈な一組の感情に直面した。すなわち、一方には新しい時代にたいするうきうきした気分があり、他方には未来にかんする暗い予感があった。神話的現在とカリスマ性をおびた言語は、境界が十分にさだまっていない新しい共同体にとっては弱々しいささえだった。国民的再生という神話的現在の裏面は、新しいコンセンサスの堅固さにかんする巨大で集団的な不安だった。一七世紀初頭のイギリスのピューリタンたちは、国家の政治的舞台で活動する機会をもつずっと以前に、みずからの「天命」と「選ばれた」特別の地位について確信していた。[*34] 一八世紀後半の急進的なアメリカ人は、実際にアメリカ東部一三州植民地をイギリスから分離しようとする以前に、少なくとも一〇年間の集中的な政治的教育と政治的実践を経験し、彼らがその方向にのりだしたときには、イギリスのホイッグ党や急進派が彼ら以前に発展させていた言語を話したのである。[*35] それと対照的に、フランスの急進派は、みずからの不安定な立場にかんして十分に考える機会をもつ以前に、革命のまっただなかにいたのである。

フランス革命のレトリックの目新しさは、その形式的特性、つまり、狭い、古典的な意味でのレトリックの構造に由来したものではなかった。アンシャン・レジームの聖職者のcollèges〔コレージュ〕は、古典主義および新古典主義のたくさんの決まり文句を身につけた革命家と非革命家とをともに供給していた。[*36] さまざまな国民議会の演壇でなされた演説のほとんどすべては演説時間以前に書きあげられたのだが、クインティリアヌス〔ローマの修辞家〕によってのべられた順序ないしはdispositio〔配列〕にしたがうのが普通であった。すなわち、まず最初にexordium〔導入部〕ないしは総序、それから出来事を物語るという形式を一般的にとる事実の陳述、つづいて演説家の立場に有利な議論と論敵によってなされた論点の論破、最後に結論がきて、そこで演説家は自分の言い分を要約し、聴衆の感情にうったえることによって彼らの気持ちを自分に有利な方向にむけようとした。[*37] 驚くべきことではないが、この古典的な演説の順序はまさしく、フランス革命のあいだ国家の政治を支配した法律家にきわめて有用な類の訓練である裁判弁論術に由来したのである。演説の順序、比喩と範例の使用、および古典の事例への依拠は、学校時代のレトリックの訓練にまでたどられうるのである。[*38]

このような古典的なレトリックの形式で表現された政治思想は、一七・一八世紀の思想的・政治的発展によって決定的にかたちづくられた。キングズリー・マーティンが五〇年以上もまえに明らかにしたように、「一七世紀の科学者や文学者の精神において少しずつかたちづくられた新しい信条は、全国三部会で出会った議員たちの宗教となっていたのである」[*39]。ロック、ニュートン、ベール、フェヌロン、および philosophes〔啓蒙哲学者〕が、すでにこの道筋を準備していたのだ。貴族の裁判所でさえも、国王の支配に対抗しようと努力して啓蒙主義の言語を使用していた。たとえば、一七七〇年代初頭、それからより劇的には一七八〇年代に、パリ高等法院は「市民」と「国民」の権利のために抗議したのである[*40]。共和主義やデモクラシーの問題も、腐敗の言語にたいする美徳の言語も、フランス人によって創造されたのではなかった。それらは、J・G・A・ポコックが「大西洋の共和主義的伝統」とよび、ルネサンスのフィレンツェにまで遡及させるものの一部だったのである[*41]。

フランスの革命家たちは啓蒙哲学者や parlementaires（高等法院官僚）から改革と対抗の言語をまなんだが、独力で革命の言語を創造しなければならなかった。大洋のむこうの、人口のまばらなアメリカの植民地はみずからの独立を宣言した。それにたいして西ヨーロッパでもっとも人口密度の高い国民は、世界で根本的に新しいもの、つまり革命を自覚的におこなおうとしていたのである。革命ということばは、一七八九年以前には——アメリカにおいてさえ——一般に、未来への飛翔というよりもむしろ以前の状態への回帰をあらわすものだったのだ[*42]。フランスの過去には、急進派がとりもどしたいと思うような歴史的ないしは宗教的黄金時代はまったくなかった。ただ、予想しえない未来と不安定な現在を前にしての勇気だけがあったのである。

フランス革命の不確かさは、革命期のレトリックに生気をあたえた物語の構造の変容のなかにみてとれる。フランス革命の最初の数カ月間には、レトリックはたいてい、ノースロップ・フライがコメディーの「筋の類型」と名づけるものによって知らず知らずつくりあげられた。[*43] コメディーは旧い社会秩序（ancien régime〔アンシャン・レジーム〕という語はこの革命初期に生みだされた）と新しいそれとのあいだの闘争をあらわし、この闘争はしばしば、自由をもとめる子をより独断的で因習的なその父から分離させる闘争として表現される。コメディーの筋だてにおいては、「相手の行動を妨害する登場人物」（フランスでは父は国王）は全面的に拒絶されるよりもむしろ和解させられるほうが普通である。最終的な和解、新しい社会の幸福な出現は、祭りの儀式によってしめされ、それはしばしばコメディーの筋書きの最後で生じる。

一七九〇年七月十四日の連盟祭（図版2参照）にかんする評釈ほど、革命期のレトリックにおけるコメディーの構造をあらわにするものはない。保守派によるものにしろ、現れはじめた急進派によるものにしろ、パリの連盟祭にかんする記述はすべて、和解と幸福な再結合への欲求を強調している。「街路で、家々の窓で、屋上で、いたるところで人びとはわれを忘れ、大得意で、奴隷のがむしゃらな喜びとは似ても似つかない思慮深い喜びをあらわした」。[*44] 臣民は市民となっていたし、国王自身が新しい社会の出現を支持している

図版2　1790年7月のパリの連盟祭
（国立図書館の御厚意による版画陳列室からの写真）

ようにみえた。ラファイエットに指揮されて、新官僚、国民衛兵、歩兵部隊、そして八歳から一〇歳までの大勢の子供たちでさえもが、〈国民〉と〈法〉と〈国王〉にたいして永遠に忠誠であるという共通の誓いをおこなった。「性別とか年齢とか地位とか職業にかかわらず、全フランス人のあいだのこのような分けることのできないいきずな」にたいする感謝が公式にささげられた。[*45] 影響力の強い保守派の新聞『国王の友』でさえ、「われわれの歴史におけるもっとも驚くべき時期」を祝すものとして連盟祭に言及した。その編集者は、「全フランス人の心のなかの、国王の人格と王家にたいする生来の愛」をしめすいくつかの付随的事件をかぞえあげた。[*46] 連盟祭は、父がその息子の切迫した要求に屈したということを承認することによって、ふたたびフランス家族を回復させたのである。

とはいえ、和解は長くはつづかず、フランス革命の物語は一七九〇年で終わらなかった。国王はただ表面的に屈伏したにすぎず、急進派は家族の和合の回復に満足していなかった。急進派が一七九二年に、とりわけ九月の共和国の宣言以後に言説を支配しはじめるにつれて、筋の類型はコメディーからロマンスに移行したのである。いまやフランス革命はいっそう何かを捜しもとめての探索の旅のようにみえた。そこでは主人公たちは、革命的兄弟団の仲間であり、悪魔のような反革命勢力との生死を決する戦いにつぎからつぎへと直面した。

フライが特徴づけるように、ロマンスは複雑な、あるいは微妙な登場人物には有利にはたらかない。一方にはほとんど神話的な英雄がおり、他方には悪人、卑怯者、竜がいるのである。[*47] 一七九二年と一七九三年の共和主義者は、フランスを解放するみずからの闘争の巨大な性格、過去との自分たちの距離、みずからの努力の道徳的美点、そして彼らの敵が徹底的に悪であることを強調した。もはやひとつの幸福な家族はなかったが、フランスを徳のイメージによってつくりかえる共和主義者の能力にはいまだ大きな信頼がおかれた。一人のほとんど無名の議員がつぎのように言明したとき、彼はその探求の緊急性を把握していた。「大詰めの瞬間がやってきた。すべての偏見はただちに消滅しなければならない。

われわれはそれらを絶滅しなくてはならない。でなければ、われわれがつぶされよう。われわれは、［一七九二年］八月十日と一七九三年一月一日のあいだに、数世紀の時空を大胆さと勇気をもって通過しなければならないのだ」[*48]。彼はこの言明を一七九二年十二月半ばに、つまり彼が推定した最終期限がきれる直前におこなった。そのなかで彼は、同僚の議員たちに、まさしくロマンスにきわめて特徴的な徳、つまり大胆さ、勇気、および迅速な運動を熱心に説いた。

未来への期待された飛翔がますます障害にぶつかり、一七九四年一月にグレゴワールが見出した「現在のわれわれとありうべきわれわれとのあいだの巨大な溝」（序説参照）がせばまらないとき、第三の筋の類型の底流が表面化することになった。悲劇においては、なかば人間的でなかば神のような英雄（フランスでは、ますます孤立化する共和主義的な指導者層）は、運命を決定する巨大な力をほとんどみずからの掌中におさめてしまっており、彼の努力の栄光はけっして完全には色あせない。悲劇とは、目標はいかにも正しかったが、その探究は不可避的に失敗したということである。それにもかかわらず、その試みをおこなった英雄は、共同体のために自分自身を犠牲にすることになった。その結果として、フライのことばによれば、「悲劇のレトリックはもっとも高貴なことばづかいを必要とするのである」[*49]。一七九三年末および一七九四年初頭に、共和主義者たちはそのもっとも劇的なせりふを語った。たとえばロベスピエール（図版3参照）は、一七九四年五月初めの重要な演説において、ロマンスのテーマがひきつづき存続するなかに多くの悲劇の調子を表明した。

［科学の征服のおかげで］物質的次元ではすべてが変わった。道徳的・政治的次元ですべてが変わらねばならない。世界の革命の半分はすでになされた。別の半分が完成されねばならない。……われわれは自由のためにたたかって死んだ英雄たちの名前と道徳的美点を［ヨーロッパに］おしえよう……われわれは彼らに、この世の圧政者の死が聞かれる時をおしえよう。……私はフランス人だ、諸君の代表の一人だ。……ああ、崇高なる人民よ！　私のすべての犠牲をうけよ。あなたに囲まれて生まれた者は幸福なり！　あなたの幸福のために死ぬことができる者はなおさ

図版3　マクシミリアン・ロベスピエール
プレヴァルによる石版画，1849年
（国立図書館の御厚意による版画陳列室からの写真）

ら幸福なり！[50]

あたかも彼は、自分自身の終わりがたった数週間後にやってこようとしているのを知っていたかのようだ。

コメディーからロマンス、それから悲劇への物語の移行は、フランスの革命家の陰謀にたいする強迫観念によって駆りたてられた。再生された国民的共同体という神話的現在が革命家のエデンの園であったとすれば、陰謀はその悪霊であった。フランス革命の敵は一七九〇年の表面的な和解をだいなしにした。共和国の敵は道徳的・政治的再生への探求をたえず妨害した。ひとつの陰謀が暴露されるやいなや別の陰謀がその代わりに出現した。とはいえ、陰謀にたいするフランス人の強迫観念はそれじたい独自のものではなかった。一七六〇年代と一七七〇年代のアメリカの植民者は、イギリスの堕落した大臣たちが彼らからその自然権と伝統的権利を奪おうと画策している、という確信にもとづいて行動したのである。[51]陰謀のレトリックはフランス革命に特有のものではなかったが、けれどもそれは、アンシャン・レジームとの断絶が生じたあとでさえ、フランスにおける政治的言説を支配しつづけた。アメリカでは、陰謀はおそらく植民者たちを遠くはなれた母国に敵対させたが、母国との断絶がなされたあとは、アメリカの革命家たちは異なった地域と社会集団の利害を新しい秩序において代表するという問題にいっそう関心をいだくにいたった。[52]

フランスでは、陰謀は〔フランス革命と〕兄弟のようなものであり、それゆえ兄弟殺しのようなものだったのであり、それへの没頭は一七八九年以降ますます強くなっていくばかりであった。フュレが論じたように、陰謀への強迫観念はフランス革命のレトリックの中心的な組織原則となった。[*53]

革命家たちは陰謀という隠れひそんでいる亡霊にとりつかれていたので、たえず仮面を剝ぐことについて語った。マラやエベールのような急進的なジャーナリストはこのような告発のレトリックに専門に従事したが、フランス革命の当初から人びとは同じような言語をあらゆる政治的レベルで語ったのである。すでに一七八九年七月には、『国民の告発者』というタイトルの新聞があった。一七九三年までに、陰謀という語句は革命的言説にとって恒常的で不可欠な部分となっていた。半文盲の匿名の人が書いたあるポスターは、陰謀という概念のとっぴさを把握していた。

サン＝キュロットよ、警鐘をならすときだ。……気をつけろ、時間だ、内戦が始まろうとしている、おまえは共和国を統治しているといわれている悪党どもすべてのおもちゃだ。あいつらはすべて陰謀家であり、パリの商人すべてをわしは告発する。わしが書いたまったくもって正しいふたつのことばを読む者のいくにんかは、真実を語るからというので、わしを陰謀家だというだろう。[*54]

一七九三〜九四年の革命裁判所は陰謀のレトリックに法的形式をあたえたのだが、その用法を創造したのではなかったのである。

革命期の陰謀にたいする強迫観念にはふたつの異なる社会的起源があった。ひとつは民衆文化に由来するものであり、もうひとつは、一七八九年における「貴族の」反革命にかんする「パトリオット」の恐怖に由来するものである。陰謀はフランスにおいては古い時代から民衆が固執したものであり、自給経済の厳しさによって助長され、情報の口頭での伝達に依拠する地域社会によって容易に維持された。隠された財宝の存在を民衆が確信していたことから、貴族による武器の隠匿とか秘密書簡とか穀物の買い占めの話がひろまった。[*55] 飢饉と餓死への脅威が陰謀への恐怖をいっそう駆りたてた。[*56] 飢饉は新しいものではなかったし、あらかじめ予想された投機にたいする民衆の暴力的な反応や自然発生的な価格設定行動は長い歴史をもっていた。けれども、アンシャン・レジームの最後の数十年間には、買い占めや投機の話がますます国家の政治問題とむすびつくことになった。一七六〇年代、一七七〇年代において、王権はかわるがわる穀物取引を自由化し、それを政府の非公式の介入によってささえようとした。政府にたいする批判者たちは、利得のために人為的な飢饉を誘発したとして主要な大臣や国王自身さえも非難したのだが、逆に政府は、みずから宣伝活動にのりだし、反抗的な行政官を危機の張本人としてえがきだした。[*57] 政府の最高レベルでのこのような主張の活発なやりとりは民衆の不信の炎をもえたたせ、高い社会的地位にある人びとでさえも、きわめて重要な穀物供給が政治的操作に服していると信じたのである。

穀物価格の高騰にかんする民衆の疑惑は、一七八九年には憲法上の危機の最中に生じた。新しい国民議会の議員が何千もの軍隊がパリやヴェルサイユに移動するのを見たとき、彼らもまた貴族の陰謀の存在を確信することになったが、それは社会的性格の陰謀というよりは政治的性格の陰謀であった。一人の議員は六月二十四日に故郷に手紙を書いて、彼が見たことを「われわれの隷属の鎖を強化する」試みと記した。[58]七月十日には同じ議員（トロワ出身の商人で政治的には穏健派）が、「だれもが軍隊の進軍はなんらかの暴力的な計画を隠していると確信している」と書き、その計画を、「われわれを圧政をもって支配する貴族」の「悪魔のような策謀」に帰した。[59]さらに、国民議会の要求に好意的とみなされた大臣ネケールの罷免によって、陰謀にたいする民衆とブルジョワの恐怖は、新たに説得力あるものとなった。

陰謀のレトリックはあらゆる政治的レベルでの革命期の言説に浸透したが、それはとりわけ急進派の合い言葉だった。事件にかんする保守派の分析においては、悪の張本人は陰謀家ではなく、むしろ伝統的な社会的きずなの破壊によって束縛をとかれた怪物、悪党、野蛮人、人食いだった。一七九二年一月に『ガゼット・ド・パリ』の編集者は、人びとを道にまよわせているのは「わが国の下劣な革新者ども」だ、と結論づけた。「地上のあらゆる国民のなかにPropaganda〔プロパガンダという怪物〕が出現した……その横腹がひらかれ、何千もの蛇が人に変わった。この新しい家族は彼らをはらんだ怪物の道徳観念、性格、特性をたずさえている」。*60

とはいえ、陰謀のレトリックがフランスにおけるありとあらゆる政治的言説に浸透するのに時間はかからなかった。一七九一年までに右派の新聞は、プロテスタントとフリーメーソンの陰謀、オルレアン公のせいにされた策謀、そして民衆をだまそうとする陰険な活動にかんする暴露記事をみずから公にしていた。*61 保守派による、陰謀にかんしてもっとも影響力をもった記事は、しかし、ロベスピエールの失墜ののちに書かれた。そしてそれらは、急進派の注釈者のようにその日かぎりの論評というよりも革命の全過程の説明として提供された。*62 民衆が読むために書かれた急進派のパンフレット、急進派の新聞の記事、国民公会の議場でのジャコバン派の演説、そして急進派によって支配された革命裁判所の起訴状はすべて、非難にさらされている人物の政治的な言動のくどく詳細な検討によってみたされていた。*63 価格操作と貴族による秘密の策謀の恐怖への対応として始まったことが体系的で強迫的な先入観へと発展し、公的な政治生活のあらゆる側面に浸透したのである。

同時代の観察者（および後世の歴史家）は、陰謀の告発においては表現の曖昧さと詳しさとがむすびついていることに強い印象をうけた。だれもが敵となる可能性があったのであり、おそらく自分自身の友はとくにそうであった。フランス革命の味方と考えられた人びとのなかにいったん裏切り者が発見されると、彼の行動の歴史を新たな観点から読みなおす努力が惜しげもなく費やされた。たとえば、サン＝ジュストが一七九四年春にダントンと彼の仲間の罪を列挙したとき、彼は、フランス革命の開始以後にダントンがやったすべてのことと、彼が知りあったすべての人物を検討することが必要だ、と感じた。もし、裏切り者の将軍であるデュムリエがファーブル＝フォンを賞賛し、ファーブル＝フォンがダントンの仲間であったファーブル・デグランティーヌの兄弟であったとしたら、そのとき、「共和国の打倒をめざす君たちの犯罪的な協力をどうして疑うことができようか」[*64]。陰謀の脅威はほとんどいたるところに発見されえた。そしてそのような発見はどれも歴史の読みなおしを要求したのである。

革命期のレトリックにおいて陰謀が中心的位置をしめたことは、歴史的な観点からは十分に説明されえない。それは、飢饉にたいする伝統的ないきどおりや、宮廷の策謀のくり越しや、キリスト教の、隠された力としての悪魔信仰によってかたちづくられた古い時代からの精神的感受性だけでは説明しえないものだった[*65]。これらの要素はすべて、陰謀を信じられるものとし、情緒的に抵抗しがたいものとするのに寄与した。しかし陰謀のみが、革命家たちが大衆政治という新しい経験に直面したとき、体系的な強迫観念となったのである。フュレはこのジレンマを「権力にかんする民主的想像力」の二側面として記述している。つまり彼にとって、「陰謀は、人民の意志のように、権力をめぐる精神錯乱なのだ」[*66]。一方にはデモクラシー、人民の意志、フランス革命があり、他方には陰謀、反-原則、革命の否定があるのである。このような問題の定式化は、デモクラシーと陰謀の結びつきを哲学的で必然的なものとする傾きをもっている。だが、同じ時期のアメリカの経験は、その結びつきが必然でないことをしめした。アメリカの共和国は、〈国民〉にたいする陰謀への持続的な没頭によって土台をほりくずされることはなかったのである。この相違は、フランスにおいては、組織にもとづく政治がすべて陰謀のくわだてと同一視されたことによった。

組織にもとづく政治にたいするアンビヴァレンスは、大部分、一八世紀の大西洋の両側の教養ある人びとによって共有されていた。だれもが、機密の政治活動や秘密の策謀や派閥主義を恐れているようにみえた。しかしながらフランスにおいては、「ホイッグ的な政治の科学」がまったくなく、内閣の転覆の曲折になんらなじみがなく、パトロネージ・システムや利害集団形成の経験をまったく欠いていた[*67]。アンシャン・レジームの制限された政体から新体制におけるいっけん無制限な参加への移行は、ことに鋭く分断されていたのである。フランス人は、〔アメリカ人のように〕ずっと離れた〔イギリスの〕大臣による、あるいはまさにアメリカ植民地における〔イギリスの〕代理官によってなされた政策の変化をみずからに説明すればすむというわけにはいかなかった。彼らは、〔イギリス人のように」宮廷の忠誠における変化とか、国家の政策にたいする「地方の」統制のわずかな変化を恐れるだけではすまなかった。再生されたフランス国民と想定されたその敵とのあいだの闘争は、政治的動員の新しさ、(飢饉の陰謀の話で例証されるような)社会的対立の強さ、そして世界でまったく新しいことをおこなっているということを比類なく強調したことがむすびついたために、とりわけ分裂を促進したのである。このため、アメリカ人やイギリス人も政党政治と派閥闘争の出現をうけいれることがむずかしかったが、そのような事実をみとめることにたいするフランス人の拒絶は、なおいっそう断固としたものであった。そしてそのような拒絶の結果は、なおいっそう悲惨だった。

アメリカの共和主義者が、たとえとぎれがちであっても、政党政治と諸利害を代表することにむかって苦労してすすんでいったのとは対照的に、フランス人は、その最良の意図にもかかわらず「自由主義的な」政治の可能性を否定することになった。[*68] ジェファソンないしはマディソンと、ロベスピエールないしはサン゠ジュストとのあいだの社会的相違、あるいは政治的相違でさえも、きわめてわずかなものであった。彼らのあいだのきわだった相違は、彼らが話すさいのコンテクストだった。彼らは同じレトリック術をまなび、多くの同じ本を読んで育った。しかしながら、ロベスピエールやサン゠ジュスト、あるいは彼らに似たほかの多くの者のだれかが国民公会の演壇に立つにいたったとき、ことばとレトリックは異なる意味をもったのである。フランスの政治演説家は、同時にふたつの言語使用域で演説していた。ひとつは政治的な使用域であり、もうひとつは神聖な使用域である。コモン・ローの伝統やなんらかの容認しうる、神聖な参照テクストが欠けていたため、国民の声はたえず聞かれねばならなかったのである。話すことと名づけることは巨大な意味をもつようになり、意味の源泉となった。[*69] J・R・ポールが結論するように、アメリカでは、憲法という法律文書が至上権を獲得し、以後、政治的言説は、利害、所有、権利、代表、および抑制と均衡の問題をめぐって展開した。[*70] フランスでは、話しことばがその至上権を維持し（少なくとも一七九四年まで、おそらくは一七九九年まで）、政治的言説は、透明、公開性、警戒、および恐怖という観念によって構造化された。

一七九〇年代のフランスでは、党派政治は陰謀と同義であり、「利害」は統一した国民にたいする裏切りを意味することばだった。個別的なもの（そして「利害」はすべて定義上個別的であった）はすべて、一般意志を分裂させると考えられたのである。たえざる警戒とあらゆる政治の公開性は、個別的な利害と徒党の出現をふせぐ手段だった。これらの観念の背後には、市民と市民、市民とその政府、個別意志と一般意志とのあいだの「透明《トランスペアレンシー》」の可能性と望ましさにたいする革命期の信仰があった。[*71] したがって、人びとをたがいに分離させるような人為的なしきたりや慣習、そして市民とその代表とのあいだの自由なコミュニケーションをさまたげる制度は、なんら存在すべきではない。透明は、この意味で、市民誓約と革命祭典に重要性をあたえた。というのも、そのどちらも、熱狂的な一体化、つまり、市民と市民のあいだの、そして個人と共同体のあいだの隔たりの廃止をたよりとしていたからである。共同体とは、本質的に、このような市民間の透明状態だったのであり、神話的現在を表明する別のことばだったのである。

政治的には、透明は、政治家をなんら必要とせず、感情やシンボルを職業的に操作する余地がなんらないことを意味した。つまり、各市民は、人と人とのしがらみとか、ひいきとか、党派とかの邪悪な影響から自由に、みずからの心を静寂にして熟慮しなければならなかったのである。エベールの『デュシェーヌ爺さん』は、心が純粋で術策とは無縁な、典型的なパトリオットの、粗雑でサン゠キュロット的な変形だった。彼は、もっとも単純で明確な感情のみを、ふつうは「たいへんな喜び」か「激怒」をあらわした。一七九一年九月一日に、〈デュシェーヌ爺さん〉は、近づく選挙にかんしてこう助言をあたえた。「市民たちよ、もし裏切られたくなければ、状況に気をつけよ。巧妙なことばを信じてはいけない。……美しい約束によって眩惑されてはいけない。……無名で野心のない市民を知っているなら、彼こそ諸君がえらぶべき人物だ」。[*72]

急進派の議員たちはもっと洗練されたことばで語ったが、しかし彼らもまた、本物の感情を重んじた。彼らは演説の雄弁さを、心の純粋さや美点とむすびつけた。ロベスピエールは、人民の代表にとって必要と彼が考えた徳のなかで、「説得に成功するために不可欠な心の雄弁さ」をきわめて重視した。[*73] とくに、国民公会の雄弁術においては、frémir（震える）という動詞がくりかえしあらわれた。演説家たちは、聞き手の心に直接語りかけたのであり（原稿の準備なしでおこなうことはまれだったが！）、彼らのなかに直接に強い感情をひきおこすことを期待したのである。[*74] この期待は、ルソーの誠実《オーセンティシティ》という概念、つまり市民たちがたがいに透明である状態を、政治的実践におきかえたものであった。[*75]

心から心への政治は、公然とおこなわれるはずであった。各市民および選挙によってえらばれた市民の代表はすべて、公然と、ほかの市民のまえで、討議をおこなうことを期待された。真のパトリオットなら隠すべきことは何もありえなかった。地元のもっともとるにたらない闘士の集会と選挙によってえらばれた国家の立法者の集会は、公開性という強迫観念にとらわれていたという特質を共有していた。地域のクラブは、集会場をパトロールし「私的な会話」を防止するために「監察官」をえらんだ。[*76] サン＝キュロットは、「人民の防衛手段」である公開性をもっとも極端におしすすめた。いくつかのパリのセクションは、法に反して、選挙での発声投票や拍手喝采による投票さえも主張したのである。彼らは、これが自由な人間、共和主義者が投票する仕方なのだ、と主張した。[*77] 政治の公開性によって警戒が可能となった。そして警戒は、ごく最近、しかも不完全に再生された人びとが政治上の透明を維持しうるとはとうてい考えられなかったために、必要であった。再発する陰謀がこのことを本当らしく見せていた。警戒が実際に機能していることを確実にしめすのは、告発だった。もちろん、アンシャン・レジームのもとでも、警察への密告者や告発は存在したが、フランス革命期には、告発は有徳の行為、市民の義務にまで高められたのである。

公然たる警戒と告発は、恐怖政治においては制度化された。ロベスピエールが説明したように、

このような情況においては、諸君の政策の第一の準則は、人民を理性によってみちびき、人民の敵を恐怖によって圧することでなければならない。……恐怖は、迅速、厳格、かつ毅然たる正義以外の何物でもない。それゆえ、それは徳の発露なのだ。……自由の敵を恐怖によって屈伏させよ。諸君の行為は、共和国の創設者として正当化されよう。革命政府は、圧政にたいする自由の専制なのだ。*78

恐怖政治は、ロベスピエールとほかの急進主義者にとっては徳の発露であった。というのも、それは、新しい共和国の安全のために必要とされたからである。だからそれは、ある意味では、革命期の言語の前提条件から論理的に帰結したのである。*79 フランス革命とは、まず第一に新しい共同体を創設することであったとすれば、そのときロベスピエールの「革命政府」は、共同体主義の規律の強制者、つまり、「圧政にたいする自由の専制」だった。それは、対立する利害（たとえば農業対商業）を調停するものとして考えられたので

はなく、むしろ、個別意志がひとつの、唯一の、一般的な、あるいは国民的な意志に溶解することを確保するための機構として考えられたのである。

とはいえ、J・L・タルモンのような学者の見方とは逆に、恐怖政治期の政府は、全体主義的な一党国家ではなく、むしろ、党派を欠いた共同体主義国家だった。[*80] 革命期のレトリックの諸原則のために、ジャコバン派自身も支配の陰の代理人となることができなかったのである。ジャコバン・クラブは、革命期の国家を接収したのではなく、多かれ少なかれこの国家によって吸収され、政府の政策の反響板として機能することになってしまった。[*81] ジャコバン派は、ほかのだれよりも革命期のレトリックの諸原則を受けいれたために、ロベスピエールの失墜ののちに彼らに課された制限にたいして抵抗を組織しなかった。実際、いくつかの法律上の束縛は、「人民協会が人民と国民公会のあいだの中間権力となろうとしたという……幻影」を消しちらすものとして歓迎された。[*82] ジャコバン派は、増大する抑圧と迫害に直面して何年間か法律にのっとった組織化の試みをつづけたのちに、一七九九年末にとうとう彼らの立場を変えはじめた。彼らは、ひとつの政党として、しかも誠実な反対党として、印刷物において自己を防衛することを開始したのである。[*83] 一カ月後、ボナパルトはほかの多くの実験といっしょにこの実験を終結させた。

恐怖政治は革命期のレトリックにおいて宣言された諸原則から論理的に帰結したのだが、それは、それらの諸原則から生じる唯一可能な帰結ではなかった。一七九五年と一七九九年のあいだ、さらにはナポレオンの権力掌握以後さえ、フランス革命の歴史はこのことが事実であることをしめしている。総裁政府もまた、組織にもとづく政治に抵抗したという理由がおおいにあずかって、衰退したのである。その指導者のいくにんかが中心的な政党を組織しようと努力したにもかかわらず、この体制の支持者はたいてい、政治的組織化がたんにジャコバン派と王政派に利するだけ、あるいはそのどちらかに利するだけになることを恐れた。その結果として、彼らは、いかなる組織された反対派の形成も許容せず、左派か右派のどちらかが選挙で勝利をおさめたようにみえたときにはいつも、立法府を粛清した。同時に、総裁政府の支持者たちは、たびかさなる選挙をやめたり、彼ら自身の一党国家を樹立しようとしたりする気にもなれなかった。*84

ナポレオンの治世のもとでは、組織にもとづく政治にたいするアンビヴァレンスは、政治活動の名にあたいするものをすべて抑圧するというかたちをとってあらわれた。革命的レトリックの自己矛盾にたいする総裁政府期とナポレオン期の「解決」はどちらも、そもそも、たんにこのレトリックの力をしめしているにすぎない。透明と公開と警戒は、利害を原則とした表象に席をゆずらなかった（総裁政府のいくにんかの政治家はそれが実現することを望んだが）。元来の革命的原則は、実行困難なものとして、あるいは危険だとさえされて拒絶されたのだが、しかしほかのどのようなレトリックも、それにとってかわるほど説得的なものとはならなかった。総裁政府は、原則なしで、あるいは元来の革命的諸原則をうすめたかたちで統治しようとした。すなわち、総裁政府下の政治は、王政派的でもなくジャコバン派的でもないことをめざしたのだが、したくなかったことを宣言することと以上のことはけっしてできなかった。ナポレオンは、対照的に、革命的レトリックの諸原則への支持を宣言したが、みずからが人民の声であると名のった。彼の見方においては、カリスマあるいは社会の中心である〈国民〉の位置にかんしてはなんら問題はなかったのである。

革命的レトリックは、ある意味では、その固有の矛盾によって挫折した。それは政治的である一方で、党派的な政治活動を拒絶した。それはレトリックの力をしめす一方で、レトリックにみちた演説の正当性を否定した。それは新しい共同体を表象する一方で、（市民間の透明という名のもとに）表象＝代表を消滅させる方向にすすんだ。革命的レトリックは神話的現在に言及する一方で、同時にまた現在の失敗を説明しなければならなかった。そしてそれはこの失敗を、陰謀‐政治のせいにすることができるのみだった。要するに、テクストとしてのそれは、たえずそれ自身の権威の基礎を破壊していたのである。[*85] けれども同時に、フランス革命は、現代の政治の多くの、政治的実践にかんするわれわれの考え方の、そして多くの異なる、競合する政治的イデオロギーの基礎をおいた。

フランス革命期のレトリックは、（より純粋な以前の共同体の復活というよりもむしろ）新しい共同体が実在しうると断定することによって、そしてそれが、（真の宗教とか、過去の伝統への回帰とか、以前になされた社会契約への支持をとおしてというよりもむしろ）政治をとおして実現されうると主張することによって、過去の政治の限界を突破したのである。もちろん、革命期の政治は共同体主義の規律という条件によって狭く限定されていた、と主張することは可能であろう。フランス革命は直接に自由主義的な政治を推進したのではなかったのだから。けれども、この「狭い条件」は別の意味ではいちじるしく広かった。というのも、政治は以後、ただたんに大臣、議会、制度、利害、政府にかかわるのではなく、むしろ社会関係の性格そのものにかかわることになったからである。[86] 政治は競合する利害を表象＝代表するための舞台ではなかった。それはむしろ、人間性を再構成し、臣民から市民を、奴隷から自由人を、抑圧された人びとから共和主義者をつくりだす道具となったのである。

革命的レトリックの統合的機能は結局は挫折したが、根本的に新しい共同体の可能性への信仰は、あらゆる想像をこえて実りの多いものとなった。一七九四年と一七九九年の失敗にもかかわらず、代替可能な、平等主義的で共和主義的な伝統が確立され、これがフランスの政治論争と社会闘争の条件を恒常的に変えたのである。この理由のために、デュルケム派の立場は革命的レトリックの機能にたいする重要な洞察をふくんでいる。新しい共同体の陣痛と失敗によっても、その観念そのものは妄想とはならなかった。すなわち、トクヴィル（派）の見解をいいかえるならば、たとえ革命家たちが「想像上の理想社会」のために行動していたのだとしても、このことは、彼らのそのような行動の結果が「想像上の」ものであったことをまったく意味しなかったのである。

革命期のレトリックは、古典的なマルクス主義のタームでは説明されえない。資本、利潤、労働は、革命期のレトリックを組織化する諸原則ではなかったからである。また革命の言説も、マルクス主義の意味での階級によってつくられたのではなかった。しかしそれでも、それは「階級を欠いた階級闘争の言語」と名づけうるかもしれない。革命期のレトリックは、明白に反貴族的であったし、そもそも旧社会にたいする攻撃の道具として発展した。実際、新しいレトリックの最初の業績のひとつは、アンシャン・レジームということばの発明であった。いったんフランス社会が、レトリックのうえでいわば新しい〈国民〉と「旧い」ないしは以前の体制に分離されたとき、革命は始動していたのだった。*87 革命の目的は、ふたつの絶対的なもののあいだに亀裂をつくりだすことだった。

革命期のレトリックは、そのとき、貴族が支配する過去と断絶しようという意志を表明しているという点で、「ブルジョワ的」と考えられる。革命家たちはこのことを資本主義の名のもとにおこなったのではなかったし、実際、とくに急進派の人びとは、商業とむすびついた腐敗によって深刻に悩まされつづけた。*88 徹底的に過去と断絶しようという願望には、革新そのものにかんする新たな評価が暗にしめされていた。革命をおこなうということとは革新することを意味した。そして自称革命家たちは、「下劣な革新者」とよばれることを恐れなかった。事物を新しくすることにこのように夢中になったことによって、革命家たちは、いかに自分たちがフランスの国家権力の強大化を知らず知らずおしすすめていたのかが見えなくなってしまっていたかもしれない。しかしその理由のゆえに、革新のレトリックは幻想ではなかった。ちょうど共同体への信仰がフランスにおける平等主義的で共和主義的な政治の伝統への道をひらいたように、彼らの経験の根本的な新しさにたいする確信はまた、革命政治の持続的な伝統を可能にした。結局、マルクスは、革命によって社会をつくりかえることの可能性への彼自身の確信をフランスの例から得たのだが、この確信の源泉の意外ななりゆきと意味を正しく認識しそこねたのである。政治的な革新と革命のレトリックは、もっとも発達した産業社会であるイギリスの生みだしたものではなかった。革命の言語は、フランスのものだったのである。

アメリカ革命期のレトリックは、革命的伝統の発展を促進しなかった。その代わりそれは、立憲政治と自由主義的な政治に流れこんだ。フランスにおける相違は、国民的過去からのあらゆるモデルを拒絶することを強調したことだった。共和国の学校で歴史を教えることのむずかしさについて想像してみよう。ある初等教科書は、この問題をつぎのようなことばでとらえた。「歴史の本あるいはむしろ人類の不幸の記録をめくっているとき、若者はひんぱんに国王、大貴族に、そしていたるところで抑圧された人びとに、あらゆるページで動物の群れのごとくにみなされた民衆に出くわすことになろう」[*89]。このような不幸の歴史に対抗するために、共和主義者はただ、共和政期のローマやアテネやスパルタの、そして彼ら自身の時代により近くは、スイス人やアメリカ人の孤立した事例を提供しうるのみだった。それらのどれも、フランス人ほど遠くまで進んでいなかった。あるいは、フランス人ほど多くの障害に直面していなかった。革命の予言者であるルソーは、一種の奇跡として、つまり、軽薄と皮肉癖の世紀にあって理性と自然の孤独な声としてあらわれた。しかしそのような以前の抑圧の歴史はただ、革命の達成の偉大さを画するためにのみ役立ったのである。

ラアルプが風変わりな仕方でみとめたように、言語は、フランス革命の「主要な手段であり、あらゆるもののうちでもっとも驚くべきもの」であった。政治的革新のレトリックによって、フランス革命は「前代未聞のスキャンダル」となった。というのもそれによって、革命家たちは、国民の再生と徳の共和国の岸辺をもとめて未知の海にのりだすことをうながされたからであった。革命家たちは新しいことばを創造したが、もっとも重要なことは、彼らが根本的な政治的変化というコンテクストのなかで、そしてそのような変化のためにそのために彼らのことばを語ることによって、それらに新しい意味をあたえたことであった。世界をゆるがす経験としてのフランス革命を可能にしたのは、彼らの語り、つまり語彙ではなくレトリックの説得力であり、新しい世俗的な価値を推奨することばだった。伝統はその擁護者を見出すだろう。しかしそれは、ほかの新しいイデオロギーと同様、暗黙のまま通用することはもはやけっしてありえないであろう。

第二章

政治的実践の象徴形式

Symbolic Forms of Political Practice

バスティーユの陥落、ヴァレンヌへの逃亡、シャン・ド・マルスの虐殺、テュイルリ宮殿の襲撃、君主制の崩壊、ジロンド派の没落、ロベスピエールの失墜、王政派の粛清、ジャコバン派の粛清、ナポレオンの興隆――つぎからつぎへとおこる革命の転換点、諸分派の盛衰は、めまぐるしかった。それぞれがかわるがわる、声明、通達、報告、そしてやがては祭典と祭典の修正を必要とした。多くの異なったタイプの説明が、これらの際限のないことばの産物のなかには見出されるはずである。教訓的なある地域的事例が、一七九七年にだされた典型的な声明のなかに見出される。この文書において、イゼール県への政府の代理人（県行政当局に配属された総裁政府の委員）は、国家の立法府の最近の粛清にたいする地方の反応にかんして彼の職務上の論評を公にした。多くの議員が王政派と考えられて逮捕されてしまっており、ほかのたくさんの議員の当選は無効とされた。

> 共和国と共和暦三年憲法が王政派の陰謀家にたいして勝利をおさめ、それらを破壊しようとした人びとの激怒からまぬがれたことを知って、良き市民のだれもがただちに、みずからの喜びを表現することはもちろんかまわない。しかしこのおりになぜ、衣服や異なる意見のゆえに、市民間に威嚇や挑発があったのか。衣服の選択のゆえに市民を侮辱したり、挑発したり、威嚇したりするのは……憲法の宣言への違反である。諸君の衣服は品位があり礼儀正しくなくてはならない。感じのよい質素さをけっして捨

ててはいけない。……敵の軍隊の制服であるこれらの再結集のしるし、これらの反乱の服装を放棄せよ。[*1]

グルノーブルでは、衣服と政治との連関は一七九七年には論争をひきおこすものとなっていた。総裁政府の代理人は衣服をあまりに重大なものと考えることにたいして警告しようとしたが、同時に彼自身、衣服の力をみとめざるをえなかった。そこで彼は、王政主義の復活とむすびついているフリルや色リボンを身につけはじめていた人びとにたいして彼みずから警告することによって〔声明文を〕しめくくったのである。

服装の問題は新しいものでもなかったし、グルノーブルに限定されたものでもなかった。政治は、口頭での表現や議員の選出、あるいはクラブや新聞や集会での公開論争に局限されなかった。政治的意味は、注意ぶかくさまざまな象徴表現のなかにおりこまれ、そこではことばは、ラアルプが主張したように、「主要な手段」でしかなかった。異なる服装は異なる政治をしめした。そして、ある色、ある長さのズボンやあるスタイルの靴、あるいは不適当な帽子の着用は、口論やなぐりあいや街頭での雑多な喧嘩をひきおこしかねなかった。フランス革命期には、もっとも一般的な事物や慣習でさえも、政治的象徴となり、政治的・社会的闘争の潜在的原因となったのである。色、飾り、衣服、皿、お金、カレンダー、そしてトランプが、一方の側あるいは他方の側の「再結集のしるし」となった。[*2] そのようなシンボルは、たんに政治的立場を表現しただけではなく、人びとがみずからの政治的立場を自覚するための手段でもあった。それらが政治的立場を明白にすることによって、支持、反対、無関心〔という政治的立場の表明〕が可能になった。こうしてそれらは、政治的闘争の場をなした。

革命期のレトリックにおいては、権力は〈国民〉(あるいは人民)に由来したが、けれども、国民の意志が実際問題としていかにして知られうるかということはけっして明白ではなかった。バンジャマン・コンスタンが一七九六年にのべたように、「革命は微妙な差異を消し……奔流はあらゆるものを均《なら》すのである」[*3]。革命的事件がつぎからつぎへと突発するなかでは、政体の正当性を位置づけることは困難であった。このような情況のなかで権力を「もつ」ということは、たとえ短期的ではあっても、新しい国民の外面的な表現の明確化や展開にかんしてなんらかの支配権をもつことを意味した。クラブや集会における演説者は国民の名において語る権利を要求しようとしたが、個人の声は、しばしば容易に圧倒された。個人の声より集団的で再現可能であったために、より持続的だったのは、革命のシンボルや儀式だった。つまり、自由の木や自由の帽子、自由や共和国の女性による表象、そして祭典や学校のコンテストや選挙やクラブの集会などの多様な儀式の機会が、それであった。この儀式の形式は、その明確な政治的内容と同様に重要だった。政治的シンボルや儀式は権力のメタファーではなく、権力そのものの手段であり、目的だったのである。

権力の行使は、つねに象徴上の実践を必要とする。政体がいかに非神秘的に、あるいは非呪術的にみえようとも、儀式やシンボルを必要としない政体はない。*4 ことばによらない多くの仕方で統治の正当性をつたえ再確認する物語や記号やシンボルがなくては、統治は不可能なのだ。ある意味では、正当性とは、記号やシンボルにかんする世間一般の同意なのである。ある革命運動が伝統的な政体の正当性に異をとなえるとき、それはまた必然的に、伝統的な支配の飾りに異をとなえなければならない。そのときそれは、新しい秩序の理想や原則を正確に表現するような政治的シンボルを創造することにとりかからなければならない。

フランス革命はシンボルの形成過程をことに鋭くめだたせた。というのも、革命家たちは、みずからの境遇について熟考する機会をもつ間もなく、革命のさなかにいたからである。フランス人は、組織された党とか首尾一貫した運動とともに出発したのではなかったし、なんら旗じるしもなく、少数の単純なスローガンをもっていただけであった。彼らは、ことをすすめていくにつれてシンボルと儀式を創造した。革命家たちは、ほかの社会が異なったシンボルと儀式をもつことを啓蒙思想家からまなんでいた。しかし、以前の社会はどれも、熱心にまねるにあたいするようにはあまりみえなかった。ロベスピエールが言明したように、「革命政府の理論は、それを生みだした革命と同様に新しい。その理論を、この革命を予期しなかった政治理論家の著作や、みずからの権力の乱用にひたりきってその正当性を確立するのにほとんど関心をもたなかった暴君の法のなかに探しもとめることは、必要ないのである」[*5]。ばかげた悪習をともなった過去は、ほとんど指針を提供しえなかったのだ。

それにもかかわらず、フランスの君主制はシンボルの力を実証していた。ブルボン王家は、トクヴィルが論じたように、フランスの臣民の政治的責任を徹底的に制限していただけではなく、権力を、君主制のシンボル装置、とりわけ君主の身体とほぼ切れ目なく連続させることに成功していた。権力は、王の身体との近さによって測られた。フランス人は、市民としてみずからの政治的責任をとりもどし、みずからのために権力を掌握するために、君主制と王の身体との象徴的連関物をすべて除去しなくてはならなかった。こうして結局、国王を裁判にかけ、人前で処刑するという形式がとられた。ブルボン王家が支配の象徴的飾りを強調していたために、革命家たちはその意味にとくに敏感だったのである。

革命政治のレトリック上の論理回路網がまた、象徴形式の重要性をたかめた。組織にもとづく、とりわけ党や分派という形式での政治にたいするアンビヴァレンスに直面して、新しいシンボルと儀式は、政治的態度をつくりあげるのにもっとも容認しうる手段となった。自由の木を植えたり、新しい国民の色の服を着ることは、「党派的」ではなかったのである。シンボルによる闘技場においては、政治的闘争は名指しで政治家や党派にうったえることなしに可能であった。このように、寓意的なもの、演劇的なもの、様式化されたものにたいする革命家たちの熱情は、たんに奇妙な逸脱行為ではなく、むしろ、自由な人間をつくりあげるという彼らの努力における本質的な要素であった。さらに、最終的に、象徴形式はフランス革命の経験に心理的・政治的持続性をあたえた。そのシンボルと儀式は、フランス革命に longue durée〔長期的持続〕をあたえた。つまりそれらは、共和主義と革命の長期にわたる伝統を明白に思いださせるものだったのである。

とはいえ、ある点では、革命家たちはアンシャン・レジームの政治的実践を発展させたにすぎなかった。トクヴィルはずっとまえに、革命家たちは君主制国家を破壊したというよりもその官僚制と行政権力を発展させた、ということに気づいていた。君主制の近代化の夢は、共和国のもとで現実となったのである。*6 さらに、国家の諸省におけるのと同じく地方のレベルでも、旧い体制と新しいそれとのあいだには持続性のほうが顕著であった。たとえば、都市役人は、以前よりもはるかに多くの市民によってえらばれたが、あいかわらず議事録をとり、討論し、委員会を選出し、法案を承認し、そして一般に地方生活の治安を維持しなければならなかった。*7 革命期のどの市議会の議事録も、アンシャン・レジームのその片割れの議事録と同じく、職務に忠実であろうとする調子をおびている。

革命家が政治家や政治工作を嫌ったにもかかわらず、政治活動は行政領域の外部で激増した。クラブ、新聞、パンフレット、ポスター、歌、ダンス(「野外での」政治的利害の通例の表現活動のすべて）が、一七八九年と一七九四年のあいだに急速に発展した。けれども、たくさんの新聞やクラブが発展したことによっては、たとえ革命前の時代との相違がいかに劇的であったとしても、フランス革命の政治は革命的なものとはならなかった。政治集会場の外での政治が増加したことによって、フランスはますますイギリスや生まれたばかりの合衆国と同じようにみえるだけであった。フランス人が異なるものとなり、彼ら自身にも観察者にも「この新しい民族」とみえたのは、前例や匹敵するものが何もない新しい共同体をげんに樹立しつつあるという、彼らの深い確信によっていたのである。

革命的レトリックは過去との完全な断絶を強調したため、慣習、伝統、生活様式のすべてに異議をとなえた。国民の再生は、ほかならぬ新しい人間と新しい習慣を必要とした。人民は共和国の鋳型で再成型されねばならなかった。したがって、日常生活のすみからすみまで、アンシャン・レジームの腐敗にかんして点検されねばならなかったし、新しい体制にそなえて掃き清めねばならなかった。レトリックのうえで政治を拒絶するというコインの裏側は、政治をあらゆるところにあたえようとする衝動であった。[*8] 政治が限定された領域で生じなかったために、かわりにそれは、日常生活に浸透する方向にむかった。この日常の政治化は、組織にもとづく政治のより自覚的な拒否と同様、革命的レトリックの結果だった。日常を政治化することによって、フランス革命は、権力が行使されうる地点をとほうもなく増加させ、この権力を掌握するための戦術や戦略を増やした。[*9] 特殊政治的なものを拒絶することによって、革命家たちは、権力の上演のための夢想されなかった領域をひらいたのである。

政治は日常にいちどに浸透したのではなかったが、しかし当初から、参与者も観察者も、フランスでは好ましくないことがおこりつつある、と気づいていた。そして彼らは、それらの出来事をシンボルをとおして経験し、説明した。ロンドンのイギリス政府への一七八九年七月十六日付の書簡で、ドーセット公爵は「われわれの知る最大の革命」に言及し、あらゆる人びとの帽子の花形帽章の様子を記述することによってこの観察を説明した。[*10] 七月二十二日に彼は、「フランスの憲法と政体における革命はいまや完遂されたとみなされうると思う」、というのも、国王が最近むりやりパリを訪問させられたから、と報告した。七月の革命にたいする〔国王の〕黙従によって生じた象徴的な行進において、「彼〔国王〕は実際、飼いならされた熊のように、憲法制定議会議員とパリ市民軍によって意気揚々と連れていかれた」[*11]。愛国的な花形帽章の着用や国王のパリへの「屈辱的な」入場といったような象徴的行動は、革命的変化のもっとも明白な道しるべだった。それらはまた、革命政治の展開過程における最初のためらいがちなステップだった。

最初のシンボルが創造されるとすぐに、政治的・社会的闘争の可能性が表面化した。花形帽章は好例だった。ドーセット公爵によれば、最初の花形帽章は緑のリボンでできていたが、これは、緑がひじょうに嫌われていたルイ一六世の弟アルトワ伯の制服の色であったために、拒絶された。[*12] それはすぐに、赤と白と青の組み合わせにとって代えられた。いったん三色の花形帽章がひろく受けいれられると、それは巨大な政治的意味を獲得した。ルイの生は、まったく文字どおりそれを着用するかどうかにかかっていた。そして、ルイがそれを「侮辱」したといううわさが、一七八九年十月に婦人たちのヴェルサイユへの運命的な行進をとつぜんひきおこしたのである。婦人たちは、ヴェルサイユに行進したとき、フランス革命を防衛しているのだということを疑いもなく知っていた。だが、「フランス革命」にかんするどのような演説も、花形帽章のようには彼女たちを動員することはできなかったであろう。彼女たちは、ヴェルサイユの兵士たちが三色の花形帽章を踏みにじり、そのかわりにブルボン王家の白や貴族の反革命の黒を身につけた、と聞いたとき行進したのである。図版4はある匿名の版画家によって描かれたものだが、彼女たちの怒りをかうにいたった情景をしめしている。この版画が一新聞の「十月事件」の説明に添えられていることは、感情にうったえるうえでのシンボルの重要性を明らかにしている。「フランス人の自由の神聖なしるし」が踏みにじられたとき、〈国民〉そのものも侮辱されたのだ。[*13] フランス革命の最初の数カ月間においてさえも、闘争における敵味方は、まだ現実には生じていなかったが、シンボルによって明白となった。

花形帽章と同様、自由の帽子、祖国の祭壇、そして自由の木はすべて、フランス革命の最初の数カ月のうちにあらわれた。それぞれのシンボルは異なった系譜をもっていたが、

図版4　「ヴェルサイユにおける近衛兵の乱痴気騒ぎ、1789年10月」と題された版画　『パリの革命』13号から。版画についているテクストによれば、兵士たちは三色の花形帽章を踏みにじり、白と黒の花形帽章に敬意を表している。
（カリフォルニア大学バークリー校図書館のフォトグラフィック・サーヴィスによる写真）

それらはすべてひろく受けいれられるようになった。いったん創造され、ひろく流布すると、それらはたえず、さまざまな種類の争いと衝突をひきおこした。たとえば、フランス革命の敵対者が自由の木をひき抜いたり破壊したりし、地方行政当局がそれらを植えなおした。これらの権力のシンボルは、当時の政治闘争においてのみでなく、官僚と民衆の熱狂とのあいだの、より下位の緊張においてもとりあげられた。官僚はときとして、民衆起源のシンボルを、おそらくその使用を生みだした個人にまでその起源をたどることによって、掌握しようとした。たとえば、共和暦二年にグレゴワールは、「自由の木にかんする歴史的・愛国的エッセイ」を書き、そのなかで、最初の自由の木は、ポワトゥの農村のひとりの教区司祭によって一七九〇年五月に植えられた、と力説した。とはいえ、歴史家たちはいまや、最初の「木」が、一七九〇年冬にペリゴールの農民たちがその地の領主にたいして反抗したとき植えた五月柱であったことを実証している。この反抗をひきおこした柱はしばしば絞首台のように見えたし、しばしば強迫的なスローガンが掛けられた。調査のために派遣された聖職者や名士、国家委員は、これらの五月柱を、「侮辱的な証拠物件」「反乱のシンボル」「反抗の記念物」と考えた。*[14] それにもかかわらず、まもなく自由の木は、フランス革命への支持をしめす普遍的なシンボルとなり、一七九二年五月までには、六万の自由の木がフランス全土にわたって植えられたのである。*[15]

いったんシンボルが広範に流布することによってその人気が明らかになると、それらはより公的なかたちでとりあげられた。一七九二年七月五日以後は、すべての人が三色の花形帽章を身につけるよう要求された。その数日前には、立法議会があらゆる市町村に、新生児の歓迎のために祖国の祭壇をきずくよう要請していた。ジャコバン・クラブや地方の行政当局は、自由の木の植樹をひきつぎ、それを自己流の儀式に変えた。そして、過度の誇示を禁止する法令が可決された。たとえば、ボーヴェでは、革命の敵対者たちを新しく植樹された自由の木のところへ連れていき、彼らに敬意を表することを強いる実践によって、役人たちは悩まされた[16]。聖なる土地を仕切り、そこへの出入りを規制するために、柵が設けられた。柵、法令、そして上述のようなシンボルの公的な儀式や祭典への統合はすべて、民衆権力の新たな形態を統制するものだった。

このような統制のプロセスのもっとも顕著な事例は、モナ・オズーフによってじつにあざやかに描写された、祭典の制度化であった[17]。一七八九年末および一七九〇年初頭の恐怖とパニックと歓喜の時期に生まれた最初の「野蛮な＝野性の」祭りは、単純素朴だったのであり、想像上の陰謀に対抗するための、あるいは、自由の木を植えるとか、花形帽章をむりやり着用させるとか、フランス革命への忠誠の誓いをするとか、といった新しい革命的シンボリズムを課すための、即興的な団結行為だった。一七九〇年の連盟祭は規律化への第一歩だったのであり、意味深長なことに、制服を着た人間がその儀式の中心にいた。正午にはフランス全土で、兵士と国民衛兵と役人が誓約をすることになっており、この誓約は、人民と財産をまもり、穀物の自由な流通と租税の徴収を保証するという誓いをふくんでいた[18]。三色の花形帽章や祖国の祭壇やその他の自由のしるしが新しい国家の儀式において使用されることによって公認されたとき、民衆階級は、その儀式のおこなわれる場所の周辺にあつまって、見ているだけであった（図版2参照）。民衆の熱狂が、まず最初に、それらのシンボルに意味を付与したのだが、いまや、公式の儀式がそれらを規制したのである。このようにして、民衆の寄与は承認されると同時に、その危険な部分は除去された。

祭りがより洗練されたものとなるにつれて、多くのますます曖昧なシンボルがそれらの祭りにくみこまれた。それらのシンボルのいくつかは聖書やカトリック教から着想をえたものであったが、より多くは古典古代やフリーメーソンから着想をえたものであり、したがって本質的に、より「民衆的」ではなかった。フリーメーソンの水準器は平等のシンボルに、ローマの束桿は団結のシンボルに、ローマとガリアの月桂樹は市民的美徳のしるしに、エジプトの目は警戒の象徴になり、そして多くの女性の女神は、自由だけでなく、理性、自然、勝利、感受性、憐憫、慈悲といったものを表現した。[19] 長蛇の行列行進は教訓的な旗をもち歩き、教化のための寓意的な「停留所」をおとずれた。カトリック教の聖人にとって代わったのは、革命の新しい表現＝表象であり、教会の司祭や助任司祭にとって代わったのは、新しい体制の役人や野外劇の名人たちだった。[20]

一七世紀後半の対抗宗教改革期の教会が民衆の宗教的祭典を統制しようとしたのとちょうど同じように、革命体制の役人もまた、民衆の政治的祭典を統制しようとした。役人たちは、民衆のシンボルを組織された祭典や儀式に統合し、彼ら自身のシンボルを民衆が使用するために考案した。〈自由〉の女神はもっともよく知られた例であり、また、もっとも成功した例であった。一七九二年に共和国の印章の図柄として自由の女神がえらばれたとき（図版5参照。この選択については、第三章でよりくわしく論じられる）、それは、フランスの図像学において知られていなかった図像ではなかった。一七七五年にモローは、自由を、自由の帽子を槍の先につけ、ローマ風の服を着た若い女性として描いた[*21]。自由の女神は、フランス革命期においては、一七八九年七月のパリの新市政の確立を記念するメダルにどうやら最初にあらわれた。そして、一七九二年九月の自由の顕彰までは、一七九一年に発行された王国の新しい硬貨の裏面にみられたフランスの「神」、マーキュリーやミネルヴァ、そしてパリ市をあらわす女性の像のような図像によって、自由の女神は影を薄くさせられていた[*22]。とはいえ、革命の一〇年間の終わりまでに、自由の女神は、それが表現した共和国の記憶と消去不可能なほどむすびついていた。集団の記憶においては、La République〔共和国〕は「マリアンヌ」だった。フランス革命の敵対者によって最初嘲笑的に自由の女神に、つまり共和国にあたえられたこの名称は、すぐに評判のいい好意的なニックネームとなり、その図像はその後のどの共和国においてもくりかえしあらわれたのである[*23]。

図版5　共和国の印章、1792年
（国立古文書館の御厚意による写真）

一七九二年の印章にみえる自由の女神のおちついた物腰は、民衆の動員によるさまざまな革命的「事件」のはげしい暴力をほとんど喚起しなかった。対抗宗教改革の聖人のように、自由の女神は新体制がつよく望んだ徳を表現していた。つまり、その徳とは、地域主義、迷信、特殊性を、より統制された万人救済説の崇拝の名において超越することであった。自由の女神は理性にもとづく抽象的な特性〔の表現〕であった。それは、どのような集団にも、どのような特定の地域にも属さなかった。それは、急進派がすでに一七九〇年に非難していた「ばかげた慣習、悪趣味な因習的方式、不合理でおとなげない礼儀作法、聖職者たちによって奪われた権利」とは正反対のもの〔の表現〕であった。[*24] とはいえ、いったん自由の女神が公的に認知され広範にひろがってしまうと、それはまた、民衆的な用途にもよりひらかれたものとなった。革命期の政治的実践の運動は、対抗宗教改革期の宗教のそれと同様、規律にむかっての一方向的なものではなかったのである。[*25]

シンボル、とりわけ自由の女神の順応性のもっとも顕著な例は、悪名高い「理性の祭典」だった。一七九三年十一月十日に計画された、自由を祝しての祭典は、急進的なパリ市政府の決定によって「理性の勝利」〔を祝しての祭典〕に変えられた。もともとは以前のパレ・ロワイヤルでおこなわれることに予定されていたこの催しは、カトリック教にたいする攻撃をより明白にするために、ノートル・ダム大聖堂に場所をうつされた。この祭典そのものは、エリートのテーマと民衆のテーマとの奇妙な混淆を具体化したものだったが、そのことは、パリ・コミューンないしは市政府がみずからを、国民公会議員の合理主義的な見方とパリの下層階級のより現実的な関心とのあいだの一種の調停者と考えるようになって以来、予期されえたことだった。[*26] 以前の大聖堂のまんなかに、国民公会における左派のシンボルである山があった。その山を美しく飾って、A la philosophie〔哲学へ〕という銘のきざまれた小さな神殿があった。その神殿の入口にそって、philosophes〔哲学者〕の胸像がならんでいた。この祭典組織者の一人が記したように、

この儀式は、ギリシャやローマのばかげた儀式に似ているものは何もなかった。それは直接に人の魂にうったえかけた。楽器は教会のヘビのようにヒューヒューいわなかった。山のふもとに位置した共和国の合唱団は、讃歌を普通のことばで〔en langue vulgaire〔俗語で〕〕歌った。この讃歌は、神秘的で荒唐無稽なお世辞ではなく、自然の真理を表現したがゆえに、なおいっそうよく民衆に理解された。[*27]

白い服を着て月桂冠をいただいた、二列になった若い女性たちが、手に松明をもって山を下り、それからふたたび後戻りした。そのとき、「美しい女性によって表現された」自由の女神が神殿から出てきて、緑の葉の王座にすわり、列席していた共和主義者の敬意をうけた(図版6参照)。

この祭典の驚くべき革新、もっとも予想されなかった革新は、自由の女神として生きた

図版 6　1793年11月の理性の祭典　『パリの革命』215号からの版画
（カリフォルニア大学バークリー校図書館のフォトグラフィック・サーヴィスによる写真）

女性が出現したことだった。三日前にパリの市政府がイベントの場所を変更することを可決したときには、いまだ、いつものように彫像を披露することが考えられていた。つまり、「自由の女神像が、「以前の聖母マリア」の像のかわりに建立されるだろう」と。[28] この変化がいかにして生じたのか、われわれは知らないが、それは、地方の多くの町でまねられた。[29] 自由（あるいは理性、自然、勝利――多くの場所で、パリにおいてさえも、これらの相違は祭典の参加者や組織者にとってかならずしも明白ではなかった）[30] の女神の生きた小品の出現の背後には、透明な表象、すなわち、実物にきわめて近く、かつ、いつわりの偶像をめぐってのかつての狂信的なたたかいをなんら呼びおこさないような表象への欲求が存在した。ある新聞が論評したように、

だれもが最初からあらゆる種類の偶像崇拝の習慣を打破しようとした。われわれは、聖餐用パンの場所に生命のない自由の像をおくことを避けた。というのも、一般民衆は誤解して、パンの神に石の神をとって代えたかもしれなかったから……でもこの生きた女性は、彼女を美しく飾るあらゆる小さな飾りものにもかかわらず、石の彫像のように、無知な人びとによって神格化されることはありえないだろう。

われわれが民衆にけっしてあきずに言いつづけなければならないことは、自由や理性や真理はたんなる抽象的存在でしかないということである。それらは神ではないのであり、正確にいうならば、それらはわれわれ自身の一部なのである。*31

自由の女神は、迷信とむすびついた偶像のようにではなく、普通の女性のように見えなければならなかった。とはいえ、ほとんどどこでも、えらばれた自由の女神はほとんどカーニヴァルの女王のようだった。つまり、村やその近隣の一番の美人だった。民衆は、彼女を一日間自分たちの女王にしてしまったのである。こうして、あらゆる偶像を抑圧しよう

とするラディカルな教育的衝動は、民衆の祭式によって横領され、転倒された。国民公会は、少なくとも公式にはこれになんら関係していなかった。それで、いったん祭典が挙行されてしまうと、その参加者たちは国民公会に行進し、議員たちに儀式の執行をくりかえすよう要求した。民衆は、パリの地元行政機関によって指導されながら、自分たちの演劇を上演してしまったのである。

理性の祭典は、すぐにそう呼ばれるようになったが、象徴権力の領域においてはたらく複雑な関係を明らかにした。国民公会、パリ市政府、地元の闘士、そして一般のパリ住民はすべて、それ固有の利害と願望をもっていた。国民公会は、政体とその正当性の中心的シンボルとしての国王にとって代わるのにふさわしいフランスのシンボルとして、ローマの自由の女神を導入していた。その議員たちは、フランスの君主制的過去とほとんど、あるいはなんら反響しない、抽象的なシンボルを欲したのである。パリの市政府は、理性の祭典のときに、カトリック教の支配に挑戦するための手段をさがしていた。つまり、〈自由〉は、世俗的で、容易に理性とむすびついたのであり（どちらも図像学的には女性の像によって表象された）、カトリック教の中心的な女性像である聖母マリアと対抗しうるものであった。祭典に参加した民衆は、この抽象的で世俗的な女神を、伝統的で民衆的な宗教的儀式の女王を思いださせる、生きたカーニヴァルの女王に転倒することができた。だが民衆は、オペラ座のバレエ団のメンバーの参加とオペラ座のレパートリーからの音楽をともなった、オペラ座によって提供された舞台装置のなかに、彼らの生きた女神を獲得しただけであった。[*32]民衆は自由の女神を、彼ら自身の自由の女神としたのだが、結局は彼女が、彼らを教化する役割をはたす女優であることを発見することになったのである。

政治闘争をたたかい、政治的立場を明るみにだすためにシンボルをもちいることは、けっしてフランス革命の支持者にかぎられるものではなかった。一七九九年五月に、トゥルーズ市行政当局は、黒聖母の像によってひきおこされたその地の示威運動にかんしてうったえるために、パリ警察庁長官に書簡を書いた。木でできた、黒聖母の黒い彫像は、何世紀ものあいだ、その地の宗教的儀式において顕著な役割をはたしてきた。つい一七八五年にも、黒聖母像は、雨乞いのために組織された公的な行列行進のなかで、その都市の評議会員によってつきそわれた。一七九九年にその彫像は人前にだされ、その地のある教会にふたたび姿をあらわした。「献金は巨大な額にのぼった。そして、司祭によって利用された、ばかげた聖別式が復活させられた。だれもが、黒聖母像にふれていたハンカチや指輪や本をほしがったのである」。トゥルーズ市行政当局者たちは、こう憤激した。「啓蒙の世紀のおわりに、われわれはみずからの都市で、恥ずべき狂信手段が復活するのを目にしたのだ。それは、無知と迷信の時代のおかげでのみ、はなはだしく成功したにすぎなかったのに」と。黒聖母像は、数日後に焼却された。[*33]

伝統的な宗教的シンボルの復活にくわえて、革命期の革新の敵対者たちはまた、民衆のカーニヴァルの実践を復興させた。四旬節の直前に地方の市町村は、行列行進やダンス・パーティをもよおしたが、それらはしばしば度をこして、地方当局にたいする騒々しい、暴動的でさえある挑戦へと転化した。これらの祭りにおいては、マスクをつけ、女装するのがふつうだった。一七九四年以後、「反恐怖政治家」集団のメンバーは、しばしばそのような手段を利用して、官憲の目から自分の身元をかくした。一七九七年一月に、ボルドーのジロンド県行政当局は、変装やマスクの利用を禁ずる法令を可決し、とくに「自分自身の性別と異なる性の衣服」を着用することを禁止した。総裁政府の委員は、この法令の必要性をつぎのように説明した。

復讐がその敵意を大胆にむけるのは、マスクにかくれてである。悪意ある人びとがみずからの敵とみなす人びとを罰されることなく侮辱し虐待するのは、マスクにかくれてである。盗人や泥棒が彼らがうらやむ財をもつ人びとから物を奪うのが容易であると考えるのは、マスクにかくれてである。人がわれを忘れて極度に大胆になり、家庭に破滅と悲惨をもたらすゲームにがむしゃらに没頭するのは、マスクにかくれてである。*34

公式の見解では、マスクや変装は、たとえ実際はそうではなかったにしろ、人間に知られているほとんどすべての政治的・道徳的悪事を助長したのである。

フランス革命にたいするこの種の象徴的抵抗は、伝統的な民衆文化に根ざしていた。一六・一七世紀においては、地方の住民は、改心をくわだてる司教や野心的な地方名士の侵入にたいして自分たちの集団的アイデンティティをまもるために、カーニヴァルのマスクやその地の守護聖人を利用した。アンシャン・レジーム末には、そのような闘争ははげしいものではなくなっていたのだが、フランス革命は、新たな政治的内容を注入してそれを復活させた。不満をもった何人かの地域住民の目には、革命的イデオローグや共和派の名士はただたんに、アンシャン・レジームの司教や地主から職務をひきついだように映った。対照的に、確信をいだいた共和主義者にとっては、カーニヴァルのマスクや黒聖母像は、フランス革命が克服しようとしていたあらゆるものを表現していた。つまり、王政主義、狂信、無知、迷信、要するに、フランスの過去にかんする非難すべきすべてを。黒聖母像は〈自由〉の女神を侮辱し、カーニヴァルのマスクは透明な市民に挑戦するものであった。

共和主義者は、こういった象徴的闘争が「たんに」象徴的なものではけっしてないことを知っていた。そしてしばしば、理性主義の復讐のために（徹底的に理性主義的に）象徴的闘争にくわわった。断固として共和主義的なトゥルーズ市行政当局は、一七九六年に、穀物貯蔵施設として利用するためにある教会付属礼拝堂を買う許可をもとめた。同年のもっと後には、以前のカルメル会の修道院を植物の博物館に変えようとした。そして一七九八年には、この修道院を穀物市場に変えることを要求した。[*35] そのような非キリスト教化をもくろむ政策の拒否をしめすために、その地の黒聖母像をこれみよがしに保護した人びとがいたことは、想像に難くない。共和主義者たちは、これらの象徴的闘争がめざめさせた対立の深さによってしばしばまどわされた。たとえば、トゥルーズの行政官の一人は、「恐怖政治家」であると非難されたとき、「私はいつも、もっとも穏健な博愛主義にもとづく主張を表明してきた」と説明した。そして彼は、自己の「道徳的原則」の源泉として、ルソー、ヴォルテール、エルヴェシウスをあげた。[*36] そのような原則をもちだせば、カトリック教会やアンシャン・レジームのシンボルとの闘争は不可避的であった。

革命家たちは、公衆を教育することに成功してはじめて、彼らの「象徴をめぐる」闘争に勝利することを望みえた。共和主義の現在に属する自由の女神と王政主義の過去に属する黒聖母とを区別することを民衆に教えるためには、集中的な政治教育が必要であった。その結果として、共和主義者の政治的実践は根本的に教化的だった。つまり共和主義者は、革命の新しい象徴的テクストの読み方を民衆に教えなければならなかったのである。教育が国民の子どもからはじまったことは、ごくあたりまえであった。真の共和主義者の新しい世代は、有機的で国家的な、世俗的公教育の制度をとおしてのみ創造されうるであろうから。ロムが一七九三年の報告で主張したように、「憲法が国民に政治的・社会的実在をあたえ、公教育がそれに道徳的・知的実在をあたえるだろう[*37]」。

したがって、フランス革命のさまざまな議会は、あらゆるレベルの教育を編成しなおすために野心的な計画を展開した。教育にかんするカトリック教会の統制は廃止され、初等教育は、社会的素性にかかわらず、あらゆる子どもに開放された。学校の「教師」〔master = maître〕は、世俗の、国家から俸給を支払われる教師（instituteur、文字どおり、新しい諸価値を基礎づける人）にとって代わられた。*38 これらの計画の多くは時間と金がないために中断されたままとなり、もっと急進的な、平等で自由な学校教育という考え方は一七九五年以後放棄されたが、たくさんの教科書と「共和主義的教理問答」が公刊され、新しい教師に配付された。*39 理屈のうえでは、生徒は、フランス語の文法や読み書き、少々の博物学、これまでの共和国によってあたえられている模範的な事例にくわえて、人権宣言や共和国の領土区分、共和主義的な詩や讃歌、および共和政の諸原則をまなぶことが想定されていた。とはいえ、教育を監視する任についていた地方の行政官は、教師は人数と準備が不足しており、おまけに、新しい権力秩序にたいする情熱をあまりにも欠いている、ということをしばしば知った。*40

いずれにせよ、共和主義者たちは新しい世代の形成をまつ余裕がなかった。そこで彼らは、その活動の重点を大人の再教育においた。もっとも重要な「ジャコバンの学校」のひとつは、一七九二〜九四年の軍隊であった。*41 議員たちが国民公会から戦場の各軍隊に派遣され、兵士や彼らの将校の共和主義的規律を監督した。彼らは裏切り者とみなされた者を逮捕し、革命裁判所をもうけ、広報や通達、声明書、指令書、そして新聞さえもくばった。政府は、ジャコバンの新聞『自由人新聞』の予約購読を五〇〇〇部申しこみ、九カ月以上にわたって、一〇〇万部もの『デュシェーヌ爺さん』を直接軍隊におくったのである。[*42] 国民公会は、そのプロパガンダ活動の最高揚期には、日に三万部の新聞を軍隊におくった。くわえて、とくに軍隊のために計画された勝利の祭典があったし、多くの市民祭典には大量の軍人が参加していた。これらの活動の背後にある判断は、陸軍省の役人にさらに多くの新聞を要求する書簡を書いたある副官によって明らかにされた。「兵士は善良だが、啓蒙される必要がある[*43]」。

革命期の官僚でさえも、その新しい役割のために教育されねばならなかった。この目的のために、政府は、情報および官僚の義務と原理にかんする詳細な説明を盛った広報をひっきりなしに出した。政府は諸県におけるその代理人に恒常的な報告を要求し、この代理人はつぎつぎに、市町村における彼らの代理人から報告を要求した。この恒常的で画一的な情報の収集によって、政府が世論と接触を保ちつづけており、同時に、その代理人や下級の官吏が政府への忠誠の思いを維持していることが保証された。ヴァンデ県への総裁政府の委員の一書簡は、このくわだての真意をつかんでいる。彼はこの県の市町村行政機関に派遣された委員に書簡を書き、彼らが旬日ごとに（新しい革命暦にしたがって一〇日ごとに）派遣地域の情況にかんする「分析的な報告」を提出することになっていることを彼らに思いださせたのである。彼は、多くの委員の情熱の欠如について不満をのべ、「私は諸君に、方法的な正確さ、熟考したうえでの回答、いくつかの新しい見方、そしてとくに几帳面さを期待する権利をもっている」、と強調した。彼らを叱咤激励するために、彼は、質問ごとに余白をもうけた欄に分けられた、印刷された書式用紙を送付した。彼が結論づけたように、官僚の情熱（彼が書簡のなかで数回使用したことば）は「政治的機構を完成させること」に不可欠だったのである。*44

国民教育、軍隊でのプロパガンダ、官僚の仕事の強化は、権力拡張のための戦略だった。それらは、官僚と一般市民をともに共和主義的国家に統合することによって、「政治機構を完成させること」に寄与したのである。これほど野心的な政治的規律のプログラムは、以前にはけっしてくわだてられたことがなかった。一七九二年九月の共和国の宣言以後、共和国の官僚は、〔国民〕再生をめざす勢力と反革命的陰謀の勢力との闘争の可能性をほとんどあらゆるところに見た。新聞、軍隊の制服、官僚の書式用紙、教科書は、花形帽章や自由の木と同様、政治的シンボルだった。しかしいまや、空間や時間や重さの単位さえ問題とされた。だれもが同じ言語を話し、同じ度量衡をもちい、旧い硬貨を返すべきであった。ひとつの委員会はメートル法を確立することに従事し、国民公会は新しい暦を制定した。七日からなる週は、月ごとに変化することのない、一〇日からなる「旬日」となった。「俗悪な時代」の名称にかわって、月や日の名称は自然や理性を反映するものとなった。たとえば、ジェルミナルとフロレアルとプレリアル〔三月末～六月末〕は、春のつぼみと花を思いださせた。他方、primidi〔第一日〕、duodi〔第二日〕などは、聖人の名前の助けをかりることなく旬日を構成する一〇日を合理的に秩序だてた。*[45] トゥルーズでは、都市役人たちが、市庁舎の時計を「十進法化する」ために時計師と接触するまでにいたった。*[46] 時計でさえも、フランス革命の証人となりえたのである。

フランス革命の政体は位階制的な配置をもっていたが、これは、一七九二年以後に急進派が政体を継承したとき、強調された。パリの議会（一七九二～九五年のあいだは国民公会）は、中央政府を組織し、権威がそこから県へ、そして最後に市町村へと流れ出ることを期待した。けれども、国民公会が教育や軍隊や官僚制を再編成する法律や法令を可決したとはいえ、権力の戦略や戦術は、たんに、パリから外にむかって流れ出たのではなかった。ちょうどいくつかの革命的シンボルが民衆の実践に由来したように、政治的再教育の戦術のいくつかも、地方に由来したのである。一七八九年には、パリの議員たちが国家の官僚制の再組織を考えはじめる以前に、地方の行政機関がそれ自身の官僚制的手続きを独力で発展させたのである。*[47] いくつかの県では、国民公会がある教育案にかんして合意に達する以前に、地方行政当局が公教育を再組織しようとした。*[48] さらに、これらの地域における政府の活動の成功は、地域住民の「情熱」によるところが大きかった。

フランス革命の大部分のあいだ、とくに一七九二年と一七九三年には、政治的動員は主として、正規の、公式の政治回路の外部で生じた。クラブや人民協会や新聞が、みずから、軍隊の地方駐屯部隊をふくむ地方住民を共和国の大義に帰依させる責務をひきうけた。女性クラブや職人や小売商の協会が、共和国の自己改善のために献身したことは明白だった。たとえば、職人や小売商の「愛国者協会」が一七九〇年にボルドーで形成されたが、これは、「あらゆる人が国家の一員なのだから、事物の新しい秩序は、だれをも、国政につかせる可能性がある」ためであった。この協会の目的は、国民議会の法令を論議したり新聞や定期刊行物を読むことによって、こういった潜在的な責務にむけてあらゆる人びとを教育することだった。*49

要するに、革命期の国家権力は、その指導者たちがデモクラシーのイデオロギーと官僚の活動を彼らの利益のために操作したがゆえに拡張したのではなかった。権力は、多様な立場の民衆が新しい政治の「ミクロ技術」をつくりだし、まなんだがゆえに、あらゆるレベルで拡張したのである。*50 議事録をとること、クラブの会合に出席すること、共和主義的な詩を読むこと、花形帽章を着用すること、旗を縫うこと、歌をうたうこと、書式用紙に記入すること、祖国への寄付をおこなうこと、役人を選挙すること――これらの活動はすべて、共和国の市民と正当な政体を生みだすことに収斂した。革命というコンテクストにおいては、こういった通常の活動が驚くべき意味を付与されることになったのである。権力は、したがって、ある党派によって所持される有限の量ではなかった。それは、むしろ、まえもっては思いもよらなかった〔社会的・政治的〕資源をうみだした、一連の複雑な諸活動と諸関係だった。革命期の軍隊の驚くべき勝利は、この新しい社会的・政治的エネルギーの発見のもっとも輝かしい成果にすぎなかったのである。

革命期の政治的実践は権力の戦略と戦術をふやしたが、同時にまた、革命期のレトリックにつきまとったのと同じ緊張をふくんでいた。もっとも重要なのは、透明の可能性への信念と教化主義の必要性とのあいだの緊張だった。人民の意志が本当に何をめざし、どのような審判をくだしたのかが自明であったなら、すなわち、あらゆる人びとの心にきざみこまれていたなら、徳が君臨するためには、人民の意志が聞かれさえすればよかった。それゆえ政治機構は、少なくとも理論的には、当面の課題にとって無関係ではないにしろ、二義的であった。ロベスピエールが主張したように、「徳は素朴で控え目で清貧であり、しばしば無知であり、ときとして粗野である。それは不幸な人びとの属性であり、人民の世襲財産である」[*51]。もしあらゆる心が透明であれば、徳は光り輝くだろう。そして人びとが有徳であるなら、その結果として、徳の共和国はほとんど自動的に生じたはずだ。政治はただ、堕落した社会において必要なだけだった。実際、まさしく政治が存在するということは、社会が堕落していることのひとつのしるしだった。それゆえ革命の実践は、人民の意志を過去の抑圧の束縛から解放することでしかありえなかった。

けれども、フランス革命の経験は、無知と迷信がそれほどたやすく克服されないことをしめした。ロベスピエール自身、「われわれは専制政治の手かせによっていまだに傷ついた手で自由の殿堂をきずいた」[52]と告白したとき、この問題をみとめた。スタール夫人は、革命の一〇年間の最後に、「共和国への道を準備すべきであった啓蒙運動よりもまえに、共和国がフランスに生まれたのだ」と結論づけた。[53]その結果として、革命家たちは、きわめて短期間に社会と個人をつくりなおすための彼らの能力に大きな信頼をおかねばならなかった。この目的のために、彼らは教育に巨大なエネルギーを結集し、日常生活のありとあらゆる側面を政治化したのである。透明は、教化主義がその道を準備した場合に機能しうるのみだった。

透明と教化主義のあいだの緊張は、権力のシンボルを苦心してつくりだすさいにみられる。花形帽章や自由の木のような、民衆が「つくりだした」シンボルは、それらが民衆の声を表現しているようにみえたために、シンボルのレパートリーにくみこまれねばならなかった。しかし同時に、官僚たちは、権利と義務についての民衆の教育を促進するために、これらの民衆的形態を統制し、（共和国の女性による表象である自由の女神のような）彼ら自身の形態を課そうとした。とはいえ、政府の統制は、人民の声と自然や理性によって命じられた諸価値を回復することが期待される場合にのみ、正当なものとなった。教化主義は、透明への信念によって正当化されたのである。

ときには、透明と教化主義のあいだの緊張は、ことばとイメージのあいだの、ことばによる表現と視覚表現のあいだの対照として表現された。共和国の指導者たちは、ことば、とくにひろくゆきわたった散文形式でのことばに、並外れた意味を付与した。農民はその五月柱に威嚇的なスローガンを掛けたかもしれないし、都市の貧しい職人や日雇い労働者は、穀物商人を脅迫する粗野なポスターを理解することができた。だが共和国の指導者たちは、さらに多くをことばに望んだ。つまり、ことばは、自由のしるしであり保証であったが、同時にまた、解釈をとおしての規律の手段だったのである。自然発生的な民衆の祭りはなんら声明を必要としなかったが、組織されたパリの祭典はどれも、印刷されたプログラム、一体化のための旗じるし、ことばをきざみこまれた画像をともなっていた。ジュディト・シュランジュは、これを、「政治的教化主義の言説による基礎づけ」とよぶ。「きざまれた銘は、〔意味の〕明確化という点で、ことばによる〔説明〕のほうが外観による示唆よりもすぐれているという確信を表明している」[*54]。

ことばによる説明は、フランス革命の象徴にかんする枠組みがたえず明確化を必要としたために不可欠であった。革命期の政治文化は、本質的にたえず変化していた。神話的現在は、つねに更新されつづけていた。新たなシンボルとイメージが数カ月ごとにあらわれ、「旧い」イメージはたびたび変化をこうむった。フランス革命の流動的な政治情況においては、イメージやシンボルを読解するさいにつきまとう「通例の」不確実性はひどくなり、その結果として、ことばによるテクストはなおいっそう補足として必要に思われた。スピーチや旗じるしや銘は、参加者や観客の関心を方向づけ、望ましくない読みを抑圧し、「正しい」読みをひきだした。[*55] くわえて、スピーチやテクストは革命的経験の持続性を保証した。官職はくりかえし担い手を変え（第五章と第六章を参照）、多くのシンボルは変化したが、解釈の原則はほとんど同じままだったのである。

革命期の衣服の問題ほど、透明と教化主義のあいだの緊張を劇的にしめすものはない。フランス革命の当初から、衣服は政治的意味をおびていた。たとえば、全国三部会が一七八九年五月五日に儀式的な行列とともに開幕したとき、多くの観察者は、異なる身分には異なる衣服を、という宮廷の強い要求に強烈な印象をうけた。第三身分の代表はくすんだ黒の服を着なければならなかったのであり、他方で貴族は、金モール、白タイツ、レースのネクタイを身につけ、帽子に優雅な白い羽根飾りをつけた。[*56] 観光客のジョン・ムーアが気づいたように、衣服の相違は人を不快にしただけでなく、政治的衣服におけるある種の革命をもうながした。「そのため短期間に、茶色のすりきれたコートのうえにやや黒いマントをはおることが、立派なこととなった。のちにマントが放棄されたときには……衣服がはなはだ質素なこと、あるいはむしろみすぼらしいことは、……愛国心の根拠とみなされたのである[*57]」。

一七八九年以後の早い時期には、革命家たちは、衣服の憎むべき相違を除去することを強調した。聖職者の衣服は廃止され、市町村の役人にゆるされた唯一の区別は、たとえば、三色のスカーフだった[*58]。同時に、個人的装飾のある側面も、フランス革命にたいする支持や反感をしめしえた。花形帽章の色、そしてその素材でさえ（木綿は絹ほどもったいぶっていなかった）、意味をもったのである。一七九二年以後には、社会的平等がますます衣服にかんして考慮すべき事柄になった。野心的な政治家のなかには、短い上着や長ズボン、そして都市の民衆階級であるサン゠キュロットの木靴さえ着用する者が出はじめた[*59]。パリのセクションの闘士たちは、しばしば赤いフリジア帽、つまり自由の帽子（もちろん木綿でできた）をかぶった。だが、ブルジョワの指導者はたいてい、そういった誇示を軽蔑し、半ズボンやひだ飾りのあるシャツを着用しつづけた。

一七九四年五月には衣服にたいする関心は絶頂にたっし、芸術家であり議員でもあるダヴィドにたいしてある要求がなされた。公安委員会は、彼に、国民の衣服を改善し、共和主義的で革命的な性格によりふさわしいものとする方法にかんして意見を提示することを要求したのである。衣服をとおして平等の外見を確保し、政治的相違の表現を除去するためのもっとも合理的な方法は、国民に共通する市民の制服をつくることだった[*60]。公安委員会はダヴィドのデザインを気にいり、全国の官僚にくばるために二万部の版画を注文した。革命期の衣服にかんする最近の研究において、ジェニファー・ハリスは、ダヴィドは歴史や演劇や同時代の情報源から市民服の着想を得た、と結論した。体に密着したタイツとともに着用された、短い、動きをじゃますることのないチュニック〔ガウンのような上着〕

は、ルネサンスのファッションを思いださせるかのようだった。だがマントは、古典古代のひだのついた服を思いださせた。*61

ダヴィドのデザインの折衷主義と古典古代の芸術への傾倒よりもはるかに印象的なのは、サン＝キュロットの衣服を彼が明白に拒否したことである。あらゆる人間が同じように見えなければならないとしても、かなり気品があるようにそうでなければならなかった。平準化は、もしおこるとすれば、下向きにではなく、上向きにおこらねばならなかった。平等へのラディカルな衝動を表現するよりも、ダヴィドのデザインは、古典を上演するというブルジョワのファンタジーを表現した。実際問題として、ブルジョワのエリートのみがその役柄をひきうけることができることは明らかであった。そしてダヴィドの衣服は、けっして製作されなかった。それにもかかわらず、公安委員会の要求とそれにたいするダヴィドの応答は、逸話的なおもしろさ以上のものをもっている。それらは、共和主義者の外観をどうするかという、進行中の探究の一部だった。外観の様式である衣服は、革命的実践を定義する重要な一側面だったのである。

革命にふさわしい衣服の探究は、革命政治の曖昧さをすべてふくんでいた。市民服にかんするダヴィドの案は、サン＝キュロットの衣服ときわめて異なっていただけでなく、さらにまた、軍事、立法、司法、行政の職務に異なる衣服を提供しようとするより広範な努力の一部でしかなかった。これらの官服の版画がそれぞれ六〇〇〇部、同時に注文された。*62

官服はダヴィドによってきわめて市民服に似たように見えるようデザインされたが、それにもかかわらず異なっていた。たとえば、裁判官と立法者は、足首までの長さのマントを着ることになっていた。[*63] 人民は彼らの代表を認識できることを期待された。衣服は、不可避的に、差異と差異化をともなうようにみえた。ダヴィドの案には、ふたつの矛盾する衝動がふくまれていた。一方では、議員や人民の代表は、たんに人民の透明な反映、つまり、人民の部分であるがゆえに、まさしく人民のようであることを期待された。この理由のために、だれもが、相違を消してしまうような、国民に共通する新しい制服を着ることを期待された。他方で、人民の代表は、まさに人民の教師であり、統治者であり、指導者であるがゆえに、人民とはあきらかに別のものであり、異なっており、人民のようではなかった。したがって、官僚の制服は、人民との相違が認識できるほど異なるべきであった。

ロベスピエールの没落と恐怖政治の終結ののち、市民服という考え方はおとろえた。しかし官服は、立法者の関心をひきつづけた。一七九四年十月に、再建された公安委員会は、彫版師ドゥノンがダヴィドのデザインを複写したこととひきかえに、彼に金を支払うことに同意した。そして彼は、全部でほぼ三万の版画にたいして約二万フランの支払いをうけた。[*64] 国民公会の最後の活動のひとつは、新しい総裁政府のための官服を規定した法律を可決することだった。ふたつの議会のメンバー、五執政官、大臣、国家の使者、法執行官、裁判官、治安判事、県と市町村の官吏のための衣服がデザインされることになっていた

（一七九五年十月二十五日[*65]）。

一七九五年に承認された官服にかんする法律は、主として、一七九五年九月十四日グレゴワールの報告にもとづいていた。彼は、官服を支持するもっとも明晰な理論的根拠を提供した。「記号による言語は、それなりに雄弁である。特色のある衣服は、とりわけそれらがいきいきと想像力をとらえるときには、それらの衣服を着用する人物にたいして類似の観念や感情をひきおこすために、この特有の言語の一部である[*66]」。衣服は見せかけや仮面ではなく、むしろ当然の事実にかんする認識を高める手段だった。「官僚の衣服は市民に語りかける。ここに法律にたずさわる人がいる、と。……自由な人民は偶像をもとめず、あらゆるもののなかに秩序と良き慣習と正義をもとめる。自由な人民は、その立法者や裁判官、いいかえれば、人民自身の作品をたたえ敬っているときには、みずからをたたえ敬っているのだ[*67]」。官僚のための衣服は、ふたつの相関する目的に奉仕するだろう。まず、それは、官僚をほかの市民から区別することによって、固有の政治領域を画定することに寄与し、こうして第二に、より大きな政治的規律、ないしはグレゴワールが立法者への尊敬とよんだものを確立するのに寄与するだろう。人民は代表されているのだということを知るであろうし、彼ら自身とは異なりながらも、彼らの意志に由来するものとして、この代表をたたえ敬うようにうながされるだろう。

グレゴワールが一七九五年に報告したとき、彼は、恐怖政治の支配とむすびついた民主的な「ゆきすぎ」を避けようと配慮した。

官服は、ある程度立法者を特徴づけるという利点をもつだけではなく、疑いもなく、フランス人の活発な言動をすこしおちつかせるという利点をもつだろう。今からのち、会議の場は、その廊下がひっきりなしに出たり入ったりしている人びとによってふさがれる、落ち着きのない場とはもはやならないだろう。会議はより頻度が少なくなるか、より会期が短くなるだろう。……そして、三年間に一万五〇〇〇の法令を生みだした出来事と情念の嵐は、追いはらわれよう。そのときわれわれはもっと時間をとろう。それは、真理や徳にてらしてもっとも大切なことなのだから。会議はすべて仕事でうまり、立法府は、その厳粛なふるまいとその威厳ある衣服によって、国家の威信を思いださせることになろう。*68

この一節において、グレゴワールは、議員たちが官服のようないっけんささいなものからいかに多くのものを期待したのかを明らかにしている（図版7参照）。官服は、立法者の独自性を明確にすることによって、代表するものと代表されるもの、国民の代表と国民とをはっきり区別するだろう。〔議員と〕等しい発言権をもっていると考え、過去においては議員ときわめて似た服を着ていた傍聴席の人びとによって、会議がじゃまされることはも

図版7　1798～99年の元老会の会合

（国立図書館の御厚意による版画陳列室からの写真）

はやないだろう。いいかえれば、政治的差異化と政治的秩序は、官服によって生みだされることになっていたのである。議員たちは、マントや帽子について論じる一方、政治や代表や位階制にかんする考え方を進展させていたのである。

官服は、数年のあいだ議員たちの関心を支配しつづけた。グレゴワールの報告は、さまざまな色の長い官服とビロードの帽子を要求していた（図版8参照）。驚くべきことではないが、赤と白と青が支配的な色だった。そして服地はすべてフランス産であることが前提とされた。一七九七年十一月に議会は、グレゴワールの計画は完全に実行するにはむずか

図版 8　1798〜99年の官服

（国立図書館の御厚意による版画陳列室からの写真）

しすぎることを認め、あらゆる議員の衣服を同じものとすることによってその作業を単純化した。すなわち、「国民的な青」による「フランスの」コート、三色のベルト、à la grecque〔ギリシャ風の〕真紅色のマント、そして、三色の前立て飾り毛のついたビロードの帽子である。[*69] 衣服の受け渡しはややてまどったが、議員たちは、翌年二月には彼らの衣服を着用しはじめることができた。[*70] 世間のうけは、グレゴワールが期待したほど熱狂的なものではなかった。『モニトゥール』紙は、「このたいへんな量の赤い衣服は、目をいちじるしく疲れさせる。けれども、この衣服が美しく堂々とした、ほんとうに議員にふさわしいものをやどしていることは、みとめなければならない」とのべた。それにもかかわらず、その編集者は、その衣装ひとそろいを恒常的に一貫して着用することによってのみ、おこりうる皮肉をおさえることができよう、と警告した。[*71] パリにやってきたひとりの外国人旅行者は、この立法府の衣服にかんして、「きわめてりっぱで絵にかいたようだが、あまりに日常の衣服とかけはなれているので芝居じみた雰囲気がある……この欠点のために、少なくともいまのところは、あまり威厳があるようにも、ほんとうに堂々としているようにも見えない」と判断した。[*72]

総裁政府体制（一七九五〜九九年）のもとでは、民間人の服装にかんする関心は、たとえ立法府が市民の制服という考え方を放棄していたにしろ、消滅しなかった。衣服が個人の自由であることがなくなることはけっしてなかった（それは、一七九三年十月二十九日に国民公会によって権利だと宣言された）。けれども、一七九八年十二月にいたっても五百人会は、国民の花形帽章を着用しない者を処罰し、外国人にそれを着用することを全面的に禁じる可能性を論議したのである。[*73] 議事堂の外では、「再結集のしるし」は相変わらず分裂をひきおこしかねないものでありつづけたのである。一七九八年に、『政治的カリカチュア』というタイトルの絵入りのパンフレットは、共和主義者のあいだに見出される五つの「階級」の人間をえがいた。[*74] 階級は、その信条、旗じるし、座右銘、つまりその政見によって区別しえた。しかし階級は、日常の衣服や「スタイル」、あるいは世間でのふ

図版９　「独立した人」
（国立図書館の御厚意による写真）

図版10　「排他的な人」
（国立図書館の御厚意による写真）

るまいによってはるかに容易に識別されたのである。

「独立した人びと」は、あきらかに真の共和主義者だった。彼らは「十分に教養があり、偉大なことができた」。彼らは、外見では、自尊心があって気品にみちた様子をしており、自信をもってふるまい、きれいな衣服と白いリンネル製品をもっていた。そして彼らは、通常、良質の布でできた体にぴったりのズボン、くるぶしまであるブーツ、モーニングコート、円形の帽子を着用した（図版9）。対照的に、「排他的な人びと」はぶっきらぼうで、「疑いぶかく」、落ち着きがなかった（図版10）。彼らの目は日光にうまく順応できず、彼らは暗闇のなかでのほうが安らぎを感じた（洗練されていることからはほど遠い彼らの人間性にたいする、じつにたくみな言及である）。彼らの髪は一般になおざりにされており、彼らの衣類はときとして汚かった。彼らは、短い上着、粗末なウールのズボン、革ひもで縛られた靴を着用した。彼らは風変わりな帽子をかぶり、ほとんどいつも陶製の短いパイプでタバコをすっており、そのために、彼らの息はおそろしく臭かった。「排他的な人びと」とは、サン＝キュロットの戦闘的指導者だった。

どのような服を着ているかによって、良き共和主義者が見分けられたのである。ちゃんとした衣服は徳のしるしであり、衣服一般は人間の政治的性格を明らかにした。真の共和主義者の服装は、予測しえた。一方、「変節者」（les achetés）はそれ固有の外見をけっしてもたず、「きちょうめん」は二週間ごとに服装を変え、「成り金」（les enrichis）は、自分たちが気にいり、ぴかぴか光ってぜいたくなものなら何でも着用した。衣服にもとづくこの洗練された分類の試みは、総裁政府下の政治的関心のもっとも典型的なものだった。ロベスピエールの失墜ののち、政治的区別はますます複雑になり、その結果、共和主義者の外見を確定することは、ますますデリケートで微妙な作業となった。共和主義者のあいだでさえ、五種類の人間が存在したのである。

市民服と官服は、衣服が政治的記号であったためにかくも関心が集中することになった。アンシャン・レジームのもとでは、異なる身分と多くの職業はその衣類によって見分けられていた。貴族、聖職者、裁判官、そして石工でさえも、彼らが着ているものによって確認された。革命家たちは不愉快な社会的差別のシステムと訣別しようとしたが、しかし彼らは、衣服は人間について何かを明らかにするものだ、と信じつづけた。衣服は、いわば、政治にかんして透明だった。つまり、ある人の政治的性格は、彼ないし彼女の着こなしから見分けられた。この確信がもっとも極端になると、市民にふさわしい制服を探究するまでにいたった。もしどの階級ないしはどの集団でも徳が平等に見出されるはずのものならば、衣服の社会的・政治的差別をおこなう根拠はまったくなかった。真の共和主義者はすべて、同じように見えるべきだった。

一方、共和主義者たちは、彼らの新たな国民がほんとうに自由になるまでにすすまなければならない距離に気づいていた。人民はまず、共和国の鋳型で鋳直されなければならなかった。衣服は、この大局観によれば、人間の性格の反映ではなく、性格をつくりなおす手段であった。国民に共通する市民の制服を着ることによって、市民はより国民的になり、より画一的に共和主義者となるだろう。ちょうど、方言よりもフランス語を話せば、市民がより国民的な心をもち、公民的な精神をもつであろうように。赤い官服を着ることによって、立法者は自分のふるまいにより真剣になるだろうし、その結果、政治過程そのものももっとうまく共和主義的なものになるだろう。衣服は、人間を評価する尺度というよりも、人間をつくりだすものであった。

衣服の政治的意味にかんする不確かさは、平等にかんする共和主義者の〔考え方の〕混乱によっていっそうひどいものとなった。総裁政府期の政治家たちは、先行する体制のゆきすぎと考えられるものを避けようとしたため、この問題に正面からたちむかわなければならないことを知っていた。それゆえ『政治的カリカチュア』の作者は、良き共和主義者(「独立した人びと」)を、誠実だが野卑なサン＝キュロット(「排他的な人びと」)から明白にひきはなしたのである。この区別のなかにブルジョワの社会的要素を見出すことは、困難なことではなかった。つまり、アンシャン・レジームの貴族とむすびつくような気取りのない、良きブルジョワジーのような服装をした良き共和主義者、というのがそれである。恐怖政治のまっただなかにおいてさえ、国民公会の議員たちは、衣服や個人的行為の水準が低下することを心配していた。グレゴワールはジャコバン政府を代弁して、「多くの女性たちにまさに突然伝染してしまったこのような猥談の習慣……ことばづかいや趣味や道徳にかんするこのような堕落は、真に反革命的なものである。……きちんとした、洗練された[soigné]ことばづかいのみが、共和主義者の洗練された感情[sentiments exquis]にふさわしいのだ」と非難した。[*75] この一節におけることばづかいのかわりに衣服をもってきても同じだった。下層階級にたいする希望があったとすれば、それは、彼らが努力して彼らよりもすぐれた人びとをまねてほしい、という希望だった。彼らよりもすぐれた人びとは、自分自身の品位を下げようとはしなかったのである。

とはいえ、平等にかんする主要な混乱は、社会的なものではなく、政治的なものだった。ジャコバン・クラブの指導者のなかには、だれもが社会的に平等になるべきだ、あるいはそうなりうる、と信じていた者もいたが、その数はきわめて少なかった。彼らのほとんどは、サン゠キュロットのように見えることを欲さなかった。ルソーと同じように、ジャコバン・クラブのメンバーは、極端な不平等は危険だと考えたが、政治がいちじるしい不平等を改善する以上のことをなしうるとは思わなかった。よりさしせまった問題が、デモクラシー、とくに人民とその代表との関係によって提起された。総裁政府の議員でさえも、人民は頻繁な選挙をつうじて政治に参加すべきだ、と思っていた。つまり、人民の代表は、グレゴワールがいったように、人民の ouvrage〔作品〕であるべきなのだ。しかし、この関係の境界は何だったのか。フランス革命が進行するにつれて、なんらの境界もないようにみえた。ひっきりなしにつづく請願書や手紙や建白書によって、人民の要求がその代表者の注意をひきつけた。一七八九年十月に議会がパリにうつったとき、立法者たちは、議会内で自分の好き嫌いを喜んで声にだすパリの民衆に直面した。一七九三年五月半ばに、国民公会がテュイルリ宮付属の Salle de Spectacle〔劇場〕という新しい拠点にうつり、聴衆の参加がいっそう可能となった。そのときでさえ、ロベスピエールは満足しなかった。彼は、一万二〇〇〇人の観客を収容できるほど大きな集会場を建設することを提議したのである。というのも、そのときにのみ、一般意志、理性の声、そして公共の利害が聞かれるだろうからだ。[76] 人民の参加は、まったく文字どおり考えられるべきであった。

一七九三〜九四年におけるデモクラシーの拡張という経験ののち、共和暦三年（一七九五年）の新憲法の起草者たちの主要な関心のひとつは、観客の数と役割を限定することだった。[77] ロベスピエールの継承者たちは、人民とその代表とのあいだの境界線はより明確に引かれねばならない、と考えた。もし政治生活が安定することを期待すべきなら、政治的舞台はより明確に輪郭をえがかれなければならなかった。グレゴワールが主張したように、官服は立法者を「ある程度」特徴づけ、立法府の会議の仕事をじゃました「落ち着きのない場」をとりのぞくだろう。官服は、社会的位階制を再建することになるという理由のゆえにではなく、共和国にたいする適切な（政治的）尊敬を助長することになるという理由のゆえに、正当化されたのである。立法者、裁判官、行政官、そして軍隊の将校は、かならずしも社会的にえらいわけではなかった、少なくとも理論的にはえらいわけではなかった。しかし彼らは、政治的に異なっていた。代表者たちは、官服が政治的記号のシステムを安定させ、政治的解釈における恒常的な不安定さを除去してくれることを期待した。官服によって、国民の代弁者が識別されることになろうから。

衣服は、代表者たちが期待したほど急速には新しい政治的習慣を植えつけなかったし、明るい赤い職服は、ナポレオンの権力掌握をさまたげなかった。真紅色の官服を着た人びとのなかには、ボナパルトの権力掌握に協力した者もいた。共和主義は実際、ひとつの流儀というより、ある心の状態だった。けれども、これらの努力の奇妙さや大言壮語にもかかわらず、共和主義者は重要で永続的な一連の真理をまなんだ。共和主義の見習い訓練は、新しい衣服とまではいわないにしろ、新しい習慣と新しい慣習とをほんとうに必要とした。共和国は、限定された政治的舞台、立法者への尊敬、そして政治的に教育された民衆なくしては存続しえなかった。共和国の没落後の共和主義の存続や、総裁政府下の政治的実践と長命の第三共和政下〔一八七〇〜一九四〇年〕の政治とのあいだの驚くべき類似は、一七九〇年代の共和主義者がユートピアを志向する夢想家ではなかったことをしめしている。彼らの赤い職服は人心をとらえず、多くの黒マリア像は存続した。しかし、マリアンヌや政治的宴会、赤帽子、三色旗、そして「自由、平等、友愛」はすべて、反対派や係争の標準的目録の一部となった。その当時だれが、何が生きのこり、何が消えさるか、予言しえたろうか。共和主義のシンボルや儀式がためされ、検証され、最終的に選択されたのは、ただ、当時の闘争や共和国の政治の混乱のなかにおいてのみなのであった。これらのシンボルや儀式がなかったならば、共和主義にかんする集団的記憶も、革命の伝統も、なんら存在しなかったであろう。

第三章 急進主義の心象表現

The Imagery of Radicalism

あらゆる政治的権威は、クリフォード・ギアーツが「文化的枠組み」(cultural frame)ないしは「原擬制」(master fiction)とよぶものを必要とし、そこにおいて、政治的権威それじたいを定義し、その要求をつくりだす。政治的権威の正当性は、この権威が、より包括的な、宇宙的でさえある文化的諸前提とどれほど共鳴するか、にかかっている。というのも、政治生活は、いかに現実がくみたてられているかという、一般的な考え方のなかに「包まれて」いるからである。[*1] くわえて、多くの人類学者と社会学者は、どの文化的枠組みもみな「中心」をもっており、この中心は神聖な地位をしめている、と主張している。[*2] この聖なる中心によって、一種の社会的・政治的な地図の作製が可能となる。それは、ある社会の成員にみずからの位置感覚をあたえる。それは、事物の中心であり、文化や社会や政治が収斂する場なのである。

アンシャン・レジームにおけるフランスの政治的権威は、このモデルにぴったりとあてはまる。アンシャン・レジームの君主制のもとでは、国王は聖なる中心であり、彼の権威の文化的枠組みは、カトリック教会の位階制的秩序という、ずっと以前からの観念のなかにしっかりと固定されていた。[*3] 国王は、存在の大いなる連鎖のなかで、たんなる死すべき人間とキリスト教の神とのあいだに位置しており、それゆえ王権は、神秘的で、なかば神的であった。一七九二年一月になっても、ある保守派の新聞は以下のような説明をあたえていた。「神が、彼の全能の手から彼の玉座の足元へと、大いなる連鎖の最初の環をむすびつけ、この連鎖が、われわれの頭上をめぐる何千もの天球から、われわれがその上で生活している動く土の山にいたるまで、神によって創造された全存在をむすびつけるように、国王の父性もまた、神自身の父性へと再上昇するのである」[*4]。一七八九年まで、このような権威の文化的枠組みはきわめて不朽のものとみえたので、それは「伝統的」なものとみなされた。したがって、それは、意識的な正当化をなんら必要としなかったし、普段は、戴冠式や入市式などにおいてくりかえされたその儀式上の確認以外のことは何も容認しなかった。

したがって、フランス革命がアンシャン・レジームの政治的権威に異をとなえたとき、それはまた、その文化的枠組みをも問題とした。情熱的な共和主義者は、やがて、この挑戦の政治的側面を熱狂的に歓迎したが、しかし彼らは、その文化的側面についてはそれほど確信をもっていなかった。彼らの挑戦は、彼らをどこに連れていくことになるだろうか。急進派は、権威の伝統的なモデルを拒絶した。そして彼らは、彼ら自身そしてアンシャン・レジームの「原擬制」の虚構性に注目した人びとすべてにその正体をあばき、その過程で、社会的・政治的空間にぞっとするような空白を生みだした。国王のカリスマを拒否することによって、彼らは伝統的な権威の枠組みを脱中心化した。さきほどと同じ保守派の新聞の編集者が主張するように、「民衆にこの聖なる連鎖をわすれさせるために……彼らは、この世の人間の崇拝をうける神の権利や臣下のみつぎものをうける国王の権利、子どもたちの尊敬をうける父親の権利に異議をとなえたのである」[*5]。

社会の新たな中心はどこだったのか。そしてそれは、どのように表象されえたのか。それどころか中心はありえたろうか。ましてや、聖なる中心はありえたろうか。新しい民主主義をかかげる国民は、なんらかの制度や表象＝代表手段において位置をしめえたであろうか。フランス革命は、こういった根本的な問題の火ぶたをきることによって、政治がいかにして文化によってかたちづくられるか、ということにかんする、たんなるもうひとつの事例以上のものとなった。つまり、フランス革命の経験は、はじめて、政治が文化によってかたちづくられること、新しい政治的権威が新しい「原擬制」を必要とすること、そしてもっとも重要なことだが、社会の成員が独力で文化と政治を創造しうること、をしめしたのである。フランスの革命家たちは、国王の代替物という、たんに権威のもうひとつの表象をさがしもとめたばかりではなく、むしろ、まさしく表象行為そのものを問題とするにいたったのである。

表象の危機はじょじょに生じたにすぎなかった。一七八九〜九〇年の心うきたつ時期には、祭典を開催し、共通の誓約をおこなうことで十分であった。新しい共同体は、ほとんど努力なしにたちまち作動し、それ自身の聖なるあり方を創造・再創造し、専制君主権の均衡力としての国民を明白なものとするように思えた。制度としての君主制がしだいに問題とされるにつれて、たいていの革命家たちは、アンシャン・レジームのシンボルは消し去られなければならない、ということに同意した。ただし、この消去がどの程度公的で明示的でなければならないか、ということにかんしては論議があったが。一七九二年九月二十一日の国民公会の発足の会合において、一人の議員は、王位の廃止にかんする公式の宣言はなんら必要がない、と主張した。「私は、国王のことも王位のことも考えてはいない。私は、全面的に、［新しい政体を確立するという］私の使命に関心をもっているのであり、［王位のような］制度がかつては存在しえたなどと考えることはない」[6]。王位の廃止を公式に宣言することは、その制度の現実性がすでに過去のものであったがゆえに、必要なかったのである。

この議論にたいして、公会議員のグレゴワール（図版11）は、ほとんど満場一致の意見を表明した。アンシャン・レジームの諸制度は消滅したかもしれなかった。しかし、それらの明白ななごりを民衆の意識から根絶しなければならなかった。「たしかに、われわれのだれ一人として、不倶戴天のフランスの王族を維持しようと提案することはけっしてないだろう。……しかしわれわれは、自由の友を完全に安心させなければならない。「王」ということばを消滅させることが必要だ。というのも、それはいまだに、多くの人びとをびっくりさせるのに役立ちうる神秘的な力をやどしたまじない札だからである。それゆえ私は、厳粛な法によって諸君が王位の廃止を神聖なものとすることを要求する」[7]。グレゴワールの提案を支持する自然発生的な感情表明ののち、国民公会はさらにすすんで、王位の廃止を記録するための新しい印章を承認した。国家の公式の印章のしるしとしての王にとって代わったのは、「「フランス共和国の記録」という銘とともに、一方の手で束桿によりかかり、他方の手に、先端に自由の帽子のついた槍をたずさえた女性」であった。*8すぐに、この印章（図版5）は、公行政のあらゆる分野のための印章となった。そして国民公会は、あらゆる公式文書には以後、フランス共和国の第一年と年号をつけることを命じた。二週間後、議員たちは、王族をえがいた印章や笏や王冠はすべてこなごなにされ、造幣局

図版11　アンリ・グレゴワール　貧しい仕立て屋の息子グレゴワール（1750～1831）は、1775年に聖職者になり、1780年代に宗教的寛容をもとめる運動の指導者となった。彼は革命期のほとんどすべての議会で議席をしめ、文化と政治的正当性の問題にきわめて敏感な議員の一人として有名になった。さらにナポレオンの立法府でもつかえ、やがては伯爵となった。
（国立図書館の御厚意による版画陳列室からの写真）

に運ばれ、共和国の硬貨のなかに溶かしこまれるべし、ということを法令として布告した。かつての文化的枠組みのしるしは、新しいそれの原料へと変えられてしまったのである。

王位の廃止にかんする論議は、政治生活におけるシンボルや画像の適切な位置にかんする関心を増大させた。その論議につづく数年間、国家の印章は、表象の危機の一種の指標として役にたつだろう。いったん王位やそのシンボルが廃止されてしまったとき、いずれにしろ、何がその位置をしめることになったのか。記号やしるしは、共和政にとって必要であるべきなのか。最初の印章にかんする論議から三年以上ののちの五百人会に提出された報告において、いたるところで顔をだすグレゴワールが、それまで提示されてきた「奇妙な質問」に言及した。「共和国の印章は必要なのだろうか。彼らがわれわれに語るところによれば、当初印章は、無知や書くことが完全にできないことをおぎなうために用いられたのみだった」[*9]。もっとも急進的な見方においては、印刷物や公開の論議に近づきうる人民は、なんら図像を必要としなかった。ある作家が主張したように、「ロックやコンディヤックの形而上学の諸原則が人民のものとなるべきであり、人民は、彫像のなかに石のみを、画像のなかに画布と色のみを見るように慣れるべきである」[*10]。いったん国民が過去の迷信的なシンボルや画像から解放されれば、新たなそれをつくりだす必要はなんらなかったのだ。

このような極端な合理主義的立場は、実際には採用されることがまれであり、一七九六年のグレゴワールの答えのほうがはるかに一般的であった。彼は、あらゆる文明化された国民が、あらゆる公的行為に「正当性をあたえるためには記号や象徴が必要だ」ということに気づいた、と論じた。本質的に、国民は、なんらかの公的なシンボルにおけるその表象によって認識されるのみであった。国家の印章の使用は、グレゴワールの見方においては、印章がサインよりも容易に理解され、より永続的で、より偽造するのが困難であるという理由にもとづいていた。国家の印章は、権威を、私的というよりも公的なものとした。それは、人間のサインがこれまで表象しえたよりもはるかに一般的なものを表象した。たしかに、グレゴワールが認めたように、「紋章学のばかげた象形文字は、われわれにとってはいまや、歴史的な骨董品にすぎない」。共和国の印章は、貴族や王族のしるしのように、迷信的で曖昧なものであるべきではない。しかしこのことは、シンボルは完全になげすてられるべきだ、ということを意味しなかった。

政府を新たに再建するとき、あらゆるものを共和主義的なものにすることが必要である。記号の重要性を知らない立法者は彼の任務に失敗するだろう。彼は、感覚を掌握し、共和主義的な観念をめざめさせるためのどのような機会も逃すべきではないのだ。やがて魂は、その目の前でたえず再現される事物によっていっぱいになる。そして、たえず市民のために彼の権利と義務をくりかえし確認する、原則と事実と象徴との組み合わせないしは集合、この集合によって、いわば、市民に国民的性格と自由な人間のふるまいをもたらす共和主義の鋳型がかたちづくられるのである。*11

グレゴワールは、ここで、コンディヤックの心理学にかんする彼自身の解釈を提示した。つまり、彼にとって、記号やシンボルは、正しく選択された場合には、「感覚を掌握し」魂に浸透することによって政治的プロパガンダの目的に奉仕しえたのである。そのとき、印章は、公的権威の表象であるばかりでなく、教育の一手段であり、「共和主義的鋳型」の一要素でもあった。新しい文化的枠組みの一部として、新しいシンボルは新しい人間をつくりえたのだ。

とはいえ、グレゴワールの印章にたいする果敢な擁護においてさえ、不確かさがふくまれていないわけではなかった。グレゴワールは一七九六年に長い報告をおこなった。というのも、議員たちがもう一度、印章にかんする彼らのかつての選択を再考していたからである。一七九二年九月の決定はほとんど偶然の産物であり、そのとき提案された印章は、最初は国民公会の公文書用にデザインされたものだった。そのときには、議員たちは、新しい政治的権威にかんする彼らの欲求がいったい彼らをどこに連れていくのか、なんら明確に理解していなかった。「共和主義の鋳型」での三年間の実験ののち、一七九六年においても、印章はまだ不安定な状態にあった。グレゴワールの努力にもかかわらず、ナポレオンの出現までそれはそうありつづけた。たいていの議員は、なんらかのしるしが必要だということでは一致しえたが、それが何であるべきかにかんしては、長いあいだ、意見の一致をみなかった。政治的権威の構造も、その文化的表象も、不確かなままでありつづけたのである。

印章の選択にかんする論争は、革命家たちがその中心的なシンボルに付与した重要性をしめしている。印章はけっして完全には確定しなかった。というのも、フランス革命そのものがたえず動揺していたからである。論議は、フランス革命の主要な三つの転換点でもっとも密度が濃かった。つまり、一七九二年九月に共和国がはじめて樹立されたときと、恐怖政治期（一七九三年夏〜一七九四年夏）と、一七九五年末と一七九六年初めの、新しい、より穏健な立法体制の発足直後が、それである。印章にかんする論議は、二様に読まれうる。つまり、直接の政治的闘争をえがきだすものとして、そして、もっと一般的に表象の役割を理解するための劇的な舞台として。これらのふたつの側面は、ちょうど政治的権威がその文化的枠組みと分離されえないように、はっきりとは分離されえない。権威の記号にかんする論議は、記号やシンボルそれじたいの役割に疑義をとなえたし、記号やシンボルにかんする決定はどれも、それ固有の、ときとして意図されなかった政治的結果をもたらしたのである。

一七九二年九月に王位が廃止され、共和国の樹立が宣言されたとき、新しいしるしの選択はほとんど自動的なようにみえた。公文書保管人は自由の女神を選択するよう提案したが、その議論にかんする説明はどれも、新しい印章のために選択された象徴にかんするなどのような論争にも言及していない。「女性の愛国的な象徴」にかんする研究のなかで、モーリス・アギュロンは、このほとんど反射的な〔共和国と自由の女神の〕同一視にかんするいくつかの理由を提示している。たとえば、図像学の伝統においては、たいていの特性、とりわけ、君主政さえもふくむ政体のさまざまな原理は、女性の姿によって表現されたとか、自由の女神のフリジア帽ないしは自由の帽子は、王権の王冠とのとりわけ明白な対照をあたえた（そして女性の姿はその対照を強化した）とか、カトリック教によってフランス人は、聖母マリアの図像をより受けいれやすくなった（自由の女神のあだ名であるマリアンヌは、たしかに、意味論的にはイエスの母である聖母マリアに近かった）とか、フランス共和国は、女性の象徴のなかに、革命の過程で悪党に変わってしまった現実の英雄的人物とは適当にへだたった姿を見出したとか、などの理由である。ミラボーやラファイエットやほかの多くの人びとが彼らの同胞を失望させ、歴史的舞台から消え去ったのにたいして、マリアンヌは、その抽象性と特定の個人にかかわりのない特性のおかげで、存続したのである。*12

アギュロンは、さらに、マリアンヌを表現するさまざまな仕方の政治的含意をつきとめた。一七九二年の印章は、立った姿勢の、若い、かならずしも攻撃的ではないが決然とした彼女をしめした。彼女は民衆革命の槍をもち、解放を意味するフリジア帽をかぶっていた。この表現は、多くの点で中間的なものであり、一七九三年に流布した、胸をはだけてものすごい形相で行進する、自由の女神のより急進的なポーズと、一七九〇年代や一九世紀のもっとのちの政府によって好まれた、自由の女神がすわった姿勢でぼんやりと静かにしており、しばしば槍や自由の帽子のないような、より保守的なポーズとのあいだの境界線上に位置していた。*13 同様に、自由の女神の急進的な表現と保守的な表現のどちらを選択するかは、一八四八年と一八七一年以後、つまり第二共和政と第三共和政のもとでもふたたび問題とされることになろう。

共和国にかんする、したがってその象徴にかんする何世代にもわたる論争ののち、女性の愛国的象徴であるマリアンヌは、フランスではたんに受けいれられただけでなく、ひろく広まった。しかしフランス革命期には、彼女の支配ははるかに不確かだった。*14 マリアンヌにたいする最初の挑戦は、共和主義者の隊列の内部から発生した。一七九三年十月、(パリの諸セクションとその急進的なジャコバン派の指導者の権力の増大に反対した)ジロンド派の議員の逮捕後、共和国をより急進的な鋳型で鋳直そうとする絶望的な努力のなかで、国民公会は、共和国の印章や硬貨は以後憲法の櫃《ひつ》と束桿をその象徴とすることに決定した。"Le peuple seul est souverain"(人民のみが主権者である)という印章の新しい銘は、人民の支持にかんする新たな信頼を強調していた。とはいえ、一カ月もたたないうちに、国民公会は気持ちをふたたび変えた。一七九三年十一月初めに、芸術家で議員のダヴィドが、国民公会がフランス人民を表象する巨大な彫像の建立を命ずることを提議したのである。一〇日後に国民公会は、その彫像を国家の印章の主題とすることを可決した。[*15] 国民公会の議員たちは、急進的な共和国の象徴として巨大なヘラクレスを選択したのである。

国民公会の意図は、共和暦二年の少なくとも別のふたつの時期に再確認された。一七九四年二月、そしてさらに一七九四年四月である。[*16] パリのカルナヴァレ博物館には、官選の彫刻家デュプレによって素描された数枚のスケッチがあるが、これらのスケッチは、新たな印章のために国民公会がさだめた指針に合致している(図版12)。[*17] この印章は、ほかの印章を駆逐するほどまでに使用されることはなかったが、一七九四年六月(共和暦二年プレリアル)から一七九七年六月(共和暦五年プレリアル)にかけての『共和国法律時報(*Bulletin des lois de la République*)』に公表された公式の法令の末尾に実際にもちいられている。[*18] ダヴィドが彫像‐印章のモデルとしてヘラクレスを念頭においていたことは、デュプレのスケッチ——その像は特有の棍棒をもち、ライオンの皮〔みせかけの勇気の象徴〕がそのすぐ傍らにある——によっても、そしてまた、「この立っている人民の像は、もういっぽうの手に、古代人が彼らのヘラクレスに装備させた恐ろしい棍棒をもつべきだ」[*19] とあるダヴィドのもともとのテクストによっても、明らかとなる。巨大で、神秘的な、男性

図版12　デュプレによるヘラクレスのスケッチ　カルナヴァレ博物館のコレクションから
（リン・ハント による写真）

の像が、いまやマリアンヌの成長をさまたげたのである。

ヘラクレス像の政治的意味は、それが出現した状況によってもっとも明白にしめされている。その像が最初に重要なかたちで利用されたのは、一七九三年八月十日、ダヴィドによって計画された、手のこんだ祭典のときであった[*20]。この祭典は、君主制をたおした蜂起の最初の記念日に開催されたのだが、ジロンド派として知られていた被逮捕議員を支持する一七九三年夏の反乱、つまり連邦主義の敗北を祝すために企図されたことは明らかであった。この危機的な時期に、ダヴィドは、フランス革命の展開を回顧することをただひたすらめざす祭典を組織したのである。それは、一連の印象的な寓意的メッセージをともなった道徳劇だった。四つの「停留所」が、新憲法の聖化という最後の儀式を準備する、フランス革命の主要な転換点を回顧した。つまり、自然の像はバスティーユ監獄の陥落事件があった場所に位置し、凱旋門は一七八九年十月のヒロインたちにささげられ、（図版1と同じではないにしろ、きわめて似ている）自由の女神の像は一七九三年一月の国王処刑を記念し、最後に、フランス人民を表象する巨像（図版13）が棍棒をつかって連邦主義というヒドラ〔ヘラクレスに殺された、九つの頭をもったヘビ〕をたたいていた。この像は、祭典のなかで公式にヘラクレスだとはいわれなかったが、その図像の意味は、教養ある参加者にとっては自明であった。もっともよく知られていたヘラクレスの「仕事」のひとつはヒドラ退治だったが、このヒドラは、何世紀にもわたって、詭弁から悪徳にいたるまで、無知から戦争における国民の敵にいたるまで、さまざまな悪を表象してきた。[*21] 祭典当日の朝早くにその光景に立ち会ったある彫刻家は、「二四フィートの高さのヘラクレスの巨大な像。……このヘラクレスは、左足を、反革命〔を表象する像〕の喉もとにおいていた」とのべた。[*22]

自由の女神像にたいするヘラクレス像の配置は、当面の問題にとくに関係する。自由の女神像は、祭典行列ではヘラクレスの直前に出てきた。それは、自由の女神は重要だが、ある特定の一時期、いまや過ぎ去った一時期のみを表象するものだ、ということを暗にしめしていた。自由の女神像のところで、フランス全県からの代表者たちが憎むべき君主制のシンボルに火をかけ、こうして、君主を共和国の女神にささげる儀式的な供犠を再上演した（国王は九カ月前の一月に処刑された）。つぎの停留所では、代表者たちは何もする

図版13 「連邦主義というヒドラを圧倒するフランス人民」と題された版画、一七九三年八月 カルナヴァレ博物館のコレクションから（リン・ハントによる写真）

ことがなかった。ヘラクレス、つまりフランス人民だけが唯一の行為者だった。彼は、一方の手に団結の象徴である束桿をあつめ、もう一方の手に棍棒をもって連邦主義の怪物（観察者のいうところによれば、なかば女性であり、なかばヘビであった）[*23]をおしつぶしていた。この出来事の継起の政治的意味は明白だった。つまり、人民の代表者たちは、ルイ一六世をその罪のかどで処罰したとき自由を確立したのであり、それから人民自身が分裂と徒党主義の怪物にたいして共和国を防衛したということなのである。ヘラクレスは人民の代表者たちの助けを必要としなかった。ただし彼は、山のうえにしっかりと腰をおろしていた。そしてこの山は、たとえぼんやりとではあっても、国民公会内の有徳の議員たち（もちろんダヴィドをふくむ）を表象していた。この人民による介入がなければ、共和国とその憲法は最後の停留所で安全に安置されえないだろう。フランス革命は完遂されえないだろう。したがってヘラクレス像は、自由の女神像にたいして、フランス革命の展開においてより高次の段階を表象していた。つまり、人民の代表者たちの知性によってよりは、人民の力と団結によって特徴づけられる段階を、である。

以上にのべた祭典の三カ月後にダヴィドが巨像の建立を提議したとき、政治的状況は異なったものになっていた。連邦主義者の危機は過ぎ去っていたが、新たな問題がそれにとって代わっていた。九月の初めに、怒りに燃え、飢えたサン＝キュロットによってとりかこまれた国民公会は、公式に恐怖政治を「日程」にのせることに同意していた。総最高価格法が宣言され、パリの革命裁判所による処刑が促進された。十月十六日には、王妃がギロチンにかけられた。そして十一月には、あらゆる問題のなかでもっとも分裂をひきおこす問題が生じた。非キリスト教化運動である。ダヴィドが最初に彼の提案をおこなったのと同じ会合（一七九三年十一月七日）で、議員のなかの数人の司祭と司教が公式に僧職を辞職した。[*24] ダヴィドの提議の三日後、そして国民公会がダヴィドが提案した巨像を国家の印章の題材にすることを決定したちょうど一週間前には、悪名高い理性の祭典が、いまや理性の神殿と称されることになったノートル・ダム大聖堂で挙行された。急進的な議員たちは、このような一連の政治的・文化的危機への象徴的対応としてヘラクレスを導入したのである。

ヘラクレスは、その名にあたいする一連の仕事に直面した。もっとも急進的な議員とその信奉者は、キリスト教的な素性のすべてを排除するような、ほかならぬ文化革命を欲した。一七九三年十月に導入された革命暦は、この願望の顕著な表明だった（第二章参照）。一年のなかの余分な五日は、サン゠キュロットの日とよばれ、天才、労働、美徳、世論、報償の国民祭典にささげられた。[*25] 革命暦、理性の祭典、そしてヘラクレス像は、すべて、新たに動員された大衆のためにつくられた新しい象徴的言語の一部となるように計画された。ロベスピエールやダヴィド、ほかのジャコバン派の指導者たちは、急進的な革新への願望（および処罰的で干渉主義的な政府をもとめる民衆の要求）にたいして応えなければならなかった。だが同時に、彼らは、いまだ熱烈なカトリックである大多数の住民を離反させる恐れのある運動をより確実に統制しようとした。それゆえ当初から、ダヴィドのヘラクレスは、急進的な願望を表現しなければならなかったが、同時にそれらの願望を歪曲しなければならなかったのである。

ダヴィドの直接の政治的意図は、国民公会が彼の彫像を印章の原型として採用することを可決した日、一七九三年十一月十七日に彼がおこなった公式演説に明らかであった。彼の彫像は「フランス人民の栄光」の記念物であるべきであり、専制や迷信にたいする人民の勝利の思い出となるべきものであった。「国王と聖職者の二重の専制」は、その彫像の土台をつくるさいに象徴的に克服されよう。というのも、この土台は、ノートル・ダム大聖堂のポーチコ〔屋根付き玄関〕からとり除かれた諸王の彫像の残骸によってつくりあげられるだろうから。こうして、「解放するエネルギー」をもった国民公会は、現在、未来、そして過去さえも、「長いあいだの隷属の恥辱」から解放するだろう。*26 彫像は、文字どおり、もっとも可能なかたちで人民の力を表象するだろう。四六フィートの高さで、ヘラクレス像は、アンリ四世のようなもっとも人気のある国王の記憶さえもくもらし、ポン・ヌフ上のその実物大の像にとって代わるだろう。

巨大なヘラクレス像の選択は、表象にかんする急進的な見方における曖昧さを体現していると同時に、それを懸命にのりこえようとするものだった。ダヴィドははっきりと人民と君主制とのあいだの対立を強調した。ヘラクレスは結局、この対立をより明白にするために選択された。しかしながら、ダヴィドの演説そして彼の像そのものは、同様に、人民と国民公会、新しい主権者とその代表者のあいだの不安な緊張に暗黙のうちにふれていた。急進派の人びとがヘラクレスを共和国の印章の図案にえらんだとき、彼らは、主権のなんらかの表象は必要だ、という見方を明らかにした。彼らは、ヘラクレス像のなかに可能なかぎりもっとも「透明な」表象、表象の一種の縮小点をさがしもとめた。彼らが団結した人民の至上の威厳をつたえるような像を欲したために、その彫像は、国民公会議員や国民公会への明白な言及をなんらふくまなかった。けれども、このような切り詰められた表象でさえも、そのイメージとしての性質によってたえずくつがえされた。それは、人民の代表者たちによって提供された人民のイメージ－表象だった。そしてそのようなものとして、それは人民にかんするその代表者たちの解釈を本質的にふくんでいた。このような暗黙裡の解釈上の要素は、まさしく急進派の人びとが廃止することを約束していた政治的権威（人民の外部の権威）をめぐる関係を文化的なかたちでふたたびつくりだしてしまう恐れがあった。こうして、ちょうどヘラクレス像が人民の至上権を宣言したとき、それは、人民の代表者たちの優越性をふたたび導入したのである。

ダヴィドが国民公会議員たちにむかって演説したとき、彼は自分の考え方の簡明さを強調しようとした。「諸君の委員会［公教育委員会、この委員会を代表してダヴィドは演説した」は、提案された記念物においては、その素材も形式も、あらゆる物が、繊細にかつ力強く、われわれの革命の偉大な記憶を表現すべきだ、と考えた」。その彫像そのものが、フランス軍の勝利によって提供された青銅からつくられよう。そして、「それは一種の国民的な表象なのだから、いくら美しくとも美しすぎるということはありえないだろう」。その像の巨大な大きさは、人民の徳目である「力と実直という性格」を印象づけるだろう。[*27] 巨大な手の片方に、その巨像（もはやダヴィドによって明示的にヘラクレスと言及されることはない）は、ぴっちりと合わせてむすびつけられた、平等と自由の小さな像をもつだろう。それは、ダヴィドが主張したように、平等と自由が人民の特質と徳に全面的に依拠していることをしめしていたのである。

一七九三～九四年の時点において、この巨大な男性の像には大きな反響があった。新しい急進的な共和国は、ロベスピエールがフランス革命の本来的な敵として非難した「小さく無益な男」をなんら必要としなかった。フランス革命は、神話的な大きさの、新しい英雄的な男を前面におしだしていたのである。

フランス人民は、人類のほかの人びとよりも二〇〇〇年先にすすんでしまったようにみえる。だからフランス人民のまっただなかにいても、それを異なる人種とみなそうとする誘惑にさえかられるだろう。ヨーロッパは、われわれが処罰している暴君の影の前でひざまずいている。……ヨーロッパは、国王や貴族なしでは生きることができない、と考える。だがわれわれは、彼らなしでも生きることができると考える。ヨーロッパは、人類の鎖を固定するためにその血を流す。だがわれわれは、この鎖をこわすためにそうするのだ。[*28]

いったい巨像以外のだれが、この人類の鎖をこわすことができようか。

ヘラクレスのメタファーは、そもそもダヴィドが八月十日の祭典でそのイメージを利用しようと考えたときよりまえに、急進派の言説のなかにあらわれていた。一七九三年六月末に、フーシェはつぎのようにジロンド派にたいするパリ民衆の勝利を記述した。

ゆきすぎた抑圧によって民衆の怒りを抑制していたものが破られた。恐ろしい叫びがこの巨大な都市のまっただなかに聞かれた。警告の鐘と大砲が、自由が危機にあり、一刻の猶予もない、と告げて、彼らの愛国心をめざめさせた。とつぜん、四八のセクションが武装し、ひとつの軍隊に変貌した。この恐るべき巨像は立ちあがっている。彼は、ヘラクレスのようにどうどうと歩き、前進し、動き、共和国を横切って、民衆に死を約束する残忍な十字軍を根絶する。[*29]

フーシェの注目すべき言明は、パリの急進派によってヘラクレスのイメージが抵抗しがたい力であることをしめしている。この像は、マリアンヌのようなものではまったくなかった。フーシェが、民衆と巨像のあいだを、過去と現在の時制のあいだを、「彼ら」と「彼」のあいだを思わず行ったり来たりするので、われわれはようやく、驚くべき変容がおこっていることを知ることができる。一種の「恐ろしい」(つまり、畏怖の念をいだかせる「崇高な」)怪物が、民衆の敵に復讐するためにパリとその民衆の深みから生じているのだ。いまや聖なる中心はどこにあるのか。デモクラシーとともに、それは、さだまった点というより力の場となった。「民衆」はどこにでもいるが、それが集まって危険な群衆になるとき、それは、強力な新しい力に変容するのである。「恐怖政治」は、一連の危急存亡の危機に対処するために樹立された、急進的な、非常時の政治形態だった。しかしわれわれは、先の一節から、どれほど恐怖政治が、同時にまた、おそらくそれをつくりだしたと思われる人びとにとっても、真に困惑する経験であったのかを知ることができる。恐怖政治は行進する人民であり、あらゆるものを根絶するヘラクレスだった。ヘラクレス、つまり人民は、それを生みだした急進派のみるところでも潜在的なフランケンシュタインだった。

この恐怖をいだかせる怪物のイメージは、恐怖政治期の急進派の言説においてはじめて出現したにすぎなかった。その時期、集合した民衆の力は、より明白に畏怖すべきものとなった。フランス革命以前に、ヘラクレスは、ブルジョワの政治的指導者には疑いもなくよく知られていた、長い図像学上の歴史をもっていた。ヘラクレスは「民衆的な」象徴ではなかった。たとえば彼は、アンシャン・レジーム下の王国でひろく流布していた民衆的な版画(imagerie populaire)のレパートリーのなかにはあらわれなかった。[*30] そのかわりにヘラクレスは、きわめて一般的に、フランスの国王たちの神話的表象、つまり「ガリアのヘラクレス」(Hercule gaulois)としてあらわれた。このような表現形態は、フランス・ルネサンスにはじまる。たとえば一五四九年に、アンリ二世のパリへの入場のためにつくられた凱旋門のてっぺんには、アンリの先任者であるフランソワ一世を表象するガリアのヘラクレスがおかれた。[*31] ヘラクレスにかんする多くのルネサンス期の翻案のように、このヘラクレスは、彼の口から彼の仲間の耳にまでのびる鎖をもっていた。というのも、力によってよりも説得によってみちびくことが、おそらくヘラクレスの特徴だったからである。[*32]

フランス革命の時期までにヘラクレスは、なんらかの図像学上の変化を経験していた。ブルボン家の最後の王であるルイ一六世は、明らかにけっしてヘラクレスとむすびつけられることはなかった。[*33] どこかの時点で、その象徴はアメリカに移動した。一七七六年以降のあるとき、本書で先にとりあげた彫刻家のデュプレがベンジャミン・フランクリンのためにメダルを鋳造したのだが、その表には、Libertas Americana〔アメリカの自由〕という銘句とともに若い女性の頭部がきざまれ、その裏には、二匹のヘビをしめころしている若い子どもがきざまれていた。この子どものヘラクレスは、ヒョウによって攻撃されているところであり、そのヒョウを、ユリの花〔フランス王家の象徴〕の縁飾りのついた盾をもった女神が槍でまさにつきさそうとするところだった。[*34] ここでは、王権のもとにあるフランスが、アメリカの新しい共和主義的なヘラクレスをまもっていた。一七七六年七月四日にアメリカ合衆国の印章の図案を準備するために委員会が設立されたとき、そのメンバーのひとりであるジョン・アダムズは、グリベリンの版画「ヘラクレスの裁判」を印章の図案として提案したが、この版画は、美術における明晰さの必要性にかんするシャフツベリのひろく読まれたパンフレット（一七二三年）の口絵として使われたものだった。[*35] アメリカでもまた、印章の選択には困難がなかったわけではなかった。その最終的な決定は、六年間にわたって何度もやりなおし審議したのちの、一七八二年までなされなかった。そのときにカタジロワシを選択したことは、ある美術史家が主張するように、「曖昧で〔シャフツベリがいう意味で〕謎にみちており、〔それを〕考えだした中・上流階級のジェントルマン以外には理解できなかった」。そのワシは、神聖ローマ帝国皇帝カール五世の象徴であり、象徴と図案にかんするドイツの書物からとられたものだったからである。[*36]

ヘラクレスは、一七九三年以前の革命期のフランスのいくつかの印刷物や版画にみられた。しかしダヴィドが（おそらくデュプレのせきたてによって）、ほとんど彼一人の責任

において ヘラクレスを復活させ、革命期のレパートリーにおいて強力な新しいシンボルに変容させたのである。ヘラクレスは、ずっと以前からレトリックや説得との関連をうしなっていた。たとえば、フランス革命の最初の時期に出版された主要な図像学の辞書においては、ヘラクレスは、ただ「勇気」と「力」の項目のもとにあらわれただけであった。[*37] さらに、「力」の項目に注目すると、寓意画像がどのようにして女性化したのか、がわかる。つまり「図像学者は力を、ライオンの皮をかぶり、ヘラクレスの棍棒で武装した女性の姿によって表象するのである」。[*38] ダヴィドは、図像学上の伝統を継承しようとしていたというよりも、そこからある種の要素を選択し、それらの意味を転倒しようとしていた。教養あるエリートの目には、ヘラクレスは、フランスの歴史においては個々の国王の力を表象していた。だが革命の現在において、ダヴィドは彼を、集団的な民衆の力の表象へと転換した。彼は、君主制のお気に入りの記号のひとつをとりあげ、それをその対立物の記号へと再生し、高め、不朽のものとしたのである。

国民公会議員がヘラクレスを印章の図案として選択したとき、彼らが何を意図していたのかを正確に知ることはできない。というのも、この選択はほとんど公式の論評をひきおこさなかったからである。彼らはヘラクレスの図像学上の歴史によって悩まされなかったかもしれない。ことにその歴史は、アンシャン・レジームの最後の数十年間におとろえてしまっていたから。とはいえ、彼らが、印章の自由の女神をとりかえることにすでに承認をあたえていたことからわかるように、図像が男性であるということにひきつけられていたことはほぼ確かだった。この決定は、まず第一に政治的なものであった。ヘラクレスによってジャコバン派は、彼らの敵であるジロンド派から図像のうえで距離をとることが可能となった。ヘラクレスは、ジャコバン派の国政における優位が不安定であったために、彼らがたよりとした民衆を表象したのである。

とはいえ、ここには、たんなる直接的な政治的メッセージ以上のものがふくまれていた。ダヴィドのヘラクレスは、いずれにしろ支配や至上権の含意をもつ概念であった主権の明白に男性的な表象をとりもどし、復権した。けれどもヘラクレスは、権威の家父長的な象徴ではなかった。つまり、ダヴィドとデュプレの表現形態においては、彼は、自由と平等という姉妹の像をまもるたくましい兄だった。ヘラクレスが男性であることは、間接的に議員自身にも影響をあたえた。彼をとおして彼らは、父である国王にとって代わった兄弟集団としての彼ら自身のイメージを再確認したのである。ヘラクレスは、国王にとって代わることにくわえて、その女性の仲間を小さくみせた。こうして、ヘラクレスの導入によって議員たちは、女性の現実政治への動員の増大から距離をおくことになった。国民公会は、女性の活発な政治参加は「ヒステリーによって生みだされうるような分裂と混乱」につながるだろうという理由で、一七九三年十月末にあらゆる女性クラブを違法としていた。*39 この行動は、ダヴィドが巨大な彫像の提案をするより数日のみ早かっただけであった。ジャコバン派の指導者の考えでは、女性たちがマリアンヌを彼女たち自身の活発な政治参加のメタファーととるおそれがあった。このような情況においては、女性の図像は、たとえそれがいかに荒々しく急進的であっても、けっして彼らにアピールしえなかった。ヘラクレスは、女性たちを遠景に、従属の位置と関係におしもどしたのである。

あらゆる強力なシンボルと同様、ヘラクレスは多価的だった。彼は、同時にひとつ以上のメッセージをつたえた。君主制自体の変形され誇張された記号であったときでさえも、彼は、「民衆的」で友愛にみち、親殺し的であり、反フェミニスト的であった。ヘラクレスは、ジャコバン派、急進派の願望を反映した。つまり、急進的な議員とパリの民衆層のあいだの同盟を象徴し、彼らのイデオロギー上の武器庫における武器として役立った。ヘラクレスは、教養ある人びとにたいするほとんどあからさまな警告として、彼らの世界がフランス革命によってどのように変容したかを思いださせるものとして解することができた。新たな恐ろしい巨人である人民が王となっていた。議員でさえも、人民ｰ巨人に責任を負わねばならなかった。けれども、ヘラクレスは民衆にとって何を意味したのか。この巨像は、民衆層にとってはたんに巨人だった。彼らにとってそれは、古典やフランスの歴史とではなく、民衆的な物語の怪物や英雄と、そしておそらくそういった物語の聖人とさえ共鳴するものだった。[*40]

ヘラクレスにかんするエリートのイメージと民衆のイメージの相互浸透は、グルノーブルで開催された一七九四年一月二十一日の祭典においてみられる。その祭典は、前年の国王の死を祝すものであった。舞台のうえに（王冠をかぶり、不貞の妻をもった男の嫉妬の角のある！）ルイ・カペーを表象するマネキンがすわり、その右側に「いわゆる」ローマ教皇が、その左側に貴族を表象する像がすわっていた。広場にあつまった群衆が復讐をさけんだとき、二人の「フランスのヘラクレス」がそれらの像の背後からあらわれ、棍棒でそれらの息の根をとめた。それから倒された像は、祭典参加者によって顔に泥をぬられ、踏みにじられた。[*41] エリートにとっては、Hercule français〔フランスのヘラクレス〕がガリアのヘラクレスにとって代わったことを意味した。彼はいまや、真の国民的象徴であり、君主制に限定される象徴ではなかった。民衆層にとって二人のヘラクレスは、哄笑と伝統的役割の転倒にみちた、復活したカーニヴァルのシーンの一部となった。伝統的な五月柱が権威への臣従の言明から騒擾や農民の力の記号となっていたように、[*42] 国王の力をしめすヘラクレスもまた、民衆の力の記号としてつくりなおされていたのである。

とはいえ、ヘラクレスの文化的起源は、自由の木のそれとはきわめて異なっていた。五月柱は、フランスの、少なくともフランス南西部の農民文化に深い根をもつ「民衆的」シンボルであった。[*43] 対照的に、ヘラクレスは、たとえ民衆層にとって魅力あるイメージであると解釈できるにしろ、より直接的にエリート文化に由来したものだった。さらに、ヘラクレスの変容は、民衆層によってなされたことではなかった。彼は、パリのジャコバン政府の急進派によって再創造されたのであった。その結果、ヘラクレスは、たんにより民衆的な線で社会を再構成しようとする急進派の試みの表現としてだけではなく、彼らの権力の源泉にかんする彼らのアンビヴァレンスの表現としても解釈できるのである。というのも、ヘラクレスはけっして知的な巨人としてはあらわれないからだ。フーシェの説明では、彼は全能の力であり、裏切りの苦しみによってなきさけび、眠りからめざめたときには荒々しい。自分自身の運命の動作主体というよりも、傷ついた野獣のように反応するのである。ダヴィドのヘラクレス像の計画は、奇妙なかたちでこの側面を強調する。彼は、その巨人の体にいくつかのキーワードをきざむことを要求したのである。その額には「光」（知性へのやや弱い言及）ときざまれ、「自然」と「真理」がその胸に、「力」と「勇気」がその腕に、「労働」がその手にきざまれることになっていた。[*44] ヘラクレスは、ダヴィドのヴィジョンにおいては、その知性や賢さによってではなく、その強さと勇気と「労働」によって、世界に光と真理をもたらすのである。

ダヴィドによることばの選択によって、人民にかんする急進的な見方が明白になった。巨人は、万物に影響をあたえるものだった。彼は、その透明性によって真理と光への本来的な媒介物となった。彼には明らかに理性は欠けているが、二心なく、秘密なく、あのもっとも恐れられた連合、つまりフランス革命にたいする陰謀をたくらむ可能性はまったくなかった。彼の寄与は、あきらかに思想の領域にはなかったのであり、むしろ、兵士や労働者としてであった。つまり彼の寄与は勇気と強さなのであり、それがなければ、急進派の大義は実現されないことになったろう。彼は、「恐怖、それなくして徳は無力である恐怖[45]」のバックボーンだったのである。そしておそらくもっとも重要なことは、この巨人が、「サン＝キュロット」という、みずからの手をつかって働く人びと、有閑階級のはく半ズボンより長ズボンをはいた人びとを表象したことであった。アンシャン・レジームにおける労働は、価値をうばわれていた。みずからの手をつかって働くことによって、人は「粗野な職人層」の一員となった[46]。急進派は、労働を、名誉と威信の源泉として再評価しようとしていた。怠惰な金持ちほど彼らによって軽蔑されたものはなかったのである。けれどもダヴィドのヘラクレスは、この再評価を永久に記念しようとする一方、それを掘りくずした。その手にきざまれた「労働」は、ものいえない力としての巨人の地位のもうひとつの記号となった。ダヴィドのことばのみが、彼に語らせることができたのである。

提案されたことばの銘刻は、民衆自身にたいして民衆を表象しようとする努力にともなう曖昧さのほんの一例にすぎなかった。彫像という純然たるかたまりは、まちがいようがないメッセージをつたえるものと想定された。つまり、人民は巨大で畏怖すべきものであり、その力において圧倒的であった。そして人民は、ひとり立っていた。けれども、このような解釈を提供したのは人民の代表であり、その資格で彼らは、その像のなかにいつのまにか侵入しつづけた。ヘラクレスが一七九三年八月十日にはじめて出現したとき、彼はたんに「アンヴァリッドの巨人」というラベルがはられていたにすぎなかった。というのも、彼の彫像はその名の広場（アンヴァリッド広場）に建立されたからである。その祭典の参加者がこの場所の前にあつまったとき、国民公会の議長は、まさに民衆がヘラクレスのなかに見るべきものを説明した。「フランス人民よ！　ここにおいて諸君は、教訓にみちた象徴のかたちで、諸君自身を目にしているのだ。力強い手で、その偉大さと強さをつくりあげている全県をふたたびまとめ結びつけている巨人、あの巨人は諸君なのだ！」[*47]。国民公会の議員たちは、民衆に彼らのイメージをしめすためにそのような寓意像をまえもって準備していた。しかし、その意味を民衆が認識するのには、彼らの代表者によって提供された演説が決定的に重要だった。目にみえる像は、ことばの文脈で正確に機能したのみであった。

急進的なイメージとしてのヘラクレスは、その彫像にかんするダヴィドの当初の演説にかんするある新聞の編集者の論評において、さらにもう一歩すすめられた。『パリの革命』の編集者は、その像の政治的意味をただちに把握した。「われわれは、人民が立ちあがっており、それが獲得した自由とその獲得物をまもるための棍棒をたずさえているのを見るだろう。まちがいなくわれわれは、〔ヘラクレスの図案のための〕競技会に出展されたモデルのなかから、人民の姿によってサン＝キュロットの性格をもっともよく表現するモデルを選択するだろう」。彼はさらにつづけて、エジプト人たちは、公共記念物が「大衆の唯一の教科書であった」ためにそれらにことばを記した、と主張して、ダヴィドがその彫像のためにことばを選択したことを賞賛した。そしてその編集者は、彼自身の示唆をつけくわえることに抗することができなかった。なぜ、同じような記念物をフランスのあらゆる町と村につくらないのか。なぜ、巨大な彫像をフランス国境沿いのあらゆる重要拠点におかないのか。そして、「ホメロスは彼の時代の国王たちを mangeurs de peuples［民衆を食らうもの］とよんだ」のだから、「われわれは、フランスのサン＝キュロットの像に以下のことばを書きしるそう。Le Peuple Mangeur de Rois［国王たちを食らう人民］ということばを」。[*48] それからまもなくその新聞は、その彫像にかんするみずからのイメージを印刷して掲載した（図版14）。

ここにおいてヘラクレスは、サン＝キュロットとなった。神話的英雄の図像学上の棍棒は、民衆の力の現実の道具に転換した。デュプレの表現形態（図版12）においては、古典的なヘラクレスが裸で、「象徴的な」棍棒にかるく寄りかかりながら立っていた。新聞の風刺漫画においては、彼は、君主制の像にたいして活発に棍棒をふるう。そのうえ彼は、粗野なサン＝キュロットにきわめて似て、フリジア帽をかぶり、まくれあがったズボンをはき、たたかいの仕事のために用意をととのえている。彼は、その頭や顔のふんだんな毛髪によって、すっきりと髭をそり入念に髪をとかした議員たちとも、ダヴィドによってえがかれた体毛のないヘラクレス（図版12と13）とも、はっきりと異なっている。服を着て

図版14 「国王たちを食らう人民」と題された版画 カルナヴァレ博物館のコレクションから

（リン・ハントによる写真）

いないダヴィドのヘラクレスは、なんら社会的な同一視ができなかった。それはまったく抽象的な図像であり、階級や派閥政治から超然としていた。要するに、風刺漫画の図像は、ダヴィドのそれよりもはるかに急進的なイメージだった。〈国王たちを食らう者〉は、実物そっくりで、古典的でなく、社会的内容が明白で、その行動が明示的であるがゆえに、より「透明」なのである。それは曖昧とか「謎にみちている」ということはない。その図像は、寓意的ではない。その図像は、サン＝キュロットなのであり、人民なのである。結果としてその図像は、なんら比喩的内容のない、表象の零度にちかづく。急進的なイメージとしてのそれは、現実のねじまげられた、抽象化された再解釈ではなく、現実の反映であると考えられている。

この風刺漫画の図像は、人にアピールするために明らかに民衆的な出所にちかづいている。カーニヴァルの典型的な役割転倒においては、王は小人に、つまり民衆の荒々しい力強い手のなかの無力なおもちゃとなった。しかし今回は、立場の逆転は冗談ではない。人民は、一時間や一日のあいだ王ではなかった。人民はいまや王をむさぼり食うのである（そして類推関係によって、人民は彼らが食らうもの、つまり主権の化身となる）。先の編集者による論評はまた、権力は兄弟によって獲得されたのだ、という潜在的な力点を微妙に補強している。問題の像は、「それが獲得した自由とその獲得物をまもるための棍棒」をたずさえるものと想定されている。〈自由〉、あの貴重でこわれやすい達成は、いまや、王とのたたかいによる戦利品なのである。兄弟たちが〈自由〉を彼らの敵（家長的な支配者）の手からぶんどったのであり、いまや、全力で「獲得物」をまもらなければならない。女性が積極的な役割をはたす余地はない。そのときまでに女性の政治参加の問題はもはや論議の焦点ではなくなっていたために、自由の女神は現実に版画にあらわれないのかもしれない。ジャコバンの指導者にとっても、そのサン＝キュロットの信奉者にとっても、政治は男どうしの論争だったのである。*49

国王たちを食らう図像を人民の透明なイメージとしようとする努力にもかかわらず、それはやはり、ダヴィドの表現形態の根本的なアンビヴァレンスを共有していた。風刺漫画のその図像は、古典的なヘラクレスのように、理性よりも行動を具現する。粗暴な力として、考えることなくして行動する。ダヴィド同様、急進派の新聞編集者は、人民の行動の背後にロゴスを、つまり理性をあたえなければならない。こうしてこの図像もまた、「銘をきざまれる」。急進派の人びとは、人民と彼らの力を急進派の政治的世界に再統合するために、人民の身体にことばを書きつける。もう一度急進派は、人民を、人民自身にたいして表象する——「ここで諸君は、自由というわれわれの獲得物を暴力によってまもっているのだ」。しかし、いったいだれが、その像が憲法を起草しているところを想像できようか。暴力的なその像は、結局のところ、けだもののようなものなのである。

ダヴィドが提案したこの彫像の〔図案の〕ための競技会はほかの多くの計画とともに延期されたが、石膏によるなんらかのヘラクレス像がつくられたことは明らかであった[*50]。一九世紀のある歴史家は、ヘラクレスの彫像が実際にポン・ヌフのうえに立てられた、と主張した。だが彼があたえている叙述は、八月十日の祭典の像（連邦主義のヒドラを棍棒でたたいているヘラクレス）には合致するが、問題のヘラクレス像とは合致しない[*51]。一七九四年六月八日の最高存在の祭典の版画は、シャン・ド・マルス広場に設けられた小山のかたわらの目立つところにヘラクレス像があったことをしめしている（図版15）。この彫像は、実際、ポン・ヌフの巨像のためにダヴィドによって設定された指針にしたがっている。

それは提案されたほど大きくはないが、しかしその古典的な像は、ふたつの小さな、自由と平等の像をその手ににぎっている。[*52] この版画から、ダヴィドやロベスピエールやその他の国民公会の急進派が人民の古典的なヘラクレスのモデルから逸脱しようとする意図をなんらもっていなかったことは明らかである。例の風刺漫画の図像の野蛮さと暴力は、上品で沈着なこのモデルからは消されている。この人民像は、〈最高存在〉にみずから供物をささげ、その物腰は一七九三年秋のきついそれではない。そのあいだに人民は、統制され

図版15　1794年６月の最高存在の祭典にかんする版画の細部描写　カルナヴァレ博物館のコレクションから

（リン・ハントによる写真）

てしまったのである。

最高存在の祭典の版画は、答えられないが、にもかかわらず提起するにあたいするある質問を思いつかせる。その版画におけるヘラクレスがミケランジェロのダヴィデ像ときわめて似ているのは偶然なのだろうか。[*53] これは、ダヴィド自身の自己中心癖をしめすものだったのだろうか（彼の名前は、いまや、ヘラクレスや人民や聖書の英雄とむすびついていた）。それとも、一人の無名の版画家の皮肉な論評だったのだろうか。同じ彫像はさらに、ロベスピエールの失墜とダヴィド自身の名誉失墜の三カ月後、一七九四年十月末に開催された勝利の祭典の版画にもあらわれる。とはいえ、そのような版画の精密度は、信頼できるとはとてもいえない。というのも、ブロニスラウ・バチコが主張するように、版画にえがかれた祭日のパリは、現実の出来事や地形としばしばほとんど関連をもたなかったからである。版画家たちは石膏の記念像の一時しのぎの性格を消去し、そのかわりにそれらを、大理石やみかげ石に見えるようにした。ときどき芸術家は、けっして存在しなかった彫像や記念物を挿入したのだ。[*54] 版画家たちもまた、教育的な関心によって動機づけられていた。彼らの仕事は、世界について報告するよりも世界を再構成することになっていたのである。

問題の巨像は、ジャコバン主導の祭典でつかわれた多くの石膏像と同様、一七九五年初めに破壊された。[*55] 一七九五年十月末に一人の議員は、国民公会が蜜蜂の巣を図案とする印章に賛成投票するよう提案した。この提案は、蜜蜂の巣には女王蜂がいるということだけからしてもそれは王政派的だ、ともう一人の議員が指摘したのち、否決された。この議員の見解では、共和国にふさわしい象徴は自由の帽子と水準器（自由と平等のシンボル）だった。[*56] いいかえるならば、急進派の失墜ののち、のこっている議員たちは、しだいにシンボルを抽象化する方向に転換したのである。一七九六年のグレゴワールの報告には、この影響が明らかだ。彼は、以下の三つの図案からの選択を提案した。すなわち、特色のある自由の帽子をかぶっていない女性の像か、立法府のふたつの議会と総裁政府の団結を表象する三角形（自由の帽子がその三角形の頂点に位置していた）か、団結した諸県の無敵の連鎖を縁飾りによって表現している盾の中心にある三つの絡みあっている円（その円のひとつに自由の帽子が見える）の三つの図案から。[*57] 五百人会の公式議事録の印章は、自由の帽子をともなった長円形と太陽光線と天秤つきの羅針盤からなっていた。[*58] フランスの共和主義者たちは、彼ら以前のアメリカの共和主義者たちのように、抽象的で謎めいた象徴表現の方向にむかっていた。人民は、もはや直接には図像において表象されなかった。共和国は、人民のために存在するかもしれないが、人民によって存在するわけでも、人民に由来するわけでもなかった。

ヘラクレスは共和国の印章をぎゅうじることはなかったが、ロベスピエールと急進的な彼の信奉者の失墜後、まったく消滅したわけではなかった。一七九五年に承認された一法令は、共和国の硬貨をふたつのタイプに分けた。銀貨は「団結と力」という銘句をともない、「自由と平等の像をむすびつける」ヘラクレスの像を有するだろう。そしてもっと価値の低い銅貨は、「フランス共和国」という銘句をともなう自由の女神像をしめすだろう。[*59]とはいえ、ヘラクレスは変化していた。飼いならされていた（法令の指針に合致する、デュプレによる素描、図版16を参照）。[*60]いまやヘラクレスは、自由や平等の像にたいして実物大の兄としてあらわれた。彼は巨人ではなく、もはや彼の小さな姉妹たちをその巨大な手で運ばず、人民の力の図像学上の表象である威嚇的な棍棒をふりかざさない。そのかわりに彼は、より年をとり、より賢く、協調的で、やや家父長的にさえみえる。民衆勢力もまた、飼いならされてしまっていた。一七九五年春の最後の絶望的な蜂起ののち、サン＝キュロットは政治的舞台から退却した。生きた女性とほとんど似ていない、抽象的な女性の像が、ふたたび図像学上の舞台に大量にもどってきたのである。

総裁政府期の議員の多くは、できれば完全にヘラクレスを排除してしまいたかったであろう。一七九八年七月に五百人会は、「椅子にすわった女性を表現する寓意像」が銀貨のヘラクレスにとって代わることを提案した。その銘句は、「自由、繁栄」と書かれよう。[*61]ヘラクレス＝人民は、将来の富を表象する、平穏でぼんやりした像に席をゆずることになろう。急進的な男性と急進的な女性（図版5の自由の女神像でさえ、より活動的だった）は、とって代えられることになった。上院である元老会は、そのような変更は「不可避」であることに同意した。というのも元老会の議員たちは、ヘラクレスの表現形態を、「そ

図版16　ヘラクレスを図案とする硬貨のために　デュプレによってえがかれたスケッチ、1795年　カルナヴァレ博物館のコレクションから

（リン・ハントによる写真）

れを構想し製作することが幸運をもたらさない寓意像」と考えたからであった。[62] しかし、元老会の議員たちが他の財政上の提案にもどらざるをえないと感じたので、ヘラクレスは、なおしばらくのあいだ流布しつづけた。[63]

一七九九年以後、ヘラクレスの記憶はおとろえた。自由と共和国の表象であるマリアンヌは消滅しなかったが、しかしすぐに、ボナパルト自身の画像によって影をうすくされた。マリアンヌがつづく共和国でふたたびあらわれたとき、ヘラクレスもふたたびあらわれたが、しかし副次的な図像としてだった。つまりそれは、一八四八年、一八七〇〜七八年、そして一九六五年においてさえ、共和国の硬貨によみがえったが、[64] 一七九三〜九四年の恐怖政治期ほどきわだつことはけっしてなかったのである。このように、男性の図像はフランス革命以後の共和国の心象表現においてはけっして最上位のものではなかったが、けれどもそれは、社会主義者やプロレタリアートの図像表現においては顕著な役割をはたすようになっていった。エリック・ホブズボームは、なぜ女性の図像が、一九世紀の民主的で平民的な革命から二〇世紀のプロレタリアートと社会主義者の運動へと移行するにつれて重要でなくなっていったのか、を説明しようとこころみた。[65] 彼は、女性が結婚したとき仕事をやめる傾向があることや労働組合からの女性の排除、前工業化時代のおとろえつつある千年王国主義と女性の図像との結びつき、などを引き合いにだしている。

こういった社会的・政治的説明のメリットがそれじたいいかなるものであるとしても

（それらは批判されてきたが）[66]、それらは、フランス革命期における女性の図像と男性の図像のあいだの先行する競合を考慮していない。「上半身むきだしの労働者」は、一九世紀初めにはじめて出現するのではない（ホブズボームはなんら正確な日付をしめさない）。すでにダヴィドの人民にかんする図像のなかに（その手に travail〔労働〕と書かれて）存在するのであり、それは、プロレタリアートと社会主義者の運動が勃興するずっと以前のことなのである。実際、ホブズボームが不注意にしめすように、ヘラクレスはしばしば社会主義者の図像表現のモデルである。ホブズボームが「腰をかるく布でおおい、岩にひざまずきながら緑色の大蛇と格闘している裸の男性像」と記述する図像（一八九〇年代の港湾労働者組合の輸出部門の旗にえがかれている）は、ヘラクレスでなくてほかのだれであろうか[67]。すでに一八一八年に、イギリスのある労働組合運動は「博愛主義のヘラクレス」として言及された[68]。そしてこの図像は、一九世紀中葉のフランスでもギュスターヴ・フロベールに影響をあたえるほどの反響があった。彼の小説『感情教育』における一人の英雄的人物、労働者のデュサルディエは、この物語で最初にあらわれるとき、「ヘラクレスのような人間」として性格づけられている[69]。

モーリス・アギュロンは、そのホブズボーム批判のなかで、女性の図像はきわめて密接に穏健な共和国とむすびついてきていたため、一九世紀の左翼には男性の図像が好まれた、と主張している[70]。しかし、共和主義にかんする穏健な考え方と急進的な考え方とのあいだの緊張が明らかになるためには、一九世紀の第二共和政と第三共和政の経験を必要としなかった。マリアンヌとヘラクレスのあいだの選択は、すでに一七九〇年代に問題とされていたのである。さらに、巨大な男性の図像は、穏健で愛国的な女性の図像にたいするたんなる非難以上のものを表現した。つまりそれは、それを見るものに、急進的な革命は、工場労働や多くの社会主義の政治のように、「男の仕事」であることを思いださせた。

ヘラクレスの図像は、のちのプロレタリアートや社会主義者の運動の自己理解につきまといつづけたのと同じ基本的緊張をふくんでいた。ヘラクレスは、一義的に民衆を表象したのではなかった。ダヴィドによってえらばれた図像は民衆文化の深みからでてきた、民衆自身の自己イメージではなかった。それはむしろ、民衆の教化のための、芸術家や知識人や政治家の民衆イメージだった。ホブズボームによって記述されたプロレタリアートの図像も、同様のアンビヴァレンスをもっていた。よりしばしば、それらは理想化され、古典的で、力強い男性の裸の、あるいは半裸の姿であるのが普通であり、ヨーロッパの炭鉱や工場の疲れきった、栄養不良でうすよごれた人間の姿ではなかった。「でかいやつで[le terrible garçon]……ひじょうに強く、負かすには少なくとも彼ら［警官］四人は必要」だった、フローベールのデュサルディエのように、それらの表象は、あまり知性のない、野獣のような強さをつたえた。*71 労働者たちは、フランス革命の民衆と同様、つまりは表象するのが困難だった。けれども彼らの大義を擁護する人びとは、そうせざるをえない、と感じたのである。

民衆の急進的なイメージは緊張とアンビヴァレンスにみちていたが、にもかかわらず、社会的・政治的土壌に新たな裂け目をきりひらくのに成功した。急進主義者たちは民衆に、自分自身を見ること、自分自身を中心人物として認識すること、その「恐ろしい叫び」をパリの街路においてと同様に国民公会議場でも響かせることをうったえた。民衆の急進的な表象における緊張と力は、一七九四年二月になされた「国内政策の政治倫理的原則」にかんするロベスピエールの重要な演説にうかがうことができる。

> しかし、人民が勇気と理性の驚異的な努力によって専制の鉄鎖をこわし、それを自由への戦利品とするとき、人民がその倫理的気質の力によっていわば死の腕から脱出し、青年のあらゆる活力をとりもどすとき、人民がかわるがわる繊細で高慢、大胆で従順であり、堅固な城塞によっても、人民に対抗して武装した暴君の無数の軍隊によっても、とめることはできないが、法のイメージを前にしてみずから立ちどまるとき、そのとき、人民がただちにその運命の高みにのぼらないなら、これは、それを統治する人びとの過失でしかありえない。*[72]

ロベスピエールにとって人民は、フランス革命の力であり、その推進力だった。とはいえ、人民はいったん動きだすと、とめることが困難だった。彼らの代表者たちは、人民の前に「法のイメージ」をかざし、まにあうように人民をとめ、いかに法が彼らのつくったものであるかを説明し、人民を正しい道で「その運命の高みに」みちびくために、存在したのだ。人民なくしては、フランス革命はなんら原動力をもたなかった。だが人民の代表者なくしては、フランス革命はなんら方向感覚をもたなかったのである。

人民への急進的な訴えによってきりひらかれた裂け目の深さは、その後にそれらの裂け目をふたたびふさぎ、それらがまったくなかったようなふりをしようとする企てが決定されたことによって、測ることができる。一七九四年以後、人民へのあらゆる呼びかけは封じこめられた。巨大なヘラクレス像は視界から消え、共和国の表象はたいてい、実物大かつ抽象的で、不可解に寓意的であり、しばしば多くの謎めいたシンボルでちりばめられていた。ヘラクレスは自己確認のための二、三のことばを必要としたが、しかしブルジョワ共和国の抽象的寓意画は、複雑な散文を読むことができる人びとのためにくわだてられたページいっぱいの説明とともにあらわれた。総裁政府の公式のビネット〔輪郭をぼかした絵〕（図版17）は、その寓意の内容にかんする一ページいっぱいの説明をともなって発行された。それは自由の帽子をかぶっている自由の女神の像を中心的にとりあげていたが、この女神像は、ほかの多くの、はるかに理解の困難なシンボルによってとりかこまれていた。*73 一七九二年のマリアンヌ（図版5参照）とは対照的に、この自由の女神はすわってお

図版17　総裁政府の公式のビネット、1798年
（国立図書館の御厚意による版画陳列室からの写真）

り、行動の覚悟ができているというよりは静観的なようにみえる。ほこや槍をもたず、共和暦三年憲法の銘板にどちらかといえばものうげによりかかっている。おそらくもっとも重要なことは、それを見る人を直視するよりも横のほうに（つまり自分の右側のほうに）目をむけていることだ。自由の女神はそれを見る人になんら要求しない。ただすわって、まっているだけだ。

一八〇〇年に、名誉回復なったダヴィドは自由の女神の石膏像のとりかえを監督した。「革命広場」の彼女の場所は、「コンコルド広場」（place de la

Concorde）と名称を変えられたその広場に位置する国民的な円柱によって占領された。建築家のモローは、自由の女神像を頂点にいただいた六七フィートの円柱を構想したが、この女神像は、ある観察者が報告するように、「悲しく陰鬱な様子」をしていた。[*74] 自由の女神はいまやほんとうに遠くはなれた像であり、民衆の頭上はるか高いところに位置していた。数カ月もたたないうちに、この遠くへだたった自由の女神さえも、ナポレオンの凱旋門のためにとりこわされた。軍事的勝利に基礎をおくナポレオンの帝国が、共和国にたいして勝利をおさめたのである。

革命期の国家の印章やその他の表象は、たえまない政治的闘争のいきいきとした反映以上のものであった。ルイ一四世の宮廷を魅惑した、国王を盛装させる入念な儀式と同様、革命の表象は、権力の経験に定義をあたえた。君主制の「原擬制」がほりくずされたとき、共和主義者は、彼らの世界をくみたてる新たな方法をみつけることに着手した。マリアンヌとヘラクレスは、彼らの新しい政治的宇宙におけるふたつの中心的な図像だった。アメリカでは、共和主義者たちは、印章の図案にかんしてきっぱりと一致することができた。というのも、その政治階級が共和国の意味にかんして一致することができたからである。フランスでは、権力の表象は論議をひきおこしつづけた。というのも、その政治階級が、どこでフランス革命が終結するのか、ということにかんして意見の一致をみることが困難であったからである。表象の危機は革命の一〇年間ではけっして解決されなかったが、その結果として、共和主義者とくに急進派は、その結末をもっとも遠い境界線にまでおしすすめた。人民の表象がともなうアンビヴァレンスや曖昧さにもかかわらず、あえて人民を表象することによって、急進派は、政体の性格と可能性にかんして新たな問題を提起したのである。その問題は大きなインパクトをもった。というのも、その問題は、政治にかんする論文や小冊子に限定されず、むしろその反響をフランス社会のあらゆる部分に響きわたらせたからである。革命の記憶は、書物や文書によって将来につたえられたのではなかった。それは、少数の単純なスローガンやリボンや帽子、そして記憶しうる実物にちかい画像によって伝達されたのである。

第Ⅱ部　政治の社会学

The Sociology of Politics

第四章 フランス革命の政治地理学

The Political Geography of Revolution

レトリック、儀式、そして図像は、フランス革命の政治文化のために象徴的枠組みを提供した。演説や祭典、そして印章や硬貨のような権威の表象の政治的内容は、革命の一〇年間にわたって変化したが、それらのかたちをさだめた原則や願望の多くは、根本的に同じものでありつづけた。これらの持続的な動機づけのなかで重要なのは、伝統への服従を断ち切ろうとする願望、再生された国民の可能性への確信、新たな価値をきずくうえでの合理主義や普遍主義への信頼、そして個人や個別集団の利害よりも共同体が必要とするものの強調であった。革命的な理論や実践に内在する基本的な緊張も、くりかえし生じた。透明と教化主義のあいだで、人民とその代表者のあいだで、そして自然や理性の自明さとシンボルや衣服の曖昧さのあいだで。これらの原則や両極性を実践していく過程で革命家たちは、直接民主政や恐怖政治、そしてついには権威主義的支配をふくむ新しい政治的土壌をきりひらいたのである。

革命の象徴的枠組みは、新しい政治文化に統一と持続性をあたえた。新しい国民や共同体、一般意志へのたえざる言及は、国民的目標にかんするより強い感覚を生みだすのに寄与した。マリアンヌ、ヘラクレス、国民に共通する花形帽章、そして祭典は、全フランス人にアピールすると考えられた。自由の木、祖国の祭壇、ジャコバン・クラブ、選挙手続きは、どこでもほとんど同じように確立された。このような象徴的枠組みは、すでに存在したナショナリズム感情や大衆の民主主義的努力を反映したというよりも、それらをつくりだした。祭典行列や宣誓や自由の女神やヘラクレスの画像をともなった硬貨の流通は、革命的レトリックが仮定した新しい国民をひきだし、確固としたものとした。

この新しい実践の多くはパリでは公的な承認を獲得し、その営みはしばしば、中央集権化と官僚制化を志向する政府の権力を強化する方向に機能した。標準的な度量衡、画一的な貨幣制度、同一の選挙手続きといったものが、パリから統治するという仕事を容易にした。それにもかかわらず、新しい政治文化はパリによって支配されなかった。革命的な諸価値とシンボルは強力だった。というのも、きわめてさまざまな場所のきわめて多くの人びとが、社会的・政治的生活を再構築するという目的に見合うかたちでそれらの価値やシンボルにもとづいて行動しはじめたからなのである。ときにはパリから遠くはなれた人びとが彼ら自身のシンボルや儀式を発展させた。しかしパリの指導をあおごうとしているときでさえも、彼らは、彼ら自身の見地から、彼らなりの流儀で、そうしたのである。それでは結局のところ、中央の政治にたいしてパリの人間はどのような関係にあったのか。パリの地元住民の多くは地方からの移入者によって構成されており、国家の立法府の議員の圧倒的多数は地方の出身だった。パリの政府は、フランスのさまざまな地域の出身の人びとからなりたっていたために、国民の名において語ることを要求できたのである。

したがって、革命をとおして新しい国民をつくりあげることは複雑なプロセスだった。つまり、中心による周縁の新しい政体への統合以上のものがともなったのである。その結果、革命の拡がりと発展の地図をえがくのは容易な作業ではない。けれども以下の問題は、きわめて重要である。フランス革命はどこで、どの地域で、どの集団で、もっともよく受けいれられたのか。その新しい諸価値はだれにもっともアピールしたのか。そういった諸価値を実践にうつした責任者はだれだったのか。革命のプロセスをともに構成した一連の政治的実践の意味は、その知的・哲学的起源からは演繹されえない。この実践は、その社会的コンテクストにおいて評価されなければならない。自由の木はだれかによって植えられたのであり、祭典はある地域では他の地域よりも成功をおさめたのである。象徴的枠組みは空からふってくるのでもないし、書物からとりだされるのでもない。それは、新しい政治文化によって提供されるヴィジョンのなかに何か魅力を見出す人びとによってかたちづくられるのだ。

本書の後半の第Ⅱ部は、人びと、とくに行動をともにする人びとが文化をつくるのだ、という仮定から出発している。文化や政治の意味はそれにかかわる人びとの社会的出自から演繹されうる、とは仮定されていないが、しかし、社会的出自が新しい政治的実践を生みだし確立するプロセスにかんしてじつに重要な鍵を提供する、と仮定しているのである。フランス革命の同時代人も同じように想定した。一七九一年にエドマンド・バークは、「金持ち、商人、主要な小売商、文筆家が……フランス革命の中心的な活動家だ」と主張した。[*1] 一七九〇年代のフランスの保守派は、〔フランス革命を〕フリーメーソン、プロテスタント、理性を欠いた群衆、狂信的な反聖職者主義者、ジャコバン派、あるいはもっと一般的に不穏当な野心をもった人びとのしわざとみた。革命家自身は、フランス革命のプロセスの普遍性を強調したかったために、そのような区別をおこなうことをいやがった。敵対者はたんに党派的、利己的、貴族的、あるいは非愛国的であるにすぎないというわけだった。たとえば、一七九五年に保守的な共和主義者ボワシ・ダングラースは、「フランス革命は……けっして少数の個人が生みだしたものではなくて、啓蒙と文明の結果である」と主張した。[*2]

革命家たちはフランス革命のプロセスの普遍性を強調することを好んだが、日常のレベルでは彼ら自身、自分がでくわした多様なかたちの抵抗にたいへん関心をもっていた。世論にかんする情報をあつめるために、官僚制が大規模に拡張した。政府は、その種々の革新にたいする地域的相違を掌握しておくことができるように、恒常的な報告と忠実な官吏を欲した。この関心に対応して、一七九〇年代の政府は、革命的実践の拡がりにかんする大量の情報を収集した。政府は、国民の一体性を公的に宣言していた一方で、その不統一の原因を研究したのである。

公的秩序にかんする伝統的な治安上の関心のほかに、革命期の政府の主要な政治的関心は、毎年の選挙行事であった。祭典は、選挙から排除された女や子どもをふくめてより多くの人びとをむすびつけたが、選挙は、国民の新たな主権のもっとも印象的な表現であった。選挙は、一七八九年以来、革命の成功の基礎でありつづけていた。政治や裁判や教会、さらには軍隊にさえかかわる仕事を、才能ある人びとに開放したのは、選挙だったのである。*3 アンシャン・レジームにおいては、多くの上級官職が世襲財産だった。裁判官の職は父から子に財産として世襲されたし、聖職者や軍隊の職はしばしば、ある限定された家族集団内部の最高入札者にひらかれていた。したがって選挙は、特権に反対するフランス革命にとって本質的に重要であり、いかなる革命期の政府も、たとえ一七九五年以後でさえも、それをやめることは考えなかった。とはいえ、選挙制度は同時にまた、不安定な立憲的構造におけるもっとも弱い地点だった。たいていの大人のフランス人が「第一次選挙集会」で投票する資格をもっていたため、選挙は、大衆の動員とそのときどきの政治指導にたいする抵抗の表現のための恒常的な機会を提供したのである。ナポレオンのクーデタ以後、彼の支持者たちは、共和政のもとにおける頻繁な選挙の危険をくりかえしうったえた。たとえば、医者のカバニスによれば、「毎年の選挙は、少なくとも一二カ月のうち六カ月は人びとを興奮状態においたのである」。*4

それゆえ選挙は、フランス革命の象徴的実践のもっとも重要なもののひとつであった。それは、市民の義務を遂行することをつうじて新しい国民に直接に参加する機会を提供し、政治的に責任ある地位への、以前には制限されていた通路をひろげた。政治構造にそのような直接的なインパクトをあたえたために、選挙は官僚の関心をひき、その結果それは、もっとも史料の豊富な革命的実践のひとつとなっているのである。Archives nationales〔国立古文書館〕の系列 F^{1c} III はほぼ、選挙結果にかんする書状にあてられており、県や市の古文書館もまた、この政府の関心事にかんする史料が豊富である。さらに、祭典や自由の木の植樹とは異なって、選挙は明白な結果をあとにのこした。すなわち、有権者を代表するためにえらばれた人びとの名前を。ヘラクレスやマリアンヌや三色の花形帽章はだれをも表象した。それゆえ、それらのなかに具現されている競合や闘争のメッセージを読解することは困難である。そういったシンボルがアピールするのは、それらがいくぶん特殊性を欠いているためであった。対照的に、選挙でえらばれた人びとは、一般意志と同様、彼らのクラブや職業、彼らの近隣や村や町や県を表象した。彼らはある場所でえらばれた。したがって彼らは、ほとんど必然的に、何か特殊なものを表象した。選挙結果はそれゆえ、フランス革命の受容における相違を追跡するのにすぐれているのである。

　とはいえ、このことは、選挙結果の解釈がまったく簡単であるということを意味しない。有権者は、フランス革命に賛成か反対かの意思表示のために投票したのではなかった。彼らは、裁判所や市町村や県、そして国家の立法府において彼らを代表してくれる人びとをえらんだのである。そして、それらの人びとの地位が有権者から離れれば離れるほど、有権者はますます、彼らがえらぼうとしている人びとにかんして知るところが少なくなっていった。たとえば、立法府の議員は二段階の選挙でえらばれた。最初に有権者が第一次選挙集会にあつまって選挙人をえらび、それから各県の選挙人が中心都市にあつまって立法府の議員をえらんだのである。[*5] したがって議員をもって世論におきかえることは、不確実さをともなう。直接的な選挙がおこなわれる地方のレベルにかんしてさえ、解釈のむずかしさには目をみはるものがある。革命的レトリックが党派への帰属化をさまたげたために、党派のレッテルの発達は、いくら控えめにいっても首尾一貫していなかったのである。くわえて、投票するということが新しすぎて、深く根づいた習慣にはならなかった。その結果、投票した人の率は、選挙ごとに、地域ごとにいちじるしく変化し、ときには一〇分の一以下にまで下がった。[*6] ある地域での投票は体制への支持を表明するものとはなったが、政治的意見における相違の検証手段とはならなかったのである。

それにもかかわらず、選挙結果は、たとえおおざっぱではあっても比較の可能性を提供するのであり、これはきわめて興味ぶかく無視しえない。たとえば個々の県の研究は、一七八九年のフランス革命のあいだに確立された政治的区分が、小郡《カントン》ごとに一八四九年まで、さらに場合によっては一九五六年にいたるまでもちこされることを明らかにした。[*7] フランス人ははじめて、成年男子の実質的な普通選挙を経験した。[*8] 頻繁な選挙が、たとえ党派それ自体としては公的には軽蔑されたにしろ、ジャコバン・クラブのような初期的な政党組織の発展を助長したことは、驚くべきことではない。地域研究と個々の選挙の研究は、実際に投票した人びとが政治的に自覚してそうしたのだということを明らかにしている。

ジャコバン・クラブは、それが形成された当初から活発でやかましい選挙運動に従事した。そして相対的に抑圧的な総裁政府体制のもとでさえも、復活したジャコバン・クラブは、地方の選挙に影響をあたえるためにデモや集会や公開の宴会を組織した。[*9] それにたいして王政派や穏健派も、それら独自の選挙組織を発展させはじめた。[*10] 地方の大都市やパリの新聞は彼らのさまざまな大義を正当化した。そして権力の座にある政府は、commissaires〔委員〕や派遣議員や地方の行政官を利用して地方の選挙を政府に有利なように仕向けた。[*11] 投票者は、ときとしてきわめて少数であったが、政治的真空において彼らの選択をおこなったのではなかったのである。

選挙政治の発展によって、政治的区分の意味にかんするあらゆる人の感覚がするどくなった。その結果、革命期の一〇年間に政治的な語彙は劇的に増加した。レッテルのおびただしさは圧倒的であった。フランス革命の個々の政治家や個々の時期と関連した多くのレッテルはいうにおよばず、民主主義者、共和主義者、愛国者、愛国至上主義者、排他主義者、ジャコバン派、enragés（過激派）、サン＝キュロット、パンテオン主義者、山岳派、無政府主義者、温和派、ジロンド派、フイヤン派、君主制主義者、王政派、国王至上主義者、連邦主義者などのレッテルがあった。[*12] これらのレッテルの多くは、一九世紀にいたるまで十分に政治的意味をもちつづけた。しかしこれらのレッテルのなかでもっとも長くつづいたのは、国民議会を、その議長席によって分けられた議場の両側、つまり「右」と

「左」に分けることだった。ミラボーはそれを「国民議会の地勢」とよんだ。国家全体と同じように、国家の立法府にもその空間的区別があった。考えを同じくした議員は、議会中央の通路から同じ側にいっしょにすわった。[*13] 国民公会のあいだ、その地勢はさらにいっそう微妙なものになった。もっとも急進的な議員たちは、議会の最上段の席を好んだために、山岳派として(あるいは山岳の人びと montagnards として)知られるようになった。彼らの敵対者は、その指導者の何人かがボルドーに県庁があるジロンド県の出身であったために、ジロンド派として知られた。多数のどっちつかずの中道派は平原派あるいは沼沢派として知られたが、これは、これらの議員によってしめられた議会の下段のほうの席に関連して言われたことばだった。新聞やクラブは、有権者たちにそのような新しいカテゴリーについて教えた。

政治的感受性が発達したときでさえ、政治的にたたかっている者は、透明、徳、共同体のレトリックを使用しつづけた。このぎこちない組み合わせは、一七九八年のアミアンで書かれた、ジャコバン・クラブの元メンバーの典型的な選挙パンフレットに見出すことができる。

すでに王政派は、彼らがよく出入りする不吉な場所で選挙人のための、そして立法府の議会、行政機関、裁判所のための候補者のリストを準備している。彼らは、フリュクティドール十八日［立法府における反王政主義者によるクーデターの日］に共和主義的クラブによっておしつぶされた人びとを生きかえらせようとしている。それゆえ、第一次選挙集会がひらかれるにあたって、諸君のなすべき仕事は何か。つぎのことだ。もしこういった表現をつかってよければ、最初の集会から有権者のなかの有害な者をとりのぞけ。この名誉ある役割を行使しようとしている人びとを注意ぶかく調べよ。……有権者として出席する人びとの表情を読みとれ。そうすれば諸君は、青白い顔をして彼らの責務に忠実でない男たちに出会うだろう。……われわれの諸原則を公言し、われわれの感情を共有する活力にみちた人びとを指名することがぜひとも必要である。われわれは、きっぱりとした性格の人間、強い心の人間、強く筋骨たくましい人間が必要なのだ。*14

この筆者は政治的策謀を示唆することができたが、しかし直接に言及されている唯一の党派は、政府反対派の王政派だった。彼は、彼の味方もいるがそうでない者もいることを知っていた。しかし彼は、公的には、もっとも曖昧な特質、つまり活力、断固とした態度、強い性格を唱道することができたのみだった。とはいえ、まもなく同じ印刷業者が、このたびは、再建されたジャコバン・クラブに一般的にあたえられた名称である新しい〈憲法擁護クラブ〉のために、はるかに率直なパンフレットをだした。「それでは諸君は、〈憲法擁護クラブ〉を組織するよりもまえに何をまっているのか。急げ。そこにこそ、諸君は「反動派」［les réacteurs］をつぶす武器を見出すだろう。団結せよ、有用たれ、おたがいに助け合え」[*15]。政治闘争を持続したことによって、闘士は一致した行動の長所をまなんだのである。

フランス全土にわたってこういった確信をいだいた人びとが存在したのだが、彼らが選挙において影響をあたえることに成功したのは、あるかぎられた地域においてのみであった。判別分析（discriminant analysis）という統計学上の技術の助けをかりれば、議会選挙の結果の地図をつくることが可能である[*16]（地図1）。一七九二年の国民公会と一七九五〜九八年の総裁政府の二院制議会の議員選挙にかんする先行研究は、えらばれた議員のあいだに異なる政治的区分が存在することを明らかにしてきた[*17]。一七九二年にえらばれた議員は、その後、山岳派、ジロンド派、そしてどっちつかずの中道派ないしは平原派にわかれた。さらにより根本的なのは、国王にふさわしい処罰の問題にかんする議員の分裂だった。かろうじて彼らの半数をこえる者が、執行猶予や世論に問うことをみとめず死刑に賛成投票した。一七九五年、一七九七年、および一七九八年にえらばれた議員は、各県における政府の代理官たちによって王政派（反革命主義者）、ジャコバン派（恐怖政治家ないしは無政府主義者）、あるいは総裁政府派（政府の支持者）として識別されている。総裁政府は、議員の政治的傾向にかんして収集された情報を利用して、一七九七年には王政

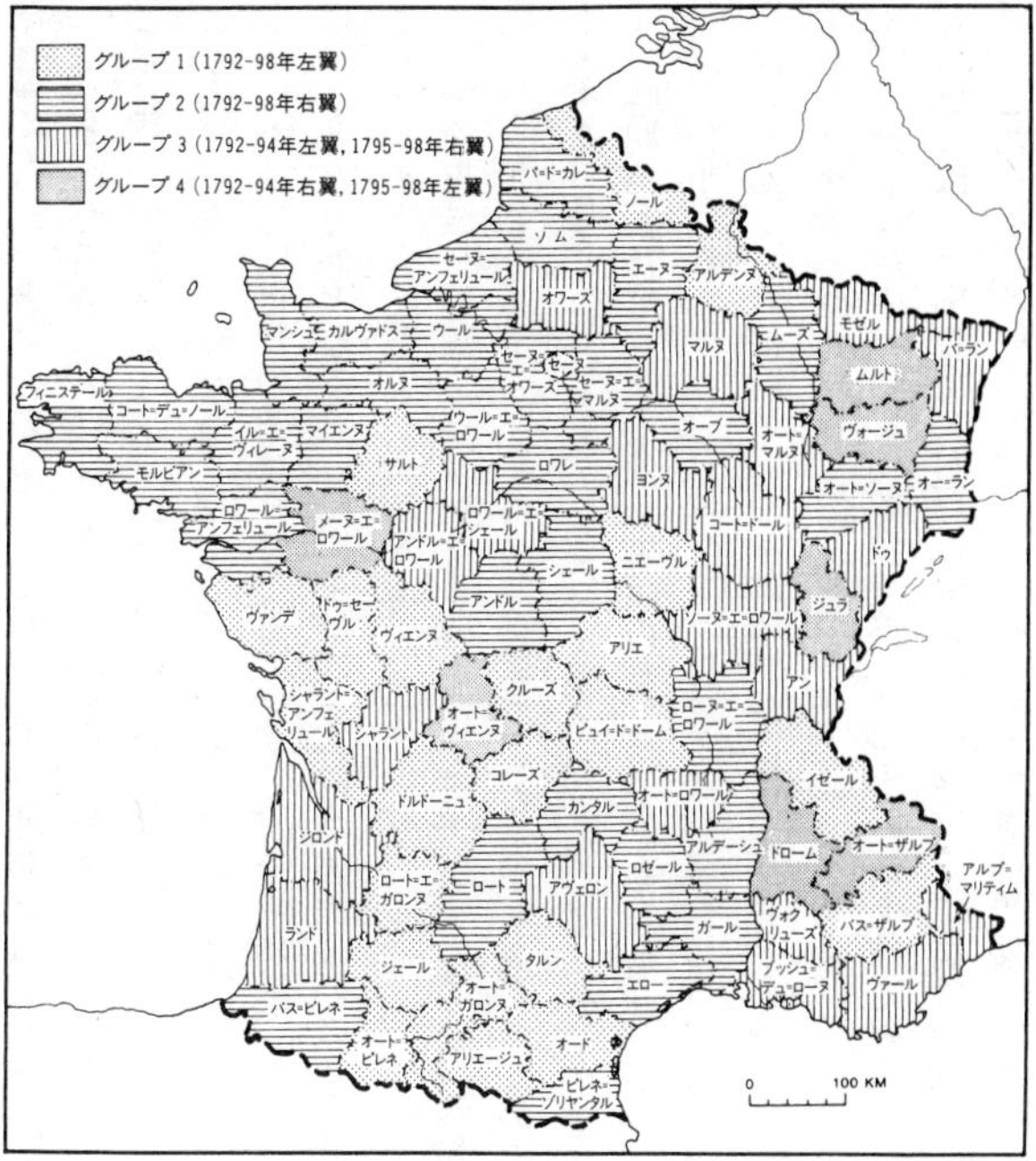

地図１　革命期フランスの政治的地勢

いして一七九八年にはジャコバン派と想定された者にたいしてなされた粛清において、数十人の議員を逮捕し、追放し、あるいはその議席をこばんだ。〔判別分析という〕先の統計上の手続きは、議員にかんするこのような情報をすべてとりあげ、この情報をむすびつけて、個々の県をある連続体のなかに位置づけるような、ひとつないしは複数の関数をつくるのであり、その結果、個々の県を異なるグループにわけることが可能となる。いいかえれば、各県の国民代表の任命は、各県の政治的様相をさし示すものとして役立つのである。

政治的忠誠を追跡するという目的のために、三つの問いが提起された。(1)国民公会の時期(一七九二～九四年)にどの県が右翼でどの県が左翼だったのか。(2)総裁政府体制期(一七九五～九九年)にどの県が右翼でどの県が左翼だったのか。そして(3)第一の時期から第二の時期にかけて、政治的忠誠は持続していたか、変化したか。「左」と「右」ということばが使用されたが、これは、フランス革命が議員を古典的な政治的カテゴリーに区分したからである。立法府においては同定可能な「中央」が存在したが、これらの議員は、きわめて重要な政治的決定のさいには一方の側か他方の側を選択せざるをえなかった。くわえて、選挙はたいてい、地域のレベルで一方の側を他方の側に対抗させた。たとえば一七九七年には、有権者は、右翼の挑戦に賛成ないしは反対の意思表示として投票した。そして一七九八年には彼らは、ジャコバン派の復活に賛成ないしは反対の意思表示として投票したのである。[18] 政治構造は、きわめて自然にふたつに分かれるようにみえた。

判別分析は、左翼と右翼がつくりごとのカテゴリーではなかったことをしめしている。というのも、この方式によってひきだされた判別関数（discriminant functions）は、統計学上意味があったからである。[19] もし投票者がでたらめな、あるいは完全に個人的な決定を表明していたのだとすれば、各県の選択において明白なパターンは存在しなかったであろう。そのパターンは明白だっただけでなく、相対的に永続的でもあった。より多くの県（一九の県にたいして五四の県）が他の陣営にうつるよりも同じ陣営にとどまった。一七九五〜九八年の総裁政府の時期の範囲で、さらに一七九二〜九八年の共和国の全時期の範囲でも、持続性が存在した。国政のたびかさなる激変や方向転換をとおして投票者は、その政治的カテゴリーの感覚を維持していたのである。

地図1は、全国的な選挙が明確な地域的パターンを生みだしたことを明らかにしている。議会の右翼は、パリ盆地（セーヌ県そのものは左翼から右翼へ移行）、ローヌ渓谷、フランス北西部でもっとも強かった。議会の左翼は、中部‐西部、南西部でもっとも強かった。左翼から右翼へ移行した県の多くは、パリ、ボルドー、リヨン、マルセイユ、ストラスブールなどの主要都市周辺の地域の一部だった。右翼から左翼へ移行した県の多くは、国境にちかい山岳地帯に位置していた。一般的に、左翼は（フランス南東部をのぞけば）周辺部でもっとも強かったのである。この地理的パターンは印象的である。というのも、ジャコバン派の議員が国家の中心部からではなく、その周辺部からもっとも支持をえたことを明らかにしているからである。[*20] パリそのものは、左翼への忠誠において移り気だったし、パリにもっとも近接している地域は、右翼に忠実であることが普通だった。もっとも熱狂的に新しいレトリックや儀式や画像のまわりに集結した議員たちは、パリの知的洗練から遠くはなれた地域からでてきたのである。

この地図の意味は、第一共和国をはるかこえて拡がるものだった。多くの地方は、今日にいたるまで同じような投票行動を継続してきている。たとえば、左翼が政権の座になかった一九七〇年代には、(共産主義者のではなく)社会主義者の勢力の砦はいまだ最北部と中部‐南西部に位置していた。[*21] 一九八一年六月の立法府の選挙では、非共産主義的左翼は南西部、中部と北東部の一部で最高の成績をおさめた。「以前の多数派」の党派(ドゴール派とジスカール派)は、国の北半分とローヌ川にそって拡がる一連の県で最高の成績だった。[*22] だれもまだ、過去二世紀にわたる政治的忠誠の持続性を包括的には研究していないが、しかし、保守的な北部とはるかに急進的な南部のあいだの区分はほとんど「伝統的」であるようにみえる。[*23] 判別分析は、その区分が第一共和政にさかのぼるものであることをしめしている。

第二共和政(一八四八年の選挙)のもとでは、一七九〇年代に一貫して右翼であった県は右翼に投票しつづけている。[*24] 第一共和政期に左翼から右翼へと移行した県もまた、一八四九年には右翼である傾向があった。このパターンにたいする例外の多くは、南東部に位置していた。モーリス・アギュロンは、ヴァール県にかんする研究のなかで、フランス革命期に右翼に転換したこの県が一九世紀前半のあいだは正統王朝派に忠実であったが、しかしその後、一八四八年の第二共和政期に急進的な共和主義の味方になったことを発見した。[*25] 同じようなプロセスがあきらかに近隣の諸県でも進行していた。

最北部と中部－南西部の諸県の重大な例外をのぞけば、第一共和政期に左翼に投票した県は、右翼に投票した県よりも政治的忠誠において首尾一貫していなかった。より多くの県が、右翼から左翼へよりも左翼から右翼へと移行した。さらに、長い目でみれば、一般的に左翼をよりすすんで受けいれた南部は、北部よりもはるかに移り気であることが判明した。南東部の多くの県が左翼から右翼へと移行したばかりではなく、その後一八四九年までにふたたび左翼にもどったのである。多くの西部の県は、一八四九年までに左翼から右翼へとうつった。ヴァンデ、ドゥ＝セーヴル、シャラント＝アンフェリユールの各県はすべて、一八四九年における左翼への投票率が二〇パーセントを下まわった。

ヴァンデ地方の諸県の劇的な移行は、立法府への選挙を検討することの限界を例証している。これらの県は、第一共和政期に民衆的な反革命運動によってなやまされた有名なヴァンデ地方に位置した。この運動の脅威に対応して、地域の共和主義的な名士たちは、急進的な共和国（つまり左翼の議員）にたいする限定的だが断固とした選挙での支持をふるいおこすことができた。叛徒たちは投票せず、選挙という場をジャコバン派にあけわたした。この地方では総裁政府でさえも、叛徒への平衡力としてジャコバン派の組織を助成した。彼らは、この地方の左翼を、ほかの地方でしめしたように断固として鎮圧することはなかったが、これは、たとえ彼らがいかに急進的であっても、共和国の支持者を遠ざけるわけにはいかなかったからである。[*26] こうして、たとえその地方の大衆が共和国にたいしてけっして熱狂的ではなかったにしろ、選挙で投票した人びとは左翼への支持を表明することができたのであった。一七九〇年代以降、このような情況はつづかなかった。そしてヴァンデ地方は、サルト県とメーヌ＝エ＝ロワール県をのぞいて、一九世紀に右翼へと移行したのである。

第一共和政における選挙の地理的パターンは、社会的意味をもっていた。実際、左翼に投票した地方と右翼に投票した地方のあいだの社会的相違は、フランス革命の激変の経験における相違よりも重要であった。[*27] 左翼と右翼のあいだの選択は、各県の亡命率や恐怖政治期の処刑率やその地の聖職者のフランス革命にたいする態度とは関連していなかったのである（表1参照）。宗教的感情と政治的確信とのあいだの一九世紀と二〇世紀の関連（首尾一貫して宗教的実践がなされている地方は右翼に投票した）を考えれば、第一共和国期にもなんらかの関連が予想されるかもしれない。[*28] 表1は、この点にかんしては左翼と右翼のあいだになんの相違もないことをしめしている。そのうえ、相対的に移り気な県

表1 ——政治的区分とフランス革命の経験（平均）

政治的区分	聖職者の誓約（%）	亡命（人口10万人当たり）	恐怖政治に関連する死（人口10万人当たり）
左翼(N=16)*	50	337	50
右翼(N=21)	50	310	75
右翼に移行(N=15)	61	793	49
左翼に移行(N= 5)	62	304	2

資料：付録AのOATH、EMIPER、TERPERを参照。
*——比較のために、高い信頼度で分類しうる県のみがふくめられている。
第4章の注16、参照。〔Nは標本の大きさ。表1の場合は県数をしめす〕

表2 ——政治的傾向によって分類された諸県における社会的相違（平均）

政治的区分	パリからの距離（里）	読み書き能力（%）	都市化（%）	地租（1人当たりのフラン×1000）
左翼(N=16)	129	22	14	80
右翼(N=21)	68	41	17	91
右翼に移行(N=15)	95	31	26	91
左翼に移行(N= 5)	126	51	14	13

資料：付録AにおけるDISTPAR、TOTLIT、URB1806、PCFONCを参照。

（政治的忠誠において変化した県）にはとくに迎合的な聖職者がいた。聖職者たちの態度は、なんら明白な政治的影響をもたなかったのである。表1によってしめされている唯一の注目にあたいする相違は、右翼に移行している県において亡命率が高いことであり、左翼に移行した県において恐怖政治と関連した死亡率が低いことである。とはいえ、これらの数値から多くの意味を引きだすことは困難である。たしかに、亡命が高率であることは、右翼に移行した県においてとくに不安定な政治的雰囲気を生みだすことにあずかったかもしれない。しかし、恐怖政治に関連する死亡が低率であることが、いくつかの県を、権力の座にある政府に満足したままでいるよりも左翼のほうにおしやったであろう理由はならないように思われる。

政治的カテゴリーを考えない、全県に基礎をおいた相関分析（correlation analysis）もまた、亡命のようなフランス革命の個々の経験とたいていの選挙での選択とのあいだにほとんど関連がないことをしめしている（付録A参照）。たとえば、国王裁判における各県の代表団の投票と各県の聖職者の宣誓率とのあいだの相関は、完全にでたらめに近かった（r〔相関係数：ふたつの量的変数のあいだの関連の強さをしめす。相関係数は1から-1までの値をとり、ふたつの変数のあいだにまったく相関がない場合、r＝0。ふたつの変数のあいだに正の相関がある場合は、相関係数の値は正に、負の相関がある場合は、値は負になる〕＝－0.04）。とはいえ、驚くべきことではないが、亡命率と処刑率は、聖職者の宣誓率とネガティブに相関していた（それぞれ $r = -0.26$, $r = -0.23$）。聖職者たちが迎合的でなければないほど、各県は、高い亡命率と恐怖政治期に高い死亡率をしめす傾向が増大したのである。それにもかかわらず、これらの外傷性の経験は、国政選挙の投票においてあまり影響をあたえなかったのである。

対照的に、右翼と左翼のあいだの経済的・社会的相違は重要だった（表2）。左翼はパリから遠くはなれたところで、つまり住民が相対的に都市的でなく（フランス全体の平均的な都市化は一八・八パーセントだった）[*29]、相対的に富裕でなく、平均（全県で三三・三パーセント）[*30]よりも読み書き能力が低率であったところで大きな成功をおさめた。左翼に移行した県にかんしては、そういった県の数がきわめてわずかであったため、あまりわからないが、しかし山岳地帯の県がそこに入っていたことは、高率の読み書き能力、低度の都市化、安い一人あたりの地代に明白である[*31]。ことに東部の山岳地帯は、アンシャン・レジームにおいて高率の読み書き能力で知られていたが、その地勢は大都市や集約的農業の発展には適していなかった。

右翼はふたつの明白な社会経済的構成要因をもっていた。一貫して右翼の県は、富裕で農業的で読み書き能力が高く、パリに近かった。一方、右翼に移行した県は、一貫して右翼であった県よりもパリからはなれており、より都市的であり、読み書き能力はより低率であった。右翼に移行した県の社会経済的特徴は、一七九四年以降の左翼からの移行において、いくつかの周辺の大都市（きわめて顕著なのは、マルセイユ、ボルドー、およびストラスブール）の中枢的重要性を反映している。パリとその県であるセーヌ県もまた、このグループに位置していた。もっともひどい変節、ことに右翼のほうに移行するそれは、相対的に都市化した県にみられた。もっとも首尾一貫した政治的区分（移行をともなわない右翼ないしは左翼）は、農業的な後背地でみられた。それゆえ、エドワード・ホワイティング・フォックスが提唱するふたつのフランスというよりも、少なくとも四つあるいは五つのフランスがあったように思われる。フランスを後背地の町と周辺の都市とにわけるよりも、後背地そのものが右翼と左翼に深くわかれていたことを、ここでの分析は例証している。周辺の大商業都市は、実際に中枢的な位置をしめていた。しかしそれらの都市は、それらが位置する県をジロンド派を支持する方向にみちびいたというよりも、それらの県を――恐怖政治以後――ジロンド派の継承者の地位、つまり議会右派におしやった。[*32] この点で、周辺の都市は、パリと争ったのではなく、むしろその基本線に忠実だったのである。

社会経済的要因の重要性は、右翼の県と左翼の県のあいだでより限定された比較がなされればきわだったものになる（表3）。この比較のためにえらばれた県は、〔右翼の県か左翼の県への所属という点で〕もっとも高い確率をもつと分類された県のなかに入っていた。十一の県が北部の一貫して右翼であったグループからえらびだされた。ブルターニュと南部の二、三の孤立した県は、オーブ、カルヴァドス、ウール、マンシュ、オルヌ、パ＝ド

＝カレ、セーヌ＝エ＝マルヌ、セーヌ＝エ＝オワーズ、セーヌ＝アンフェリユール、ソム、の各県をのこして除外された。一貫して左翼であったグループからは九つの県がえらばれたが、これらの県はみな、中部および南西部の地方に属していた（ただしヴァンデ地方の諸県は、その情況が独特であったため除外した）。左翼の県の相対的に低い亡命率と処刑率は、この限定された比較においては、左翼も右翼もこの点では平均をはるかに下まわっていたという事実によって劇的に影をうすくされている。一貫して政治的に明確な態度をしめした県は、恐怖政治期にほとんど外傷的な経験をもたなかったのである。議会の左派の中核も、その右派の中核も、革命の一〇年間のもっともドラマチックな経験に対応して形成されたのではなかった。しかし、社会経済的相違は印象的である。右翼の地方は富裕で読み書き能力が高く、左翼の地方は相対的に貧困で、都市化されていないことが明白であり、文盲率が高かった。これらは、ふたつの明白な農業的後背地だった。一方は、近代的で富み、パリに近く、他方は、後進的で、文化と商業の主流から遠くへだたっていたのである。

一八世紀における統計的測定の不十分なところを考えれば、たとえ分離してとりあつかう場合でも、社会経済的要因のはたらきを正確に把握することは困難である。たとえば、反革命は都市化の速度の不均等によって助長された、というチャールズ・ティリーの仮説を検証することは不可能である。というのも、各県について入手しうる情報は都市化の水

表3——サンプルとしてえらばれた諸県の社会経済および政治にかんする統計（平均）

サンプル・グループ	読み書き能力（%）	都市化（%）	地租（1人当たりのフラン×1000）	聖職者の誓約（%）	恐怖政治に関連する死	亡命（人口10万人当たり）
左翼（N＝9）	19	11	75	50	4	263
右翼（N＝11）	54	18	118	57	12	330
全県（N＝83）	33	17	84	53	45	452

資料：表1と表2を参照。

準を説明するものであって、都市の発展の速度を説明するものではないからである。[*33] しかも、社会経済的要因は分離したかたちで適切にとりあつかうことができない。というのも、その影響はコンテクストによって異なるからである。たしかに都市化は、問題を照らしだす一例である。[*34] 表2と表3は、首尾一貫して右翼に投票した県と右翼に移行した県がともに、高度に都市化されている傾向があったことをしめしている。しかし、全県をいっしょにとりあつかった場合の相関関係が不完全であること（付録Aの相関行列）は、都市化の水準が多様な、矛盾しさえするような政治的影響を助長したことをしめしている。都市化は、一七九七年には右翼にたいする支持（r＝0.64）と、一七九八年には左翼にたいする支持（r＝0.41）と、一七九九年にはボナパルトにたいする支持（r＝0.41）とポジティブに相関していたのである。いいかえるならば、高度に都市化された県は、ときとして年ごとにその政治的忠誠を変えたのであり、都市化の速度だけをとりあげてみても、さまざまな県がどのような政治的選択をおこなうかを予言することはできないのである。

ここで提示されているのは、地方ごとに異なる政治文化の展開にかんする一連の仮説である。これらの仮説は、表1から表3において提示された情報と矛盾しないが、しかし、数量的手段によっては検証されえない。地方の政治文化は、社会的・経済的要因によってもうけられた制限の範囲内で展開したが、しかし、そのような要因の政治へのたんなる翻訳以上のものであった。現地の政府の代理人はただちに、地域・地方の政治を理解する鍵が同心円的な人間関係にあることに気づいた。政府は、情報を手にいれるために個人的な手づるをあてにし、競合する政治組織は、選挙で勝利をおさめるためにそのような手づるをあてにしていた。ある県の代理人が一七九八年に内務大臣への書簡で書いたように、「どの小郡にも共和政にほんとうに愛着をいだいている、ある程度の数の活動的で有徳の人びとがいます。彼らは、共和政にたいして敵意をもつ者の活動を無害とし、さまざまな選択をフランス革命の方向にむけるために必要なあらゆる影響力を保持しています」[*35]。ジャコバン主義と王政主義は、パンフレットや小冊子、新聞によってひろめられたが、しかしそれらは、そのメッセージがある人から他の人へと、ある村から他の村へと、あるクラブから他のクラブへと伝達されたときにのみ根づいたのである。ある地域ではジャコバン派のメッセージが他の地域よりもより遠くに、より速く伝わったが、他の地域では、革新への抵抗や復古へのひそかな支持が勝利をしめた。このような多様性は、さまざまな形態の政治的関係への加入の地域的パターンのなかにもとめられねばならない。

共和政にたいして軍事行動をとった多くの農村の擬似軍隊的部隊にくわえて、民衆的王政主義が、保護－被保護関係を利用して、もっとも大きな都市に拠点をきずいた。ある地域では連邦主義者のネットワークが最初にこのパターンを確立したかもしれない[36]。民衆的王政主義は、一七九四年以後パリやリヨンで強固な基盤をきずき、役人たちは、それが他の大都市からも外部に拡がるのではないか、と恐れた[37]。たとえば、一七九九年のあるヒステリックな警察報告は、ルイ一八世の支持者たちがボルドーに巨大な擬似軍事組織をもっている、と主張した[38]。一七九九年四月のある公式報告は、たった八つの県のみが確実に共和主義的であると考えることができるだけだ、と結論づけた。クルーズ、ムルト、オート＝ソーヌ、オート＝ピレネ、フィニステール、ジュラ、オート＝ガロンヌ、そしてピレネ＝ゾリアンタルの各県がそれであった。意味深長なことに、これらの地域にはたったふたつの大都市（ナンシーとトゥルーズ）が存在するのみであった。そのときまでに、他の大都市はすべて疑わしいものとなっていたのである[39]。

リヨンやマルセイユのような都市の研究は、大都市にはしばしば職をうしなった日雇い労働者や賃金労働者が大量に浮遊していて、これらの労働者は、ソブールによってえがかれたもっと安定した戦闘的なサン＝キュロットとはあまり似ていない、ということを明らかにした[40]。食糧不足の時期や政治的に不安定な時期には、彼らは容易に、保護－被保護関係のまわりに組織された右翼グループに徴募された。たとえば、一七九六年のボルドーにおいて警察は、反ジャコバンの暴動が、その都市の富裕な商人や商店主によってぎゅうじられていたシャルトロン地区の仕事場や倉庫の多くの労働者や職人をひきつけた、と報告した。[*41] 恐怖政治期に考察をかぎりさえすれば、パリはこの点で例外のようにみえる。この時期ジャコバン派は、職人や賃金労働の人口のある部分を動員することに成功したからである。一七九四年以後には、共和主義右派がパリでもまたその支配を確立した。フランス革命前の数十年間における急速な都市の発展、凶作と戦争に関連するさまざまな欠乏によってひきおこされた経済的混乱、地元のクラブの分解以後の民衆の無関心、恐怖政治によってひきおこされた厳しい分裂（高度に都市化された県ではより多くの処刑がおこなわれた）、さらにはプロテスタントとカトリックのあいだの宗教的闘争——これらすべてが、大都市における政治の混乱と激変に寄与したのである。[*42]

南西部と中部－西部の左翼の県は、工業や商業の新しい中心地に対立するものとしての少数の「旧」都市（ある人びとが“villes-villes”とよんできたもの）のまわりに密集していた。「赤い」トゥルーズは、総裁政府体制にとってそれらのうちでもっとも大きく、もっともやっかいな都市だったが、しかし、そこでのジャコバン派やネオ・ジャコバン派は、南西部の多くの同じような町にそれに照応する組織をもっていた。たとえば、ウォロックは、一七九八年の選挙にかんする研究で、ブリーブ、チュール（ともにコレーズ県）、ペリグー（ドルドーニュ県）、オシュ（ジェール県）、クレルモン、イソワール（ピュイ＝ドーム県）にジャコバン派の重要な拠点を見出した。[*43] これらの町はすべて、それらが位置する相対的に後進的な地方において大きな影響力と威信を伝統的にもっていた。そして、それらの町はどれも、急速に発展する工業や製造業の中心地ではなかったが（それらの多くは、すべてではないにしろ、相対的に停滞的と性格づけられえた）、しばしば貧困で、たいてい読み書き能力が低い後背地の商業的・文化的中心地としてじつにきわだっていた。

南西部のこれらのあまり大きくはない都市は、左翼の伝統の持続的な中心地となった。というのも、そこでのジャコバン派は、都市部のみでなく、周辺の農村地帯でも影響力を確立しえたからである。たとえば、ボワのサルト県にかんする研究は、一七九二〜九三年のジャコバン派がさまざまな町（とくにル・マン）や市場町に本拠をおいていたこと、そして彼らがこの県の東半分と県の選挙を支配することができたこと、を実証している。彼らの支配はその県の東半分の農民の貧困によって可能となったのだが、この貧困のために農民はつぎつぎと、町で設立された生活補助的な織物工業によってつくりあげられた諸関係に依存していった。ちょうど都市の商人が取引関係をとおして農村に浸透することができたように、ジャコバン派もまた、その新しい政治的関係によって農村に浸透することができたのである。サルト県の西半分におけるように、彼らが［この県の東半分よりも］もっと繁栄し独立した農民層によって抵抗をうけたところでは、フランス革命は失敗し、反革命的運動が拠点を確立することができた[44]。

マルセル・レナールは、どのようにしてこのような浸透が一七九四年以後サルト県で継続したのか、を説明した。一七九八年のジャコバン派の復活の時期に、ル・マンのジャコバン派は〈憲法擁護クラブ〉を設立したが、その影響はただちにひろまった。このクラブは、ほとんどdécadi〔旬日〕（革命暦における休息日）ごとに近隣の町や村への行列行進を組織し、その参加者たちはその地で自由の木を植え、「市民スープ」を提供した。そしてこれが、新しい〈憲法擁護クラブ〉の設立となって実をむすぶことになったのである。それからまもなく、他のクラブが同じ行列行進を組織していた。これらのクラブがもっとも成功をおさめたのは、県の東半分、つまり、もっと以前にジャコバン派によってすでに味方にひきいれられていた例の東半分だったのである。それらのクラブは、総会で選挙のための候補者リストを作成し、それからそれを回覧した[45]。

左翼に投票した中部や南西部の県では、同じような筋書きが何度もくりかえされた。ジャコバン派は、かならずしも大衆の熱狂的支持を獲得していなかった。一七九八年にヴィエンヌ県行政当局が主張したように、「民衆の大部分は、フランス革命においてはまったく重要ではないのである[46]」。しかしジャコバン派は、選挙での成功のために活発に働く断固とした回心者を獲得していた。ヴィエンヌ県の首都ポワティエでは、その地の〈憲法擁護クラブ〉が一七九八年の春までに六〇〇人の会員を擁しており、その県のほかの町のより小さなクラブと提携していた。一七九八年の成功は、一般に、フランス革命の初期の獲得物を反映していた。たとえば、ジェール県では、一七九一年三月にパリのジャコバン・クラブと提携していた一四のジャコバン・クラブがあった。オシュのクラブはその最大のものであり、そして、トゥルーズのもっと大きなジャコバン・クラブと緊密に提携していた。*47 アリエージュ県では、トゥルーズのジャコバン・クラブの影響がひじょうに大きくて、県行政当局が内務大臣に文句をいうほどだった。*48 小さな村のクラブは、より大きな都市のクラブと提携していた。そしてこのより大きなクラブは、おたがいどうしで、そしてパリのそれと提携していたのである。

ジャコバン・クラブの商人、法律家、小売商、職人がこのような大きな影響力を行使しえたのは、部分的には、これらの県で彼らのライバルがほとんどいなかったためであった。parlements〔高等法院〕があり、それにともなう司法官の貴族支配層がおりながら、首尾一貫して左翼の県の都市であったのは、トゥルーズ、グルノーブル、ドゥエのほかにはなかった。しかも、聖職者は、フランス革命にたいしてあまり共感をしめしていなかった。その結果、町や市場町のより下っぱの人びとが、新たな種類の権力を行使するための比類のない機会をもつことになった。中部や南西部では、こういった集団が相対的に少ない読み書きできる人びとのなかにいた。フランスの南部は全体として、北部よりも読み書きできる人の率が低かった。そして町と農村のあいだの読み書き能力のギャップは、一般に、新興の工業都市が存在したために読み書き能力がしばしばきわめて低率であった北部よりも南部においてはるかに大きかった。[*49] たとえば、読み書きができず、フランス語でないことばを話すコレーズ県の農民は、ブリーブやチュール〔コレーズ県の町〕の指導にしたがいがちであった。それにたいして、読み書きができ、繁栄していたカルヴァドス県の農民は、カーン〔カルヴァドス県の町〕の知的・政治的指導に従属することがより少なかった。

ちょうど共和主義的な名士の支配が左翼の県では上からの挑戦をうけなかったように、それはまた下からの脅迫もうけなかった。左翼の県（概して例外的なノール県をのぞいて）はどれも巨大な労働者階級集団をともなう大都市（たとえば、北部のルーアンや南部のマルセイユに対応するような都市）をもっていなかったので、これらの地方におけるブルジョワやプチ・ブルジョワの指導者は、非熟練の、しばしば失業し飢えた下層の民衆の動員によって生じる問題に直面しなかった。労働者や在住貴族、宣誓拒否司祭、分裂したブルジョワジーが存在する大都市の緊張状態をまぬがれたため（また、ノール県のほかには、左翼の県には大規模で富裕な商人社会は存在しなかった、少なくとも、たとえばボルドーやナントに匹敵しうるものはまったくなかった）、左翼の県の相対的に二流のブルジョワジーは、共和主義の見習い訓練にじゃまされることなく従事することができたのである。

こうして、逆説的に、左翼——運動のグループ——の政治文化は、相対的な社会的安定、おそらくはまさしく経済的停滞というコンテクストにおいてもっともよく根づいたのである。急速に変化している政治的世界のさなかにあっては、社会的・経済的近代化の苦しい経験を味わうことがもっとも少なかった人びとが、新しい政治秩序の到来をもっともまちのぞんでいたのだった。

逆に、右翼の共和主義と王政主義は、社会的闘争の可能性が大きかった地方に住んでいた政治的名士にアピールした。たとえば、サルト県のような農業県における織物工業は、貧しい農民に余剰収入をもたらし、共和主義的なブルジョワジーにとって有利な保護－被保護関係を強化したが、しかしもっと都市化された県における織物工業は、農民を土地からひきはなして都市に流入させたため、ブルジョワの支配にたいする彼らの潜在的脅威はいっそう大きなものとなった。これらの県における名士は、失業して反抗的な労働者群に直面して右翼にむかった。デモクラシーと平等は、彼ら名士にとっては異なった、より不吉な響きをもっていたのである。フランス革命は、政治的動員にともなう危険をまざまざとしめしたのだった。同様に、北部の大農場や穀物生産地方における新旧の地主は、土地のない農民や小農を動員することになんらのメリットも見出さなかった。急速な近代化と経済成長の経験は、右翼の政治の発展にとって有利な政治文化を助長したのである。たとえばボナパルトのクーデターは、都市化、読み書き能力、富、そして先行する右翼への支持とポジティブに相関していた（付録A）。*50

対照的に、南西部や中部－西部の相対的に未発展の地域におけるより抑制された民衆動員は、ジャコバン派に有利にはたらいた。少数の都市と小さな町の出身のジャコバン派は、大半のクラブだけでなく、多くの新しい地方官職を支配することができた。そしてこれらの地域におけるクラブや官職は、サン＝キュロットの上層や共和主義的ブルジョワジーを統合した（トゥルーズにおけるこのプロセスにかんしては第五章を参照）。パリから離れ、急速な経済発展にともなう緊張からまぬがれ、大きな宗教的分裂のなかった地方において、その地の共和主義は繁栄したのだった。心の底から語ることの強調、素朴な民衆の徳、そして教化主義の政治はすべて、そのような地方ではただちに応答する聴衆をもっていたのである。

全国に基礎をおいた数量的分析は、地域のレベルでの政治文化のはたらきを明らかにすることはできない。それはむしろ、どのようなコンテクストにおいて異なった政治的選択がでてくるのか、を示唆するのに役立つ。とはいえ、数量的分析の数値は、ある種の説明を決定的に排除する。たとえばこの分析は、一七九三〜九四年のジャコバン派とサン＝キュロットの同盟の重要性にもかかわらず、パリが国民的政治のモデルではなかったことを、少なくとも永続的な左翼政治のモデルではなかったことを明示している。同時にこの統計的分析は、革命期のフランスが極端な個別独立主義によって特徴づけられていたのではなかったことを示している。フランスは、地区、村、町、県の寄せ集めではなかった。たしかに、フランスは、階級のあいだに、地方のあいだに、あるいは近代性と後進性のあいだに整然と区分されることはなかった。北部のブルジョワジーは、南部のブルジョワジーとは異なる選択をした。北部の地方は左翼になり、南部の地方は右翼になった。後進地域のなかには右翼の地域もあったが、左翼の地域もあった。しかしこれらの区分は、偶然ではなかった。左翼は、町や村のジャコバン派が自由や平等や友愛のレトリックに好都合な関係や組織を発展させることができたところで選挙に勝利した。そして右翼は、王政派および／あるいは秩序の共和国の支持者が彼らに依存する者を煽動して革新的な共和国に対抗する運動にひきこむことができたところで選挙に勝利したのである。

左翼と右翼の相違をもたらすいくつかの要素がここでは示唆されたが、ほかの要因は不可解なままである。たとえば、特定の地方の文化的要因がどのようにして政治の展開に影響をおよぼすのかは、ほとんどわからない。一八世紀のフリーメーソンの制度にかんする最近の研究は、会所《ロッジ》の分布が人口密度や地方の富のパターンや読み書き能力に照応していなかったことを明らかにしている。けれども、フリーメーソンの会所がある人口二〇〇〇人以下の町の地図は、一七九〇年代における左翼の成功とのいくつかの興味ぶかい並行関係を示唆している。そのような町が存在する密度は、フランスの南西部においてもっとも高く、北部半分でもっとも低かった。*[51] それゆえ、フリーメーソンの会所がそのままジャコバン・クラブになったのではなかったが、*[52] フリーメーソン主義もジャコバン主義も、明白な政治的結果をともなう社会的・文化的傾向を反映していたことはありうる。南西部の小さな町の社会的紐帯によって、そこの居住者は、共和国の約束をよりすすんで受けいれるようになったのかもしれないのである。

以上のような分析の限界をともなうとはいえ、革命の政治地理学は、いくつかの新しい研究方向を示唆している。なぜ政治は、地方的基盤をもったのか。四つないしは五つの異なった地方があったとすれば（反革命の西部、右翼の北部、左翼の南西部、移り気でしばしば暴力的な南東部）、何がこれらの区別を説明するのか。そのような地方ではどのようにして政治文化がかたちづくられたのか。そのような問いはいまだ完璧な解答を得ていないが、革命の政治地図そのものは、多くの興味ぶかい話を教えてくれている。革命的レトリックは、国家の周辺に、つまり経済的・社会的・文化的停滞地帯に住んでいた人びとにアピールした。けれどもこれらの人びとは、革命への参加と帰属という点で最前線に位置し、政治が日常生活を、しかもそれとともに人間の性格を変えることができるのだ、と信じていた人びとだったのである。以下の諸章では、どのような集団がこのプロセスにおいて先頭に立ったのかを確定するために、場所から人に注意がむけられよう。

第五章　新しい政治階級

The New Political Class

革命家の社会的出自にかんする最近の研究はたいてい、ふたつの明白に対立する陣営にわかれる。一方の側では、最近のアルベール・ソブールやマルクス主義者の彼の弟子たちが、ジャコバン派やサン＝キュロットの組織され、イデオロギーにもとづいて参加した活動を強調している。[*1] 彼らの著作においては、革命家たちは明確な主義をもった闘士としてあらわれるのであり、ある社会的見解（平等主義）を共有し、たとえ一時的ではあっても、共通の政治的目標（たとえば共和国の防衛、デモクラシーへの信仰、アンシャン・レジームにたいする敵意など）によってきわめて緊密にむすびつけられているのである。この見方では、ブルジョワのジャコバン派とプチ・ブルジョワのサン＝キュロットのあいだの革命的同盟は、最終的にブルジョワジーの利害に奉仕したのである。

他方の側では、修正主義者たちが、あらかじめ予想しうるどのような社会階級の枠組みにも合致しない多様な集団のより高遠でない利害に注意をうながす。アルフレッド・コバンは、革命的ブルジョワジーは「勃興しつつある」資本主義的な商人や製造業者からというよりも「没落しつつある」知的職業人や国王役人から構成されていた、と主張した。[*2] リチャード・コッブは、もっと極端な修正主義者の調子で、闘争性の個人的・心理的土台に関心を集中する。彼の見方では、たとえばサン＝キュロットは、「造化のたわむれ、社会的・政治的・経済的な実在というよりも心の状態」だった。[*3] コッブや彼の弟子たちの研究では、革命家たちは、通常の社会にとってまったくマージナルであるようにみえる。彼らは、永続的な新秩序の建設者というよりも社会的・政治的崩壊の所産なのである。

フランス革命の社会的解釈にかんする論争の多くは、きわめてかぎられた証拠、たとえば、ある都市におけるサン＝キュロット運動の社会的構成とか、ひとつないしはふたつの国民議会における議員の職業的出自とか、たんにある議会における党派間の相違だとか、にもとづいてなされてきた。[*4] 私の考えでは、革命期の政治的行動の社会的コンテクストには三つの明確な要素があった。地理的環境、社会的出自、文化的な紐帯と価値である。第四章では、政治的行動が明白な地方的パターンをもっていることが明らかにされた。もっとも革命的な県は、地理的に周辺に位置し、経済的・社会的・文化的に相対的にめぐまれていなかった。本章では、革命エリートの社会的出自が包括的に検討される。証拠の再検討によって、新しい政治階級は、職業的に定義される社会集団の一員であったことにおとらず、文化的な位置や関係によっても規定されていたことが示唆されよう。

アルフレッド・コバンは、憲法制定議会（全国三部会への第三身分からの代表）と国民公会の職業分析を基礎にして、「officiers〔保有官僚〕〔国王役人、彼らは大部分が世襲の官職を保有していた〕や自由業の人びとが革命を準備し、指導した」と主張した。[*5] フランス革命の指導がたんに少数の国家指導者に帰されうるかどうかが疑わしいのみでなく、コバンの主張は全面的に正確なわけではない。彼が調査を総裁政府期にまでひろげていたなら、彼は、保有官僚の割合が、国家の立法府においてさえも、全国三部会の議員のほぼ二分の一から conventionnels〔国民公会議員〕の四分の一たらずへ、さらには総裁政府の議員の八分の一たらずへと低下したことを発見したことであろう。[*6] アンシャン・レジームの官僚がフランス革命を指導したのではなかった。彼らは革命初期には大量に参加したが、その後着実に脱落していったのである。

それでもまだ、国家の議員にかんするコバンの評価ののこりの半分は、いぜんとして正しい。すなわち、彼らの大多数は、たとえ以前の国王役人ではなかったにしても、訓練をつんだ法律家や知的職業人だったのである。商人が立法府の議員の一四パーセント以上をしめることはけっしてなかった。しかも、商人の人数は革命の一〇年間にたえず減少し、総裁政府の議会においては議員の四パーセントにまで減少したのである。[*7] 商人出身の議員が着実に減少したことは、立法府がしだいに専門化していったことを示唆している。有権者は、しだいに、うやまうべき名士よりも職業的政治家を好むようになっていったのだ。このような好みのひとつの指標は、国家の議員の年齢である。彼らが地方の議員より歳をとっているということはけっしてなかった。つまり、彼らは、地元のレベルで古参であるとか名が知れているとかという理由によってよりも政治的技量がすぐれているためにえらばれたのである。たとえば、一七九五年の総裁政府の議員の平均年齢は四三歳だった。一七八九年には、憲法制定議会の議員の三二パーセントが四〇歳以下だったし、一七九三年には、国民公会議員の四六パーセントが四〇歳以下だった。そして一七九五年には、総裁政府の議員の四〇パーセントが四〇歳以下だった。[8] 地方のレベルの指導者もほぼ同じ年齢であった。たとえば、ナンシーでは、市議会議員の平均年齢は、立憲王政下で四三歳、恐怖政治下で四三歳、総裁政府下で四七歳だった。[9] いいかえれば、国家の議員は、地方の議員と同じ人的要員から選出されたのである。

議員たちは、一般に、なんらかの政治的経験をつんで国家の役職についた。しかしその経験の性格は、革命の全期間にわたって変化した。以前の国王役人の数が減少しただけでなく、以前の議員の比率もまた減少したのである。国民公会の議員のたった三七パーセントのみがそれ以前に議員としてつとめていたにすぎなかった。そして国民公会の残党が、最初の総裁政府の議会はその成員の三分の二をその直前の国民公会議員から選出しなければならない、と法令でさだめてさえ、conventionnels〔国民公会議員〕の比率は、共和暦二年の六七パーセントから共和暦七年の一二パーセントへと、選挙のたびごとに劇的に低下した。(一七八九~九四年のあらゆる立法府をふくめて)以前の立法府でつとめていた議員の数は、共和暦四年の七七パーセントから共和暦七年の一六パーセントへと低下した。共和暦七年までに、全議員のたった四パーセントのみが最初の憲法制定(あるいは国民)議会において議員であったにすぎなかった。[10] 議員たちは、新たにその職についた人びとの波によってたえず圧倒されつづけた。このような情況のために、幻滅を感じたある観察者はつぎのように断言する気になった。「人はその張本人[フランス革命のもめごとの原因」を、みずからと同様に新しい職にとつぜんついた新参の人びとの殺到にもとめざるをえない……これらの新参の人びとは、党派的な人びとのなぐさみものとなるだろう」[*11]。専門職化は、官職の永続性を必然的にともなったわけではなかったのである。

多くの議員は、はじめて国家の官職についたのだが、地元の事柄においてかなりの経験をすでにつんでいた。国民公会議員のほとんどすべて（八六パーセント）がすでになんらかの革命期の官職についた経験があり、共和暦七年においてさえ、総裁政府の議員の四分の三は、すでに地元の官職の仕事を経験していた[*12]。このように、新しく、相対的に若い人びとがパリの政治的舞台にあらわれつづけたのだが、彼らは、その新しい職につくまえに専門教育とともに政治的経験をつんでいたのである。くわえて、議員たちは、同じルートをとおってパリにやって来つづけた。準備のためのもっとも明白な職のひとつは、県の行政職だった。アリエ県の一一人の行政官僚（procureur général-syndic〔県代理官〕、それから〔共和暦三年憲法で県代理官が廃止されて以後は〕commissaire du pouvoir exécutif〔政府委員〕）のうち四人は、ひきつづき国家の議員としてつとめつづけ、ほかの県会議員の一〇人も同じように昇進した。マルヌ県では、九人の行政官僚のうち三人が国家の立法府でつとめ、オート＝ソーヌ県では、一〇人の県会議員が国家の議員となった[*13]。逆に、フランス革命の初期の議会で議員をつとめた人びとは、故郷にもどり、地元の官職につくのが一般的だった。たとえば、エティエンヌ・ドゥイエは、一七九〇年にアリエ県の県会議員に選出されたとき三六歳の公証人だった。立法議会で議員をつとめたのち、彼は、故郷にもどって恐怖政治にはくわわらなかった。共和暦三年に自分の所属する郡の行政官に選出され、それから共和暦四年にふたたび県会議員に昇進した。それから彼は、ナポレオンによって生まれ故郷の町の町長に任命された。[*14]

ドゥイエの経歴は、革命政治を安定したものとしていた特徴のひとつに注意をうながす。つまり、役人はふつう特定の官職に長期間とどまることはなかったが、しばしばある官職を去ると別の官職についたのである。このような役人の循環によって、政治家がおたがいになじみとなり、しかも行政のさまざまなレベルで遭遇する問題に習熟することになって、新しい政治階級の形成が容易になったのである。県の行政職は、このような連動する政治システムにおける重要な媒介環であった。というのも、国家の政治的利害を追求するために必要とされる時間と金と技量をもった人間は、一般的に、県の行政職のどこかに見出されたからである。

予想されるであろうように、県の行政職は、大部分、法律家、公証人、そしてますます革命官僚としての経歴をつんでいた人びとによって補充された。ロラン・マルクスによれば、オー＝ラン県では、県の行政機関にはほとんど商人はおらず、職人は事実上いなかったが、法律家が高い比率でふくまれ、大学教師や役人や医者などが混じった「ブルジョワ的な知的専門職」がふくまれていた。オー＝ラン県でも、バ＝ラン県でも、有権者は、町長や行政官をやめたばかりの人や地区の役人といった、政治的経験のある人間にたいする好みをしめしたのである。これらふたつの県の行政官の多くは、都市の住人であり、ごく少数のものが農民（laboureurs〔経営農民〕あるいはcultivateurs〔耕作農民〕）であった。*15

中部フランスのアリエ県では、法律家がはるかに多かった。すなわち、職業が記録されている行政官の五九パーセントは、法律家かアンシャン・レジームの裁判管区の官職保有者だったのである。相対的に都市化のおくれたこの地方では、地主が影響力をもっていた。つまり、その行政官の二三パーセントは、propriétaires〔土地所有者〕と自称していた。のこりは、医者や商人、聖職者、退役した軍隊の将校だった。職業がなんら記録されていない行政官は、そのかわりにしばしば、町長とか郡役人とかいった地位が引き合いにだされていた。アリエ県でも、アルザス地方の県と同様、政治的経験は不可欠であった。すなわち、一七九二年八月以後にえらばれたこの県の行政官の四三パーセントは、かつての郡役人であった。そして総計すれば、共和国のもとで行政官であった者のほぼ四分の三が、県議会に指名される以前に革命期の地元の官職についた経験をもっていた。*16

農村の地主は、アリエ県ではある程度の影響力をもっていたが、フランスのどこでも県議会を支配していることはないようにみえた。一七九〇年のマルヌ県では、法律家と知的専門職の人びとが農村の土地所有者（彼らの生計を土地だけでたてていた人びと）より、二対一以上の比率で多かった。そして一七九二年の県議会には、地主（六人）よりはるかに多い商人（一〇人）がいた。オート＝ソーヌ県の議会は、アルザスのそれと似ていた。すなわち、一七九〇～九一年には、県会議員の六〇パーセントが法律家かアンシャン・レジームの役人であり、一八パーセントが商人、たった四パーセントのみが農村の土地所有者だった。そして一七九二～九四年には、五〇パーセントが法律家かアンシャン・レジームの役人であり、一二パーセントが商人、六パーセントが農村の土地所有者だった。ムルト県では、商人の代表の少なさは極端だった。すなわち、一七九〇年にはひとりの商人も小売商も県議会に選出されなかった。県議会には、五八パーセントの法律家と一一パーセントの農村の土地所有者がふくまれていたというのに、である。[17]

県ごとの職業的混成の変化にもかかわらず、一般的なパターンは明白である。つまり、地方レベルの新しい官僚層は、圧倒的に、まずもって都市的職業によって識別される都市民から構成されていたのである。この点においてもまた、県の役人は国家の議員ときわめて似ていた。これらの議員の約三分の一は、全人口の二〇パーセントにみたない、五〇〇〇人以上の人口をもつ都市の出身であった。[18] そのような都市エリートの地方支配は、ナポレオンの治世の最後の時期においてさえつづいていた。すなわち、一八一〇年の名士の四〇パーセントは、フランス革命以前には知的専門職の人びとか役人か商人だったのであり、それにたいして、地主は三四パーセントだった。[19] これらの人びと、革命期の官僚やナポレオン期の名士の多くの者にとって、ひとしく土地が地元での威信の重要な要素であったことは、疑いようがない。それにもかかわらず、国家や地方のレベルで政治的に卓越していたのはイギリス型のジェントルマンという農村階層ではなく、政治的経歴を展開するための機会をつかんだのはむしろ何千人もの都市の知的専門職の人びとだったのである。

国家の立法府においてと同様に、県においても、以前の国王役人がフランス革命の初期にはきわめて大きい影響力をもっていた。ムルト県やシェール県では、国王役人の数は三九パーセントと高かった（一七九〇年の選挙）が、しかしほかの地方では、彼らの存在はより限定されていた。すなわち、一七九〇年に、アンドル県では一九パーセント、オート＝ソーヌ県では一四パーセント、そしてアン県ではたった八パーセントだった。史料の不備のために徹底的な比較はできないが、国王役人の排除は、どこでも共和政下でより明白になったようにみえる。たとえば、アリエ県では、一七九〇年に選出された行政官の一一パーセントが以前の国王役人であったのにたいして、一七九二年にはたった一パーセントが国王役人であったにすぎなかった。[20]

国王役人の減少は、地方的・国家的レベルでは商人層の利益とはならなかったが、都市では商人がみずからの地位を維持したかもしれない、ということを証拠は示唆している。マルセイユでは、一七九〇年に選出された市議会議員の半数以上が貿易商や製造業者［négociants や fabricants］であると確認されたし、法律家だと名のる者はまったくいなかった。もっと小さな内陸部のアンジェのような都市においてさえも、商人は一七九〇年から一七九五年にかけて市議会の唯一最大の集団だったし、しかも、一七九六年から一七九九年にかけて、職業がわかっている者のなかで商人のしめる比率は、三五パーセントから六五パーセントに増加したのである。法律家は二番目だった。[*21]

とはいえ、大都市のエリートにかんする証拠は、大部分、断片的である。それは、フランス革命期のある都市の限定された一時期にのみ関係するのが一般的である。われわれの知識におけるこのギャップには注意しなければならない。というのも、地元において選出された役人は、フランス革命期にはいつになく重要であったからである。彼らは、さまざまな憲法によって大きな権力を付与されており、しかも、たびかさなる危機のさいにその権限をしばしば拡張したのである。とりわけフランス革命の初期には、官職は熱心にもとめられた。新しい秩序の形成に関心をもつ者はだれでも、影響力と権威のある地位を手にいれようとしたのである。そしてこれらの官職はすべて、選挙でだれでも手にいれることができた。ある意味で、地元のレベルでは、「評判のよい」エリートと「地位のある」エリートのあいだにはなんらギャップがなかった。なぜなら、政治がいつもどおりではなく、影響力をあたえるためには地位を必要としたからである。[*22] 新秩序の性格はあまりにも不確かで、舞台裏で恒常的に操作することをゆるさなかった。恐怖政治の混乱とそれにともなうパリからの干渉ののちでさえも、地元の名士たちは、地元の事柄において影響力をもたなければならないとすれば、独力で官職を手にいれなければならなかったのである。地元のレベルでは、官職は権力を意味したのであった。

商人が政治的な事柄において発言権をもつと想定されるような場所があるとすれば、それは大都市においてであった。地元のレベルでのさまざまな社会集団の運命を組織的に比較するために、私は、検討の素材として四つの大都市をえらんだ。アミアン、ボルドー、ナンシー、そしてトゥルーズは、地理的にも政治的にも、異質の都市だった。それらの都市はすべて、行政、市場での売買、サービス、文化の大中心地だったが、国家の異なる四つのコーナーに位置し、それぞれ異なる政治的色彩をもった四つの県の中心地として存在していた。

アミアンは、パリの北方に位置するソム県（地図1）の中心都市であり、行政の拠点であった。この都市は、ゴシック様式の大聖堂と毛織物製品で知られており、後者は、四万人のアミアン住民の大多数に仕事を提供していた。*23 アミアンは、断固とした共和主義的都市にはけっしてならなかった。一七九五年十一月に、五百人会からの派遣議員は、「この都市の市民たちにふたたび彼ら自身の平穏を保障するはずだったテルミドール九日［ロベスピエールの失墜］が、反対に、彼らの王政派的希望をすっかりめざめさせてしまった」と報告した。*24 それから二年後、県と市の行政当局者はともに、王政派の嫌疑で資格をとりけされた。一七九九年に政府がふたたびはじめた徴兵の努力は、「ジャコバン派打倒、政府打倒、乞食をやっつけろ、国王万歳、ルイ一八世万歳」という叫びにみちびかれた大規模なデモをひきおこした。[*25] したがってアミアンは、北部で右翼の、製造業の都市を代表するものだった。

三万三千人の人口をもつナンシーは、ロレーヌ地方の州都であり、東部の文化的中心地であった。ボルドーやトゥルーズのように、ナンシーは、高等法院すなわちparlementと一流の大学の所在地であった。フランス革命期のこの都市の政治的様相を特徴づけることは容易ではない。第四章で提示された分析によれば、ムルト県（地図1）は、革命の一〇年間に右翼から左翼に移行した数少ない県のひとつであり、政府筋は一七九九年にこの県を、少数の信頼しうる共和主義的な県のひとつと考えていた。とはいえ、この県の代表的な歴史家は、それを「［総裁政府］体制への無関心によってその衰退に寄与した穏和な県の好例」とよんでいる。[*26] 革命の一〇年間の終わりのこの県出身の議員たちの行動は、ボナパルティズムがそこで大きな支えを見出したことをしめしている。その議員団の半数は、統領政府への総裁政府の道を準備するという点で指導的な役割をはたしたのである。[*27] この県の行政官庁への総裁政府の委員は、一七九九年十一月のナポレオンのクーデタをすすんで受けいれ、内務大臣に、「最近のなりゆきの第一報を聞いたこの州都［ナンシー］の市民の大部分は、ただ信頼と喜びの感情のみをしめしている」と熱心に知らせた。[*28] 要するに、この県は、けっして権力の座にある体制への反対派の温床になることなしに、一度ならずその政治的忠誠を変えたのである。ナンシー市そのものはやはり分裂したが、しかし、恐怖政治も反恐怖政治の反動も、ほかの大都市で経験されたような混乱をなんらひきおこさなかった。ナンシーは、この点で、まさにどのような政治党派とも一体感をいだかなかったがゆえに、興味ぶかい。

ボルドー〔ジロンド県〕は、四つの都市のなかでは最大であった。一〇万人以上の人口を擁したそれは、トゥルーズの人口のほぼ二倍であった。それはまた、もっとも経済的に活気にみちた都市だった。ブドウ栽培兼ブドウ酒醸造業者（しばしば地元の高等法院官僚）と海運業者が地元と地方の経済を支配していた。[*29] 一七九三年にジロンド県は、連邦主義者の反乱にその名をあたえた。ただし、その〔ジロンド県出身の〕議員のすべてが政治的に「ジロンド派」ではなかった。とはいえ、ボルドー市は、その反乱を主導する中心地だった。連邦主義の敗北ののち、数十人の著名なボルドー人が地元の急進派が設置した軍法会議によってギロチンにおくられた。[*30] その後、振り子は大きく右に振れた。地元の役人は反革命主義者による「山賊行為」に不平をいい、そして一七九七年には、地元と県の選挙が王政派的であるとして無効とされた。[*31] それにもかかわらず、ボルドーは、（リヨンがこうむったような）徹底的な内戦の惨状をこうむらなかった。そして多くの点でそのフランス革命の経験は、他の大商港のそれに似ていた。

四つの都市のなかで、トゥルーズが疑いもなくもっとも逆説的であった。アンシャン・

レジームにおいては、ひじょうに富裕な高等法院官僚の集団が約五万八〇〇〇人の人びとからなるこの都市の社会的・政治的生活を支配していた。フランス革命の初期には、トゥルーズはほとんど注意をひかなかった。革命期のそこの当局者は、制度変革にたいする貴族や高等法院官僚の異議申し立てに直面して穏健なコースをたどろうとしたのである。何人かの指導者の共感にもかかわらず、連邦主義の反響もトゥルーズではかすかなものでしかなかった。[*32] とはいえ、一七九四年以後にこの都市は、ジャコバン派の拠点としてしだいに評判になった。たとえば、右翼が一七九七年に国家の政治を支配しはじめたとき、トゥルーズ市行政当局は「テロリズム」という非難にたいしてみずからの立場を弁護する覚書を書かざるをえなかった。彼らは、「共和暦四年の市議会に民衆によって選出された議員がかつての恐怖政治体制の臆病な道具であった、というのは真実ではない」と主張した。[*33] フランスの大都市のなかでトゥルーズだけが首尾一貫して左翼であったのであり、その結果としてそれは、相対的に広大な南西部地方（地図1、オート＝ガロンヌ県）におけるジャコバン政治の中心地となった。

ここでの比較の焦点は、以上の四つの都市の市議会である。それらは地元の唯一の政治機関ではなかったし、かならずしももっとも強力な政治機関でもなかった。ジャコバン・クラブは、しばしば、地元のことがらに非公式にではあっても強力な影響をあたえたし、さまざまな革命期の委員会の委員たちが政治的感情の潮流が変わるたびにやって来ては、

表4――アミアン、ボルドー、ナンシー、トゥルーズにおける市議会での職業代表。1790〜99年（パーセンテージ）

職業	アミアン (N＝84)	ボルドー (N＝195)	ナンシー (N＝129)	トゥルーズ (N＝112)
聖職者	0	1	2	1
法律業	17	13	35	21
ほかの自由業	4	16	11	15
商業・製造業	46	41	18	36
職人・小売商	22	23	24	18
軍人	0	4	5	0
農業	2	1	2	5
ブルジョワ*	9	1	3	5
職業不明	2	28	12	12

注：あげられているパーセンテージは、職業が判明したものにかんするもの。ボルドーにかんする数値は、信頼度がもっとも低い。職業が不明のもののパーセンテージはボルドーが最大だからである。

*――“ブルジョワ”はrentiers〔金利生活者〕とpropriétaires〔所有者〕、つまり、さまざまな形式の所有への投資によって収入を獲得し、なんら職業につかなかった人びとをふくむ。

去っていった。一七九三年から一七九五年にかけては、国民公会からの派遣議員がたびたび地元の紛争に介入した。したがって、市政の完全な自治は否認され、数カ月後に政治的風向きが変化したときはじめてもとの状態に復帰したかもしれない。だが、選出の規模や方法の変化にもかかわらず、市議会は、フランス革命期の地元の政治生活におけるもっとも恒常的で持続的な特徴だった。*34

問題の諸都市のあいだには社会的・政治的相違が存在したにもかかわらず、〔それらの都市の〕革命期の議会の職業構成は、全体としてきわめて似ていた（表4）。ナンシーをのぞくすべての都市で、商人と製造業者が優越しており、たいてい、職人と小売商が二番目だった（表を作成するにあたってもちいた方法にかんする議論については、付録Bを参照）。大都市においては、一七九一年にかんするバークの特徴づけはきわめて正確であった。彼がいうように、「金持ち、商人、主要な小売商、文筆家」が実際、「フランス革命の主要人物」*35だったのである。都市のエリートは、社会構成という点で、地方や国家のレベルのエリートとは劇的に異なっていた。法律家というよりは商人が、問題の都市のうち三都市の市議会で唯一最大の集団だったのである。国王役人は、地元のレベルでは、地方や国家のレベルと比べるとはるかに重要度が低かった。アミアンでは、たった三人のアンシャン・レジームの保有官僚が革命期の市議会で議席をしめたにすぎなかった。そして彼らのひとりは、bailliage［バイヤージュ］裁判所（高等法院の裁判管区下の地方裁判所）の司法官だった。国王役人でにぎわった都市ナンシーでは、一〇人（八パーセント）の国王役人がいたが、そのうち五人は、バイヤージュか高等法院に所属していた。以前の国王役人の多くは、フランス革命に積極的に敵対したか、公的生活からまったく脱落したのである。*36

商人が地元で権力の座についたことは、都市の政治において重要な変化だった。ダニエル・ロシュは、アンシャン・レジームの都市の名鑑にかんする研究で、問題の四つの都市で地元の名士として記録されている人びとの圧倒的多数が、聖職者、軍隊の将校、あるいは国王の民政における役人であることを見出した。商人は、アンシャン・レジームの都市の名士の一・二パーセント（アミアン）から五・五パーセント（ボルドー）をかぞえるにすぎなかった。[37] 商人は、アンシャン・レジームにおける地元の名士たちの末尾に位置していたのであり、名士リストで社会的階梯が彼らよりも低い位置にでてくる人はめったにいなかった。ボルドーとアミアンでは、商人集団は相対的に大きく、それゆえ、全面的に無視することはできなかった。ボルドーの商人＝海運業者は、地元の高等法院の富裕な貴族の司法官によってしばしば影をうすくされたが、しかしアミアンでは、商人がフランス革命以前の市議会でとくに十分な議席を獲得していた。たとえ市長や助役がほとんどつねに貴族によって掌握されていたにしろ、一七八二年から一七八九年のあいだのアミアン市議会の市参事会員（échevins）の三分の一は、商人だと名のった。[38] とはいえ、アミアンにおいてさえも、商人は、地元の政治的舞台を支配することからはほど遠かったのである。

ナンシーとトゥルーズでは、対照的に、商人は、一七八九年以前には相対的にほとんど重要性をもたなかった。彼らは、貴族でなおかつ、商人よりもはるかに富裕である者が多かった司法官や法律家の大規模で活動的な集団によって、大部分ないがしろにされたのである。ジャン・サントゥによれば、トゥルーズの平均的な高等法院官僚は、平均的な商人や製造業者の財産の八倍と評価される財産をのこした。トゥルーズの商人の人数さえ、一八世紀末までに現実に減少したようにみえる。[39] 官僚や自由業のメンバーにたいする商人のアンシャン・レジーム期の比率にかんするおおざっぱな数量的指数は、ナンシーやトゥルーズでは商人が相対的に弱かったことをしめしている。すなわち、アミアンについては一・二（つまり、一七七六年の capitation〔人頭税〕名簿によれば、自由業や官僚のメンバーひとりにつき一・二人の商人）、ボルドーについては一・五（一七七七年の人頭税名簿）、ナンシーについては〇・五（一七八九年の査定）、そしてトゥルーズについては〇・五（一七八八年の結婚契約書）であった。*[40] 貴族、聖職者、国王役人、そして自由業のメンバーがアンシャン・レジーム下の四都市すべてにおいて地元の政治を支配していたのだが、アミアンとボルドーの商人は、ナンシーやトゥルーズの商人よりも大きな権力をもっていたのである。

したがって、アミアンやボルドーの商人や製造業者が革命的情況からただちに利益をえたことは、驚くべきことではない（一七九〇〜九一年の社会構成にかんする表5と表6を参照）。とはいえ、恐怖政治期には、市議会における商人の議員数は減少し、職人や小売商の代表は倍になった。共和暦三年の反動によって、商人は権力の座にふたたびついたが、しかし彼らの優越性は、けっしてふたたび、一七九〇〜九一年ほどに絶対的なものとはならなかったのである。トゥルーズ、とくにナンシーでは、商人は、フランス革命の初期には法律家や自由業の人びとによって影をうすくされた（表7と表8を参照）。とはいえ、共和政のもとでは、ふたつの parlementaire〔高等法院所在〕都市は、異なった道をたどったようにみえた。トゥルーズの商人は革命の一〇年間にその代表をふやしたが、法律家は

表５――アミアン：市議会における職業代表の変化：1790〜99年（パーセンテージ）

職　業	1790〜91年 (N＝32)	1793〜共和第２年* (N＝28)	共和第３年 (N＝34)	共和第４〜７年 (N＝19)
法　律　業	25	12	18	5
ほかの自由業	3	12	0	5
商　　業	56	23	47	42
職人・小売商	16	38	26	32
そ　の　他	0	15	9	16
職業不明	0	7	0	0

*――アミアンは、1792年10月の法令によって命じられた選挙を1793年初めまで完了しなかった。

表６――ボルドー：市議会における職業代表の変化：1790〜99年（パーセンテージ）

職　業	1790〜91年 (N＝45)	1793〜共和第２年* (N＝92)	共和第３年 (N＝44)	共和第４〜７年 (N＝64)
法　律　業	21	8	9	10
ほかの自由業	5	21	20	24
商　　業	55	33	40	37
職人・小売商	17	32	20	20
そ　の　他	2	6	12	9
職業不明	7	32	20	36

*――ボルドーは、1792年10月の法令によって命じられた選挙を1793年初めまで完了しなかった。

表7 ――ナンシー：市議会における職業代表の変化：1790～99年（パーセンテージ）

職業	1790～91年 (N＝44)	1792～共和第2年 (N＝55)	共和第3年 (N＝30)	共和第4～7年 (N＝30)
法律業	53	26	24	25
ほかの自由業	7	15	8	21
商業	16	15	32	29
職人・小売商	12	36	32	11
その他	11	8	4	14
職業不明	2	15	17	7

表8 ――トゥルーズ：市議会における職業代表の変化：1790～99年（パーセンテージ）

職業	1790～91年 (N＝41)	1792～共和第2年 (N＝40)	共和第3年 (N＝35)	共和第4～7年 (N＝26)
法律業	35	9	18	9
ほかの自由業	5	29	15	9
商業	32	21	47	52
職人・小売商	11	26	9	26
その他	16	15	12	4
職業不明	10	15	3	12

衰退して重要性をうしなった。ナンシーでは、商人はこの時期その地位を改善したが、商人がほかの都市でもった優越性をもつにはけっしていたらなかった。

エルブフのような小さな製造業の町では、フランス革命期の商人や製造業者の優越性は驚くべきことではない。その商人層は、フランス革命以前に町の社会的・政治的生活を支配していたのであり、短期的には下からの挑戦があったにもかかわらず、革命の一〇年間の末期、そしてさらに統領政府期と帝政期をとおしてそうありつづけたのである。[*41] エルブフでは、商人は重大な競争相手に直面しなかったにすぎなかった。ところが、大都市では、商業エリートは、アンシャン・レジーム下に同様の優越性をもっていなかった。それにもかかわらず、フランス革命は、彼らに政治的に優越するための新たな機会をもたらしたのである。はなはだ驚くべきことは、商人が、トゥルーズやナンシーのように彼らの人数や富が相対的に印象的でない都市においてさえも、彼らの存在を感じさせるような力をもっていたことである。商人は、ただたんに、地元のことがらで「当然の」地位につこうとしていただけではない。彼らは、地元のレベルでフランス革命の主導権をとろうと努力してもいたのである。法律家、公証人、以前の司法官は、フランス革命初期の各都市ではもっとも重要であったが、どこでもその数は、一七九一年以後減少していった。医者や教師や小官吏のようなほかの知的専門職の人びとが、しばしば法律家よりも重要になったのである。

相対的に小さな行政町では、商人が大都市における ほど議員として選出されないことがしばしばあった。検討した都市のなかではもっとも小さいナンシーのパターンは、このことが正しいことを示唆している。約二万八千人の住民からなる王国の行政の中心地、エクス＝アン＝プロヴァンスの革命期のエリートも、同様のようだ。全体としてエクスの商人は、法律家よりも当選が少なかった（法律家の二一パーセントにたいして一二パーセント）[*42]。近隣のアルルでは、全体として商人がかろうじて法律家の数をうわまわったにすぎなかった（九パーセントにたいして一〇パーセント）。それでも商人は、一七九〇年二月の町会の三パーセントから一七九二年十二月の一三パーセントへ、そして一七九七年五月の高率の三八パーセントへと持続的にその地位を高めていった。大規模な製造業をもたないこれら南部の町のどこにおいても、商人や法律家は、職人や小売商の数を下まわった。職人や小売商は、エクス＝アン＝プロヴァンスでは革命期の町会議員の三一パーセント、アルルでは三七パーセントをしめていたのである[*43]。

農民が世帯の六一パーセントをしめていた、プロヴァンスのヴァンス（人口二六〇〇人）のようなちっぽけな町でさえも、商人は革命政治において積極的だった。一七九〇年に選出された一〇人の町役人のうち三人は商人か小売商であり（ほかの三人は法律の訓練をうけていた）、その町の二九人の commerçants〔商人〕のうち八人は、革命期の最初の町会でなんらかの地位についた。そして商人と小売商は、法律家や医者やいわゆる「ブルジョワ」（投資をもとにして生活していた人びと）のように、革命政治に積極的に関心をしめした。これらの集団は、職人や労働者や農民よりもはるかに高率で一七九〇年の選挙に参加したのである。すなわち、農民が二〇パーセント、職人が一四パーセント、そして賃金労働者はもっとはるかに低いパーセントの投票率であったのにたいし、約四〇パーセントの商人が投票したのだった。[*44]

都市や国家の政治の騒々しい歴史とはきわめて対照的に、たいていの村落研究は、旧体制と新体制のあいだの指導者層の持続性、とりわけ地元の同じ名士の支配の継続を強調してきた。たとえば、パトリス・ヒゴネットは、ポン＝ド＝モンヴェール村（ロゼール県、人口一三五〇人）では、「仕事、称号、栄誉は地元の名士の手にわたった」と断言し、「名士たちが自分の目的のためにきわめて容易に利用した」という事実に心うたれた。[*45]オルモワ村（オート＝ソーヌ県、人口七四七人）にかんする研究の筆者は、そこでは「わが国の農村地帯の圧倒的大部分において」と同様に、「体制が変化しても支配階層は同じままである。実際、その村のもっとも重要な職務をひきつぐのは、裕福な階層である」と結論した。[*46]

ベネス＝マレヌというちっぽけで繁栄した農民的村落（ランド県、人口三八〇人、五分の四が農民）は、このパターンの好例であった。富裕な農業経営者の小集団は、村の政治においてほとんど反対者に直面しなかった。そこの村長は一七九五年まで、四〇歳の農業経営者であり、村で八番目の高額納税者であったジャン・デトリバだった。彼は、村で二番目の高額納税者であったピエール・デトリバ（親類か？）にそのポストをゆずりわたし、ピエールは、今度は、全農業経営者のなかでもっとも富裕な地主であったフランソワ・デクロによってとって代わられた。フランス革命期のその村のほとんどすべてのポストは、農業経営者によってしめられたのである。*47

それにもかかわらず、多くの村落は、大きな町や都市でおこっていたのと同じ民主化のプロセスを経験した。たとえば、ポン＝ラベ村（フィニステール県、人口一八八五人）では、革命初期の村会議員団は、村の指導的な法律家によって運営された。すなわち、村長と村代理官（procureur）はどちらも avocats〔弁護士〕だったし、ほかの五人の議員のうち二人も法律家であった（ほかの三人は靴屋とパン屋と商人だった）。とはいえ、一七九二年における共和国の宣言以降、勢力のバランスは劇的に変化し、新しい村会は職人と小売商によってしめられた。もっとも重要な七人の議員のなかに、二人の肉屋、一人の靴屋、一人の商人、二人の小売商（marchands détaillants）がふくまれていたのである。*48 同様の変化は、レゾティウ＝シュル＝ル＝ポール＝サントゥアン（セーヌ＝アンフェリュール県、人口三九五人）でもおこった。革命初期の村会議員団は、一七八九年以前に地元の事柄をとりしきっていたのと同じ富裕な農業経営者によって支配されていたが、一七九二年十二月には、サン＝キュロットが彼らをおしのけたのである。日雇いのはしけの船頭が村長になり、三人の村会議員のなかには船子と荷車屋がいた。彼らは、その地位を共和暦四年まで維持した。[*49] たいていの村落では、一七九三年から一七九四年にかけて職人や貧しい農民が村会に姿をあらわしたが、一方、都市では、同じ時期に職人や小売商が都市の政治に姿をみせたのであった。[*50]

したがって、全体として考えれば、新しい政治階級は社会的に均質ではなかった。法律家が国家と地方の政治を支配した。商人、職人、小売商が都市では優越していた。そして、農民と職人と小商人の混成が村落を運営した。とはいえ、このような表面的な多様性の背後には意味のあるパターンが存在した。そのうちでもっとも重要なのは、アンシャン・レジームとの社会的・政治的断絶であった。貴族は、一七九二年以後実質的に政治の舞台から姿を消した。トゥルーズでは、市議会に八人の貴族（全体の七パーセント）がいたが、そのうち三人だけが一七九二年以後官職を維持した。アミアンとナンシーではともに、市議会にはたった三人の貴族がいるだけだった。[*51] もっとゆったりとしたペースで、しかしきわめて確実に、国王役人もまた、革命政治から脱落していった。アンシャン・レジームからの市評議会員もまた、新体制の市議会にはほとんどいなかった。トゥルーズでは、一七八〇年代の大「評議会」出身の一三人の元評議会員が革命期のさまざまな市議会議員団の一員となったが、そのうち七人は、一七九〇〜九一年の最初の新しい市議会に議席をもつ者だった。[*52] もっと伝統を尊重するエクス＝アン＝プロヴァンスでは、一七九〇年二月に選出された町会議員の六三パーセントはアンシャン・レジームからの議員であったが、総裁政府の時期までにその数は四パーセントにまで低下していた。[*53] 新しい時代は、新しい人間のためにあったのである。

革命期の政治階級の新しさは、いくつかのかたちをとった。地元のレベルでのもっとも劇的な新しさは、以前には排除されていた社会集団が権力の回廊にあらわれたことだった。革命当初の都市では、商人と貴族でない法律家が、傲慢な高等法院官僚と寡頭的な国王役人にたいして立場を逆転させる機会をつかんだ。[*54] つぎの波には、職人と小売商、よりささやかな資力の商人、より低い地位の知的専門職の人びとがふくまれていた。すなわち、刃物師や大工、二、三人の被雇用者のいる服地商、限定された地方市場を対象とする商人、床屋＝外科医、そして医者や法律学の教授に対立するものとしての教師がそれであった（表5〜8を参照）。クレン・ブリントンは、同じ下方への移行が都市のジャコバン・クラブの会員においても生じていることを見出した。[*55] 村落でも、たとえ問題となっている社会集団が都市のそれと同じではなかったにせよ、そのプロセスは類似していた。

地元の政治の民主化は、フランス革命の異なる時期の議員の富を比較した場合に理解することができる。証拠がきわめて完備しているトゥルーズにおける市議会議員の平均的な税の査定額は、一七九〇〜九一年の九六二フランから恐怖政治のもとでの七〇六フランへと変化し、そしてテルミドール派の反動のもとで一〇九三フランへと再上昇した。地元の議員は、より地位の低い社会集団に門戸がもっともひらかれた時期には相対的に豊かではなかったのである。トゥルーズが総裁政府体制期（一七九五～九九年）にふたたびジャコバン派の影響下にはいったとき、市議会議員の平均的な税査定額は、このたびははるかに大幅に四四八フランに下降した。[*56] 社会的な門戸開放のプロセスは、商人のような単一の社会集団の内部においてさえたどることができる。総裁政府体制期（そのときトゥルーズはジャコバン派の拠点だった）のトゥルーズ市議会に議席をもっていた六人の商人のうち五人は、七〇〇フラン以下の財産収入と査定されたのだが、それとは対照的に、一七九〇～九一年に選出された商人のうち五人と共和暦三年に選出された商人のうち七人は、七〇〇フラン以上の収入と査定されたのである。[*57]

驚くべきことだが、地元の政治の民主化は、右翼の連合によって支配されていた地域においてさえおこった。たとえば、総裁政府体制のもとで右翼だったボルドーとアミアンの市議会は、トゥルーズの有名な左翼の市議会とほとんど同じ社会構成だった。とはいえ、部分的には、社会構成におけるこの類似性は、職業にもとづく社会的カテゴリーの曖昧さをたんに反映しているにすぎない。総裁政府期のトゥルーズ市議会に議席をしめた商人たちは、アミアンやボルドーの商人たちよりもおそらく裕福ではなかった。総裁政府期のトゥルーズ市議会の七人の商人のうちただ一人のみが一〇〇〇フラン以上の財産収入と査定されたのだが、しかし同じ時期のアミアン市議会の三人の商人のうち二人は、二〇〇〇フラン以上の収入と査定されたのだから。[*58] 不幸にも、課税目録は信頼にあたいする比較をするにはあまりに不完全であり、しかも税の査定額は、町と町とのあいだでかならずしも比較しえない。けれども、ほかの証拠もまた、アミアンの市議会議員が例外的に裕福だったことをしめしている。共和暦九年に、総裁政府下でアミアンの市議会議員であった人びとの三分の二がナポレオン期にソム県の「名士」としてリストに名前が記載されたのであり、そのなかには、小売商として仕事をはじめていた二人の人間がふくまれていた。[*59] 地元の社会の最上層の人びとだけが、ナポレオン時代のその名士リストに名前をのせることに成功した。したがって、文書につきまとう不確かさにもかかわらず、以下の二つの結論は妥当であるようにみえる。まず第一に、フランス革命は、社会的理由のためにそれ以前には排除されてきた集団に政治上の門戸をひらいたのであり、そして第二に、地元の政治が左翼的になればなるほど(どこでも一七九三～九四年において、そしてほかのところよりもジャコバン派の拠点において)、それはよりいっそう、あまり大きくない商人、職人や小売商、そして二流の知的専門職の人びとをふくむ傾向をもったのである。

新しい政治階級は、ただたんに、アンシャン・レジームにおいて支配していた人びとに比較して新しいだけではなかった。それは、革命の一〇年間そのもののあいだにくりかえし更新されたのである。地元の政治でもっとも劇的な事実のひとつは、ほとんどたえまない激変であった。たとえば、アミアンは、九年間に少なくとも一五回、市議会が交代し、騒々しかった共和暦三年だけで四回、市議会が交代したのである。ときには市議会の社会構成がほとんど一晩にして変わった。たとえば、一七九三年一月にボルドーで選出された「連邦主義者の」議会は、六一パーセントの商人と二二パーセントの職人と小売商をふくんでいた。ところがそれに代わるものとして九月にえらばれた急進的な臨時市議会には、商人は一三パーセントしかふくまれておらず、職人と小売商は四四パーセント以上ふくまれていたのである。[*60] とはいえ、もっとさらに目をみはるのは、顔ぶれが大量に交代したことであった。一七九三年九月に選出された市議会議員のうちだれ一人として、それ以前の市議会において議員であった者はいなかったのである。

一七九三年のボルドーは、顔ぶれの交代と人事異動にかんするもっと一般的なプロセスの極端な事例にすぎなかった（表9と表10）。一七九〇～九一年のあいだに問題の四つの都市で選出された人びとのうち約五分の三は、つづく革命期の諸体制においてひきつづき職務をつとめたのであり、一方、彼らのうち五分の二が完全に政治生活から脱落したのである。共和暦三年の反動的な体制は、立憲王政のもとで公務についていた人びとの多くを復権させた。たとえば、共和暦三年の市議会議員のうち、ナンシーでは七三パーセントが、トゥルーズでは六七パーセントが、それ以前に、国家の議員から近隣の警察官にいたるまでなんらかの公務についていたのである。しかし彼らのうち、共和暦三年以後に公務をつとめつづけた者はほとんどいなかった。たとえば、ナンシーではたった二七パーセントの

表9——恐怖政治期の市議会議員：革命期のほかの時期の市議会との継続性（パーセンテージ）*

都　市	下記の市議会にも議席をしめていた議員 1790～93年1月	共和第3年	両時期	総裁政府期	共和第3年と総裁政府期の両時期
アミアン（N＝16）	75	56	25	13	13
ナンシー（N＝39）	26	41	10	13	10
トゥルーズ（N＝25）	48	28	12	16	8

*——私は、革命期のほかの時期の市議会に notables（名士）あるいは officiers（市役人）として議席をしめていた議員を計算にいれた。

表10——総裁政府期の市議会議員：革命期の以前の時期の市議会との継続性（パーセンテージ）*

都　市	下記の市議会にも議席をしめていた議員 1790～93年1月	1793～共和第2年	共和第3年
アミアン（N＝19）	37	11	53
ナンシー（N＝30）	37	27	33
トゥルーズ（N＝26）	15	23	8
ボルドー（N＝64）	25	8	20

*——私は、以前の時期の市議会に名士あるいは市役人として議席をしめていた議員を計算にいれた。

みが、ジャコバン派のトゥルーズではたった一四パーセントのみが、総裁政府下でなんらかの官職を維持していたにすぎなかった。

恐怖政治期に粛清された官僚を復権させた共和暦三年の短い反動期をのぞけば、体制が変わるたびに新しい人間にたいする門戸がひらかれた。ジャコバン派のトゥルーズにおいてさえも、恐怖政治期の市議会と総裁政府期の市議会のあいだの持続性は、微少なものであった。つまり、両方の市議会に議員として席をおいたのはたった四人しかいなかったのである（表9）。地元の政治的運命が転換するたびに新しい人間が必要とされたのだった。その結果として、一七九八年に議員であった商人や法律家や小売商が、一七九〇年に議員であったのと同じ人びとであることはめったになかった。このように顔ぶれがたえず変わったことによって、どこでもきわめて重大な結果がもたらされた。すなわち、きわめて多くの人間が革命の一〇年間になんらかの政治的経験をつんだのである。

そのような積極的な政治的責任のひろがりは、村落においてはきわめて明白だった。金持ちがもっとも重要な地位を支配していたところでさえも、何十人もの村民が地元の事柄において直接の経験をつんだ。ベネス＝マレヌ村では、五二人の有権者が一七九〇年の村会議員団として一〇人の人間を選出しなければならなかったが、それは、多くの選挙のなかの最初のものにすぎなかった。もっと貧しいオルモワ村では、たった二二人の人が最初の村長選挙で投票し、その日の午後には彼らは、ほかの五人の村役人と一二人の notables

〔名士〕を選出しなければならなかったのだ！　九年間のうちに、粉屋、「ブルジョワ」、商人、法律家、そして農業経営者をふくむ七人の異なった人間がそこの村長として活動した。[*61] アン県のメクシミュー村は、かろうじて三〇〇世帯をこえる村だったが、一七九〇年に投票資格のあるものはたった一一九人にすぎず、官職資格のあるものは六二人だった。有権者は、新しい村会議員として彼らのなかから一九人を選出しなければならなかった。フランス革命の最初の五年間に、メクシミュー村は四人の異なる村長をもった。そして、ある家族名がくりかえしでてくるにもかかわらず、村の役職についていた人の数は多かった。すなわち、一七九〇年と一七九五年のあいだに四二人であり、これは、七世帯ごとに一人の代表がでていたということだった。[*62] 記憶が苦いものであろうと甘美なものであろうと、何千人もの人間が革命期のフランスで政治の水を味わったのだった。それゆえ、皮肉なことだが、まさしく革命的経験の非持続性が革命的伝統の強さに寄与したのだ。革命にかんする集団的記憶はきわめて鮮明だったが、これは、ひじょうに多くの人がそれを鮮明にする作業に参加したからなのだった。

政治階級のたえざる更新と拡大のプロセスをとおして、いくつかの特徴は不変のままだった。そのひとつは年齢だった。ジャコバン派であろうと連邦主義者であろうと、共和主義者であろうと王党派であろうと、政治エリートは、国家のそれも地元のそれも同じ世代に属していた。彼らは一七四〇年代と一七五〇年代に生まれたのであり、若すぎて啓蒙主義の主要な闘争をじかに経験することはできなかったが、一七七〇年代初頭の近代化を志向する君主制と旧エリートとのあいだの闘争を目撃するにはほぼ十分な年齢であった。一七九三〜九四年の民主政治の開始の時期の議員は、ほかの時期の議員よりもおそらく少し若かった。たとえば、ナンシーでは、一七九〇〜九一年には議員の四四パーセントが一七八九年に四〇歳未満であったのにたいして、一七九三〜九四年には議員の六八パーセントがそうであった。しかし、新しいエリートは、一七九五年以後もひきつづき若くなっていったわけではなかった。たとえば、一七九五年以後のナンシーの市議会議員の四六パーセントのみが一七八九年に四〇歳未満であった。[*63]

新しい政治階級はまた、都市世界とのその特別の関係によっても区別された。都市に基礎をおく知的専門職の人びとが国家と地方の政治を支配し、さらに村での主導的な役割は、きわめてしばしば、都市の市場や都市の文化とつながりをもつ人びとによって掌握された。小さな町や村では政治的かかわりあいの程度が都市におけるよりも低いとはかならずしもかぎらなかった。実際、少なくともいくつかの地方ではより高いことがありえた。たとえば、国家全体にかんしてみれば、ジャコバン・クラブのメンバーは全人口のほぼ四パーセントだったが、プロヴァンスの小さな町や村では、その率は一八、二〇、あるいはさらに三九パーセントもの高率にたっすることもありえた。[*64] とはいえ、村の社会集団がひとしく積極的であったわけではなかったし、とくに農民が議員になることは少なかった。パシィ村（ウール県）では、二、三人のブドウ栽培者［vignerons］と庭師が革命初期の村会で議席をもっていたが、しかし彼らは、かつての収税吏や法廷官吏や職人や小売商によって影をうすくされた。共和暦三年にはその村長は指物師であり、村吏のなかには二人の食料雑貨商、仕立て屋と宿屋〔居酒屋を兼ねる〕が各一人ふくまれていた。*65 同様に、メクシミユーの地主の村長は、一七九四年の村会で二人の宿屋、各一人の医者、仕立て屋、公証人、馬具屋に人数で圧倒されていた。*66

町じたいにおいてさえ、このパターンは明白だった。たいていの一八世紀の町には、農業をしていた多くの住人がいた。たとえば、アルルでは、担税者の三七パーセントは農業経営者か農業労働者だった。しかし、フランス革命期の町会議員のうちたった六パーセントのみが農業部門の出身にすぎなかった。*67 同様に、エクス＝アン＝プロヴァンスの人口の三五パーセントは農業に従事していたが、革命期の町会議員のたった六パーセントのみが農民層の出身にすぎなかった。*68 住民の八〇パーセントがいなかに住み、圧倒的多数が農業に従事していた状況においては、農民層の参加は、フランス革命と共和政の成功にとって不可欠であった。けれども、一七八九年の農民蜂起とその後の断続的な騒擾をのぞけば、農民が革命的闘争の隊列に代表をおくることはあきらかに少なかった。いくつかの村では、彼らは責任をとった。だがよりしばしば、彼らは、職人や小売商や知的専門職の人びとに指導をあおいだのである。

フランス革命は、何千人もの人びとによってさまざまなかたちでなされた。価格高騰に抗議して蜂起した者もいたし、みずからが貴重だと考える政治的大義のためにデモする者もいた。とはいえ、整然と、何万人もの人びとが選挙で投票し、何千人もの人びとがさまざまな種類の役人となった。フランス革命は、首都のすぐれた策略家から台本をもらった少数の奇人や強盗によってなされたのではなかったのである。悪名高い共和暦二年の闘士は、革命の一〇年間に目立つにいたった新しい政治階級のなかの一部でしかなかった。たとえば、ナンシーで「二流の」恐怖政治家として非難された者のなかに名前があらわれたタバコ売りや元門番、ワイン売り、本屋、靴屋、庭師、ダンス教師は、少なくともより高い地位にある人びとから暗黙の支持をえていなかったなら、以前のエリートを「テロ行為によって支配する」ことには成功しなかったであろう。*69

革命期の市町村議会に議席をしめていた職人や小売商の多くは、彼らの敵対者がもっともらしくいった hommes de sang（血に飢えた人びと）ではなかった。しかし、彼らの政治的舞台への登場が honnêtes hommes（礼儀正しい人びと）を恐れさせ怒らせた、という事実を否定することはできない。共和暦二年の多くの役人は、のちに prévaricateurs（公的信頼の裏切り者）とか terroristes〔恐怖政治家〕として迫害されたのである。共和暦二年のトゥルーズ市長のように、少数の者は、一七九四年以後の白色テロのあいだに反革命的な暗殺隊によって殺害された。たんに「ジャコバン・クラブの支配（Clubocracy)」[70]の信奉者として非難されるにとどまった者は、より幸運だったのである。

地元の政治で有名になり、それをささえた人びとは、圧倒的にまっとうな人びとだった。予想されるように、都市と村の議員は、一般的に、もっともうるさい地元の闘士や地元の革命委員会や人民協会のメンバーよりまともな人間だった。驚くべきことに、市議会議員は、たとえ共和暦二年に議員であった人たちでさえ、一七九四年以後に恐怖政治家として公式に弾劾されることはほとんどなかった。[71]弾圧は、それ以上に、騒々しい数カ月のあいだに運勢がめざましくよくなった人びとにむけられたのである（第六章参照）。選挙で選出された役人と一般大衆の闘士とのあいだに社会的相違が存在した結果、商人や成功した法律家は、後者のグループよりも前者のグループに多く見出される傾向があった。たとえば、クレン・ブリントンは、彼が研究したジャコバン・クラブのメンバーの一〇パーセント以下が商人である、と主張した。マイケル・ケネディは、ブリントンのカテゴリーをもちいて、マルセイユのジャコバン・クラブの実業家の比率は、一七九〇〜九一年の一七パーセントから一七九三〜九四年の〇・六パーセントへと低下したことをしめした。同様に、マーティン・ライオンズは、トゥルーズの「恐怖政治期の」comité de surveillance révolutionnaire（革命的監視委員会）（恐怖政治の地元での武器）の約三〇人のメンバーのなかに二人か三人の商人とさらに少ない法律家しか見出せなかった。[72]けれども、法律家や公証人、商人や医者は、地元の重要な官職や地方や国家の政治を支配する地位にすすんでついたのである。一七九〇年にガヴァヌア・モリスは、そのような人びとは「権力の座についてまもなく、理論的には無謀で、実践的には未熟だ」と考えた。[*73] しかし、彼が「形而上学的なきまぐれの追求」として嘆いたことは、まともな都市の知的専門職の人びとや商人によってくわだてられたのである。

新しい政治階級は、マルクス主義的な意味で「ブルジョワ的」だったのか。もしマルクス主義的ということばを多少ゆるく解釈すれば、その答えはイエスである。ただし、この答えにはふたつの異なった部分がある。というのも、マルクス主義の階級概念には分析上別個のふたつの部分があるからである。つまり、生産関係における社会的位置と階級意識である。マルクス自身は彼の理論的著作（たとえば『資本論』）のなかで前者を強調したが、彼の歴史的著作（とくにフランスとドイツの一八四八年革命にかんするさまざまな著作）のなかでは後者をおおいに強調した。[*74] それらのあいだの相関関係にかんするマルクスの古典的言明は、『ルイ・ボナパルトのブリュメール一八日』に見出すことができる。「何百万もの家族が同一の経済的条件のもとで生活し、それによって彼らの生活様式と利害と文化が他の階級のそれとは別なものとなり、他の階級と敵対するかぎり、彼らはひとつの階級を形成する。［彼らの］あいだにたんに地域的なつながりしかなく、彼らの利害の同一性によって彼らのあいだになんらの協同も、なんらの全国的結合も、なんらの政治組織も生まれないとき、彼らはひとつの階級を形成していない」[*75]。マルクスにとって、階級形成は、経済的条件と文化、社会的カテゴリーと意識の双方にかかわるものであった。とくにこの一節においてマルクスは、フランスの一八四八年革命のあいだの農民が一般的に消極的であったことを説明しようとしたのである。つまり農民は、ひとつの階級を形成していなかったために協同して行動することができなかったのである。マルクスの分析はまた、一七八九年の革命に農民層が代表をだすことが相対的に少なかったことの説明としても採用することができる。すなわち農民は、一般的に政治生活の主流から孤立しており、彼らの利害にかんする情報とその代弁にかんして他の人びと（宿屋、仕立て屋、小売商など）にたよっていたのである。

革命的政治階級は、社会的位置という点でも階級意識という点でも、「ブルジョワ的」とよぶことができる。まず、革命期の役人は生産手段の所有者だった。彼らは、資本をもつ商人、技能をもつ知的専門職の人びと、自分の店をもつ職人、あるいはもっとまれだが、土地をもつ農民であった。専門的な技能のない者や賃金労働者や土地のない農民は、指導的な地位にはみられなかった、つまり、まさに大多数は一般大衆のなかにいた[*76]。つぎに、革命期のエリートの「意識」も、明白に反封建的、反貴族的、反絶対主義的であったかぎりでブルジョワ的というレッテルをはることができる。革命家たちは、そのことばや心象表現において、過去を思いださせるものすべてを排除したし、彼らの隊列に貴族やアンシャン・レジームの役人をきわめてわずかしかふくまなかった。革命期のエリートは、新しいフランスをつくりあげるために一身をささげた新しい人間によって構成されていたのである。

残念ながら、この区分は同時にあまりにもゆるすぎて——あまりにも一般的すぎて——あまり有効ではない。「ブルジョワ的」という社会的カテゴリーによっては、戦闘的な革命家や共和主義者は彼らの敵対者の多くと区別されない。ボルドーの穏和派やアミアンの王政派は、トゥルーズやメクシミューやレゾティウの共和主義者とまさしく同じか、あるいは彼らよりもはるかに「ブルジョワ的」だったのであるから。そのうえ、フランスのもっとも先進的な（もっとも資本主義的な）地方がしばしば右翼であったのにたいし、共和主義は、資本主義の発展によってもっとも影響をうけていない地方で繁栄した。同様に、反絶対主義や反封建主義という共通の文化的土壌によっては、戦闘的な共和主義者は一七九〇〜九一年の彼らの先行者と区別されないし、あるいはまた、たとえばアミアンのジャコバン派はその敵である裕福な商人と区別されない。それゆえ、社会的解釈というマルクス主義者の見解は、その細目においてまちがっているというよりも区分が不十分なのである。それは、地方による政治的反応の相違やブルジョワジー内部の分裂、あるいは、資本主義的・商業的セクターが最大の利得をえた一七九一年にフランス革命を停止することに失敗したことの理由を、説明することができないのだ。

修正主義者の解釈は別の欠点をもっている。修正主義者の説明のまず第一の欠点は、マルクス主義者の見解に代わりうる妥当な見解を提出しえていないことである。マルクス主義者の解釈をたたこうとして多くの批判者は、「ブルジョワ」革命というシェーマに反論するのだが、それにとって代わる説得的なシェーマを提示していない。たとえば、アルフレッド・コバンは、フランス革命は没落しつつある国王役人と自由業のメンバーによってなされた、と論じたときよりも、フランス革命は資本主義の発展に寄与した、という見方に反論したときのほうがはるかに成功した。国王役人は一七九〇年以降運動から脱落し、法律家は、もっと一般的なブルジョワジーと同様、政治闘争のあらゆる面で見出すことができたのである。コッブと彼の弟子たちのもっとも極端な修正主義の立場からは、フランス革命は社会的意味をほとんど、あるいはまったくもたなかった、と主張されている。この見方においては、フランス革命は、特殊なものと特異な個人的弱点のごった煮ということになる。あらゆる場所にはそれ固有の反応があるのであり、フランス革命の激動の一〇年は、「むきだしの欲やユートピア的な願望にはけぐちをもとめながら実現されなかった無数の人びとの自暴自棄を表現していた」「何千もの個人的な苦しみと野心と願望」の総計として定義される。[*77] 村の庭師や宿屋、小さな町の食料雑貨商や医者、大都市の法律家や商人は、あまりにも多様な経済的・社会的利害をもっていて、彼らをいっしょにしてひとつの経済的・社会的カテゴリーにおしこむことを正当化することはできない。それゆえ革命の志向や意味は、新しい政治階級の社会構成から演繹することはできない。同時にまた、それらを、個人の精神状態のごちゃまぜの集合へと還元することもできない。新しい政治階級のメンバーは、大部分、共通の文化的位置、たとえば、より若い世代としての経験や都市世界との関係によってかたちづくられたある特定の価値を共有していた。この文化における抽象的要素にかんしては、これまでの諸章での作業において明らかにしてきた。すなわち、世俗主義、合理主義、あらゆる個別独立主義にたいする国民の強調、そして共和主義者の場合には、イサー・ウォロックが「民主主義的確信」とよぶもの、つまり、広範な政治参加に固有な価値の存在の確信、[*78]がそれであった。第六章では、これらの価値の由来がもっと厳密に新しい政治文化の地域的構造にまでたどられよう。家族のネットワーク、組織での経験、そして共通の文化的関係がすべて、新しい政治階級をつくりあげるのに役立ったのである。

第六章 アウトサイダー、文化の媒介者、政治的ネットワーク

Outsiders, Culture Brokers, and Political Networks

フランス革命は、終着点の知られていない通過儀礼のようなものであった。社会はめちゃくちゃに動揺し、旧いシステムは人気をうしなった。革命家たちは、自分たちは理性と自然に基礎をおく新たな共同体とともに苦難の時代からぬけだすであろう、と信じたが、しかし彼らは、新しい社会的・政治的秩序の敷居をいっきょに越えることはむずかしい、と考えた。人類学者のことばをかりれば、フランス人は、「境界閾の（liminal）」段階、つまり移行の時期で立ち往生しているようだった。そのときフランス国民は、旧いと宣告されたものと新しいものとして期待されたものとのあいだの縁でさまよっているようにみえた。[*1] 新しい諸価値は宣告されたが、しかしそれらは、まだ定着していなかった。未来にかんする不確かさが支配的であった。

社会的・政治的不確実性というこの不安な境界閾の時期に、新しい政治階級は重要な役割をはたした。新しい官僚は、新しい秩序に移行するという行動の政治的・文化的指導者とならねばならなかった。ヴァンデの反乱の勃発直前に、一人の共和主義者が彼の期待にかんして自信をもってこう書いた。「私は不幸にもわが革命にきわめて敵対する地方に住んでいる。……しかし私は、［人民は］本来善良であり、ただ道にまよっているだけだ、と知って喜びを感じた。われわれが彼らを教育することに成功すれば、彼らは容易にその誤りに気づくだろう」。[*2] まもなく、反革命の現実がまさにいかに「教育」が必要かを明らかにしたが、しかし、統治するということにかんする失望と危険にもかかわらず、革命期の政治階級は新しいメンバーを見出しつづけた。多くの異なった要因によって人びとは、責任ある新しい地位をひきうける気持ちになったろう。しかし、何千もの個人的選択には、革命政治のはたらきを決定的にさだめた、より一般的な文化的パターンが事実上存在していたのである。

もっとも微妙で広まったパターンのひとつは、革命と人間の移動との関係であった。革命の激変によって精神的にきずついて、フランスの住民は移動をはじめた。何千人もの人びとが住みなれた住居と労働習慣から追いたてられた。軍隊の必要や新しい官職の誘惑、国民衛兵での軍役、そして政治的理由による移民によってさえも、旧い習慣は分断され、住民はいやおうなしに再配分された。何千人もの避難民が内戦による損害をさけようと必死の思いでヴァンデ地方の諸都市に流入し、ほかの何千人もの人びとが軍隊の侵入や連邦主義者の運動で大混乱におちいった都市をのがれた。たとえば、ボルドーの人口は、一七九〇年の一一万人から共和暦四年の八万八三九四人へと減少した。[*3] 静かだったシャルトルでは、新婚夫婦でこの町以外の出身だった者の数は、革命の一〇年間には一七八〇年代の二倍となった。そして、そのときのアウトサイダーの約二分の一のみが（それ以前の一〇年間には四分の三であったのにたいして）近隣の地方の出身にすぎなかった。[*4]

市民権の平等や普遍的な価値、地方や地元での特権の廃止を強調する新しい政治文化は、新参者にアピールし、彼らにひとつの国民に属しているという感覚をあたえたが、ひるがえって今度はそのいっそうの流布を彼らに負うことになった。ジャコバン・クラブにかんする開拓的な研究において、クレン・ブリントンは、彼が研究したクラブのメンバーの三八パーセントが彼らが住んでいた町や都市への移入者であったことを見出した。そしてもっと少ないが、しかしきわめて印象的な人数（一三パーセント）が、一七八九年以後に彼らが居住する都市に移住していたのであった。大都市では、この数字はさらに高かった。たとえばマルセイユのジャコバン・クラブのメンバーの五四パーセントは移入者だったのであり、とうとうその数は七〇パーセントにまで上昇した。[*5] 人の移動と革命との結びつきに同時代人が気づかないということはなかった。一七九五年憲法にかんする論議のあいだ、ひとりの議員は、「技芸（arts and sciences）にとってきわめて有用な人びとがみな彼らの父の住む村をすて……大集住地のなかにはいって、そこで地位をえるのに必要な役割をはたそうとする」と不満をのべた。[*6]

人の移動はフランス革命がはじまるずっと以前に開始していた。シャルトルのような小さな町（人口一万三千人）では、一七八〇年代の新婚夫婦の四分の一はその町以外の出身者だった。ボルドーのような大きな商港都市では、その地の出身でない者の比率が結婚する住民の二分の一にまでたっすることがありえた。[*7] だが、一八世紀におけるの町や都市への新参者の殺到にもかかわらず、一七八九年以前の地元の政治は、あらゆる都市の旧家にとって最後の砦でありつづけた。多くの町では、新参者は官職を保有することを法的に禁じられていたのであり、一七八九年になっても町会はなお、新参者にたいするこの禁制をやっきになって維持しようとした[*8]。フランス革命は新参者の流れに水門をひらいた。新参者に不利なあらゆる法的規定が、宗教的少数派にかんする拘束や特定集団の支配を保証していた選挙条項とともに除去された。一七八九年以前のたいていの町には、町会の議席の数を聖職者、法律家、貴族、商人、あるいは職人にかんしてさえそれぞれ定めたなんらかの規定があった[*9]。そのような制約が消滅したことによって、新しい社会集団や新しい家系、そして新しい宗教的集団さえもが、都市の政治にやっと進出することになったのである。

フランス革命は宗教的少数派に比類のない機会を提供したが、彼らはこの機会を見逃さなかった。プロテスタントとユダヤ人の商人は、フランス革命の初期からボルドーの市議会にあらわれた。たとえば、プロテスタントのピエール・セールは、ボルドーのジャコバン・クラブの最初の議長であった。彼は一七九〇年に市議会に選出され、それから立法議会の議員として選出された。さらに彼は、一七九三年には連邦主義的な〈公安人民委員会〉の議長となり、法の保護を剝奪されたが、生きのびてナポレオンの支配下で〈改革派教会〉の役員になった[*10]。トゥルーズのプロテスタントのヴェス家はジャコバン派の側についた。ジャック・ヴェスとポール・ヴェス（彼らは従兄弟だった）は、総裁政府下に市の役人に選出された。どちらもジャコバン派だったが、一七九六年以前にはあまり政治的に知られていなかった。ジャックは裕福な商人であり、フリーメーソンの一員であった。それにたいしてポールは、共和暦四年には警察官であり、それから biens nationaux〔国有財産〕(国家の負債の担保とするためにカトリック教会から没収された土地)の購買によってかなりの財産を蓄積したあとで、共和暦六年に市議会の議長に選出された。[*11] とはいえ、ヴェス従兄弟とは異なり、宗教的少数派のメンバーはたいてい、徹底的に極端な行動からは身を遠ざけていた。ボルドーでは、プロテスタントとユダヤ人の多くは、連邦主義のほうにひきよせられ、ジロンド派を支持することになった。とはいえ、県のレベルでは、宗教的少数派の存在は投票パターンに影響しなかったようにみえる。たとえば、プロテスタントの数は国王裁判における投票とネガティヴに相関していたが、しかしほかの場合には、ある県の人口にしめるプロテスタントの比率と左翼ないしは右翼への賛成投票のあいだにはなんらの相関関係もなかったのである(相関行列を参照、付録A、PROTPOP の項目)。

宗教的少数派のメンバーは、新しい政治階級の態度を共有していた。たとえば、ロンドン出身のユダヤ人商人フュルタードは、初期のジャコバン・クラブのメンバーであり、ボルドーの連邦主義者の運動の支持者であった。恐怖政治を生きのび、共和暦四年にふたたび市の役人に選出されたが、この栄誉をきっぱりことわった。彼の見方によれば、共和国は「時期尚早」だったのだ。だが、〔革命にたいする〕幻滅にもかかわらず、フュルタードは革命が約束したことに根本的に忠実なままであった。

私は、あらゆる政体はそれを指導する人びとの徳性によって良くも悪くもなると確信している。専制政治よりも悪いもの、貴族政治よりもいやなもの、民主政治よりも騒々しいものが何かあるだろうか。……〔けれども〕心の底から法を尊重している誠実で有徳の人びとからなる民主政治を想像してみよう。そうすれば、もっとも安定した秩序と平和とともに、可能なかぎり高度な自由を享受することになろう。

ほかの新しい官僚のように、フュルタードも私的利益と公益のあいだの相違の存在を信じていた。パリで一七九九年に夕食をともにしたスタール夫人について語りながら、彼はこういったのである。「私は、そのような人びとの本意も、愛国心にたいする考えも、理解できない。彼らは、公益〔la chose publique〕よりも公務を愛する。ところで、公益への愛は、地位や年金や事業での利益にあまりつながらない。ただ策略のみが、それらすべてにつながるのである*12」。

新しい社会集団、新しい家系、そして異なった宗教的信仰をもつ人びとは、地元の政治におけるアウトサイダーの出現、いやそれどころか卓越という、より一般的な現象のもとに包摂されうる。パリでは、おとずれたり移住してくる地方人の重要性はよく知られており、驚くべきことではない。地方では、パリからの派遣議員の影響はしばしば注目されてきており、とくに恐怖政治期とそれにつづく反動期にかんしてはそうである。とはいえ、さらに目をみはることは、地元のクラブにおける「マージナルな」人びとの役割である。これらの人びととは視察にやってくる派遣議員の本来的な協力者であったが、しかし彼らは、侵入してくる外部の勢力によって操作されるあやつり人形的人物以上のものであった。ある政治活動家は、その社会的位置や出身地や宗教、あるいはこれらのいくつかの組み合わせによってアウトサイダーであったかもしれないのである。権威が不確かな革命の一〇年間においては、このアウトサイダーは、政府と地元の人びとのあいだの重要な媒介環として役立った。派遣議員は、まさしく彼らがアウトサイダーであったがゆえに、つまり、彼らが地元のうさんくさいしがらみによって汚れていないがゆえに彼らに目をむけた。そして地元の人びともまた、疑いもなくさまざまな動機から彼らに目をむけたのである。さしせまった変化を疑いの目でみていた人びとにとっては、アウトサイダーは都合よく責任を転嫁することを可能にした。そしていったん危機がすぎさってしまえば、彼らに背をむけることははるかに容易であった。地元の闘士にとっては、アウトサイダーはより大きな運動に属しているという感覚をつたえた。そして彼らの存在によって、対立状態にある地元住民は、以前の支配者からよりはっきりと離れることが可能となったのである。

アウトサイダーは、地元の対立がきわめてはげしい時期と場所ではとくに重要であった。たとえば、大都市の市長職を例にとりあげてみよう。一七九〇年においては、有権者は、アンシャン・レジームの自由主義的な要素と革命運動とのあいだの考えられうる和解を表現する象徴的人物を選出した。その年のボルドーの市長は、ギュイエンヌ軍の七〇歳になる総司令官、ジョゼフ・ド・フュメル伯爵であった。トゥルーズの市長リゴーは、法律学の教授であり、彼もまた七〇歳であった。ナンシーの市長は有名なキュスティーヌ・ドーフランス伯爵であり、アミアンの市長は富裕な商人ドゥガン＝カネであり、彼は授爵を可能とする官職を買ったばかりであった。一七九二年八月十日の蜂起ののち、アミアンの有権者は、成功した五八歳のかつら業者ルイ・レスクーヴェを選出した。彼も彼の妻もアミアンの生まれではなかったし、しかも彼らは、商人＝製造業者のきわめて重要な共同体に所属する一族も、その共同体との社会的つながりも、いっさいもっていなかったのである。彼らの親戚の職業は、この夫婦のとるにたらない社会的地位を明らかにしている。すなわち、彼らの結婚契約書には、農業経営者（laboureurs）、馬具屋の親方、床屋＝外科医（内科医にたいして職業上技量の劣るいとこ分）の名があがっていたのである。*13

一七九三〜九四年におけるほかの大都市の市長職は、たびかさなる激変によってひどく混乱した。ボルドーの新しい市長ジョゼフ・ベルトランは、一七七九年か一七八〇年にアヴィニョンからこの都市にやってきた時計屋だった。彼が政治的に注目されるようになった足がかりは、地元の急進的なクラブのひとつであり、彼はそれを、一七九三年の危機的な夏に主宰したのである。共和暦三年にベルトランは、彼の前任者フランソワ・セジュの財産もふくむ、恐怖政治の犠牲者の財産を不法に没収したかどで禁固一二年の刑を宣告された。彼は共和暦五年に釈放され、パリに上京した[*14]。彼の後任者は、別の、彼よりもいくらか社会的にまともなアウトサイダーであるピエール・トマであった。トマは、ドルドーニュ県の小さな町、サント＝フォワ＝ラ＝グランドのプロテスタントの牧師だった。一七九四年に町長職に任命されたとき、彼はたった三四歳にすぎなかった。信頼しうる県の役人であったために、派遣議員の注意をひくにいたったのだ。トマは恐怖政治家として弾劾されたが、一七九九年夏には総裁政府によってドルドーニュ県当局への政府委員に選出された[*15]。一七九九年における総裁政府の［トマ選出の］動機は、共和暦二年に派遣議員を行動に駆りたてていた動機とまったく同じだった。つまり、ボルドー生まれの指導者たちが右翼の侵食に強力に対抗することは期待できなかったのである。

ナンシーもまた、一七九三年と一七九四年の市長はアウトサイダーであった。最初の市長ニコラ・ゲアンはトゥール出身の四〇歳の聖職者だった。彼のあとは四二歳の俳優エマニュエル・グラソン＝ブリスが継承し、後者は今度は、サルブール市出身のジョゼフ・ヴュリエーズによって後継された。彼らのうち二人は地元住民ではなく、三人目は、たいていの人が社会的にまともな職業であるとはとてもいえないと考えていた職業（俳優業）であった。地元住民は、一七九四年十二月にクロード・マラルメが市長に就任するのをみたとき、嵐がすぎさったことをまちがいなく知った。この三五歳の法律家で前高等法院官僚は、一七九〇年以来さまざまな革命期の官職を経験してきたナンシー生まれの人物だったのである。一七九五年春に、グラソン＝ブリスとヴュリエーズはともに、新しい市役所によって、「第一級の恐怖政治家」つまり「圧政の張本人ないしは仲間」としてリストに記載された。これによって彼らは、二流の恐怖政治家――「おそらく同様に悪いが、しかし彼らが同様の影響力をもっていなかったためにその活動がより致命的でなかった人びと」――や三流の恐怖政治家――「臆病や弱さや虚栄心から圧政の代理人の旗のもとにはいっただけの人びと」――から区別されたのである。*16

市長は地元の政治ではあきらかに重要であったが、アウトサイダー現象はそのようなりっぱな地位にかぎられるものではなかった。きわめてしばしば、革命的闘争の重要な防壁にもアウトサイダーが配置された。ナンシーの人民協会の議長であったピエール・フィリプは、わたり歩く政治家の好例である。彼は、一七五〇年、ある船長の息子としてボルドーに生まれた。彼自身も、若いときは船乗りであり、それからパリで書記になり、そして詩や演劇の自称作家となった。一七九二年までに彼は、陸軍省の物資保管の管理者として公的な地位をえていた。彼は、衣類補給所をもうけるという公的な使命で一七九三年九月にはじめてナンシーにあらわれた。ナンシーでの彼の短い政治的生涯は、陰謀のかどで逮捕され投獄されたことによって中断され、最終的にうちきられた。いうまでもないが、彼は、第一級の恐怖政治家のリストに名前が記載された以前の市長たちの仲間にくわわったのであった。*17

とはいえ、ボルドーの連邦主義者を処罰するために設置された軍法会議の議長であったJ・－B・ラコンブほど地元で悪名高かった者はいなかった。彼はトゥルーズでいやしい仕立て屋の次男として生まれた。地元の聖職者が最初に彼の知的能力に気づき、彼に家庭教師として教えることを申しでた。そしてラコンブは、一七八四年に二四歳で教師となった。三年後に彼は、妻と二人の子どもをつれてボルドーに移った。ほかの多くの闘士のように、ラコンブは、出世の道をもとめてある大都市から別の大都市へと移動した。疑いもなく、屈辱的な社会的出自を思いださせるものから遠くはなれたところで出世するほうがやさしいように思えたのだ。マラのように、ラコンブは、成功への門戸が彼にたいして閉ざされているのを知った。すなわち彼は、ボルドーの知的エリートの花ともいうべき人びとがあつまっていた〈ミューズ文学協会（Société littéraire du Musée）〉への入会を拒否されたのである。のちにラコンブの軍法会議の犠牲者となった、ボルドーの連邦主義者の市長は、この〈ミューズ〉の設立者の一人であった。ラコンブはフリーメーソンの一地方会所への入会がみとめられ、一七九〇年には〈国民クラブ（Club National）〉に加入した。さらにもうひとつの失望を味わったのち――暫定的な市長か procureur（市代理官）に任命されることを期待していたのだ――、ラコンブは、一七九三年秋に軍法会議の議長に任命された。そして一七九四年秋、ロベスピエールの失墜から数日後、ラコンブ自身も、強要、モラルの堕落、裏切りのかどで処刑されたのだった。[*18] ラコンブや市長ベルトランのような人間は、とくにすばやく革命的レトリックの主要テーマを吸収した。そしてどちらも、政治的影響力をもちうるかどうかはまずもって演説によって公衆を説得しうるかどうかにかかっていた、より急進的なクラブをとおして出世したのである。そのような人間の栄達に恐れをいだいた一人のボルドー人は、「彼らがその目的を達成したのはことばによってである。ことばがすべてをなしとげたのだ」というにいたった。*19

アウトサイダーはさまざまなかたちで定義されよう。プロテスタントやユダヤ人のような宗教的アウトサイダーがいた。きわめて中傷された俳優や世にみとめられようとあせる俗人の教師がいた。そしてまた、ほかの都市やときにはほかの国からの移入者のような地理的アウトサイダーがいた。富裕な商人や繁栄している小売商でさえ、アンシャン・レジームのもとではアウトサイダーのように感じる理由があった。そこでは、貴族や裁判官や少数の高位聖職者が政治と社会のことがらを支配していたからである。それにもかかわらず「アウトサイダー」は、生活手段としての職業や知的専門職のようなひとつのカテゴリーではない。それは、革命期やアンシャン・レジームの社会におけるある社会的地位を定義するものではなかった。それは、むしろ、ある関係、なんらかのかたちで無視されていたということによって定められた関係だったのである。教師にして闘士であったラコンブは、ユダヤ人商人であったフュルタードと同じ社会的ないしは政治的カテゴリーには入らなかった。実際、ラコンブの軍法会議は、フュルタードや彼の仲間のような人びとを集中的に処罰したのである。けれどもラコンブやフュルタードは、彼らなりにそれぞれアウトサイダーだったし、マージナルな存在であるという事実によって、新しい政治階級にくわわる理由があったのである。

マージナルな存在であるという共通の要素のために、新しい政治階級が、地方を巡回してもんちゃくをおこす一団、あのひじょうに恐れられてはいたがほとんど目撃されたことがないような職業的革命家に変わることはなかった。[*20] ラコンブやフィリプのような人間のめずらしい話から、フランス革命がたんに「何千もの個人的苦しみ」、つまり個人の欲求不満や憤りの総計であった、と早急に結論づけるべきではない。たしかに、ある人びとには欲求不満や憤りもあった。しかしほかの人びとにとっては、〔革命参加の〕動機はまったく異なっていたのである。個人的動機を総計しても、新しい政治階級が意図するものの判定基準とはなりえない。というのも、この政治階級は個人の心理によっては定義されなかったからである。それは、むしろ、共通の機会や共有された役割によって定義された。「マージナルな存在であるということ」――〔社会的な最下層民をしめす〕不愉快な社会的たとえのことばというよりも構造的な意味で理解された――によって、この新しい官僚たちは、文化的・政治的媒介者の役割に親近感をおぼえたのである。フランスのある特定の周辺的ないしはマージナルな地方が革命的政治文化の浸透をよりこころよくうけいれる傾向をしめしたように、ある種のマージナルな人間もまた、政治的・文化的媒介者の役割をひきうけることにきわめて熱心であった。フランス革命とは、本質的に、文化と権力の増大と流布を意味したから、そのような役割は重要であった。

移入者、プロテスタント、ユダヤ人、教師、俳優、そして商人は、都市の外部の世界、とりわけ文化、情報、商業、あるいは宗教にかんする国民的ネットワークとのつながりをもっていた。村落においてもまた、たとえより規模は小さくとも、同じような人びとがいた。多くの村で〔そのような人びとの〕第一の候補者は、地元の教師だった。小さなパシィ＝シュルールでは、それはタイヤールという人物で、彼は、一七九一年に三六歳の年で彼の父と妻とともにパリからやってきて、maître de pension et d'éducation〔寄宿学校の教師〕の職に従事した。短期間下級役人の仕事をしたために投獄の憂き目をみたのち、タイヤールは、三人の視察議員によって県〔ウール県〕の行政官に任命された。そして彼らとのつながりによって、彼の友人や味方が新たに再編された村会議員に昇進するのに目を光らせたのである。[*21]

そのような話はたくさんある。教師は町に（パシィのような村、あるいはあの教師ラコンブが軍法会議での彼の地位にもとづいて金持ちや無関心な者、敵対的な者に恐怖政治をおこなったボルドーのような大都市にさえ）やってきて、躊躇なく革命の大義を信奉した。というのも、革命の大義は、彼を聖職者の統制から解放するか、実際に彼のために新しい仕事をつくりだしたからである。少しばかり学識があり、外部の世界のならわしに通じている彼は、地元での支持者や影響力を獲得し、ある住民から恨みをかうことになった。そしてこれらの特徴すべてのゆえに、彼は、信頼しうる協力者をやっきになってさがしもとめていた、パリや近隣の大都市からやってきた代表者にとって、魅力ある人物となったのである。

文化や権力の媒介者は、かならずしもタイヤールのようなアウトサイダーではなかったが、しかし彼らは、その職業や利害のゆえに本来的に外部の世界との接触が容易な人びとであった。ジュラ県のフォンシーヌ＝エ＝レ＝プランシュでは、ジャン＝バティスト＝ルソーが一七九二年に procureur〔村代理官〕に選出された。織物業をいとなむことによって、彼は、多くの地元の住民と接触しただけでなく、公職につくことを考えたり、いざというときには自治体に金を貸すことさえできる財力を獲得した。[*22] レゾティウでは、鍵となる人物は宿屋の主人ニコラ・ジュベールであった。革命期の最初の村会議員団においては村代理官（procureur）だったが、一七九四年春までに彼は、地元の comité de surveillance（監視委員会）の一員で、なおかつ人民協会の議長になっていた。彼は、同様の性格のもう一人の地元の闘士、三〇歳の庭師であり、読み書きができ、村会の書記としての仕事にくわえて村の宴会や式典行列も組織したオギュスタン・マルグリットによって補佐された。そして一七九四年春に彼は、共和主義の学校をひらいた。[*23] ベネス＝マレヌでは、村代理官は、村会の数少ない非農民の一人、元執達吏（huissier）のダリグランであった。

富裕な農民が支配する村会の抵抗に直面した彼は、仲間の村びとたちに、もし彼らが自己のつとめをはたさないのであれば、「私は上級行政官庁に知らさざるをえないだろう」と注意した。[*24] 地元での権力の媒介者は、自分たちの影響力が外部とのつながりにかかっている、ということを認識していたのである。

もっとも成功し永続した媒介者は、たんに外部の諸勢力の協力者であったばかりでなく、外部の利害と地元の利害の調停者でもあった。ちっぽけなサンタマン（一〇〇世帯、アヴェロン県）のジャン＝ジャック・ロケットは、印象的な事例だ。彼は、近隣のロデーズの学校にいき、トゥルーズで法律の学業をおえた。そののち故郷にもどり、あまりきつくない領主裁判所の判事の職に従事し、ルソーとヴォルテールを読む時間をもった。一七九〇年に三〇歳ではじめて自分の村の代理官（procureur）にえらばれ、それから県の行政官に昇進した。そして、一七九一年には郡の裁判所の判事に選出され、一七九三年には、サンタマンの村長に任命されたのである。彼は、仲間の村びとのなかではただ一人、はやくも一七九〇年にジャコバン派との提携をもとめた。そして数人の友人とともに、一七九三年にはとうとう人民協会を組織し、驚くべきことではないが、その議長に任命された。さらに、まもなく新しい革命的監視委員会（comité de surveillance révolutionnaire）の議長となった。

一七九三年十一月にラガルドという名の政府視察委員が、貧乏を祝す祭りを組織するためにサンタマンにやってきた。ロケットは村でもっとも富裕な家のひとつの出身であったが、地元の宿屋でおこなわれた祭りをきちんと主宰した。だが式次第の公式記録では、ラガルドの注目すべき布告の第八項になんら言及されなかった。そこにはこうあった。「収監されている者も、金持ちも、エゴイストも、容疑者もすべて、その祭りのために指定された場所にやってきて、貧しい人のかたわらに立ったままで彼の給仕をすることになろう。彼らは、自分がはこぶ料理にはいっさい手をつけないだろう。なぜなら、以前の時代の礼儀作法では、召使は主人の食卓に同席しないことになっているからである」[25]。ロケットがこの奇妙なエピソードのあいだ彼の威信と信頼を維持しようとしたことは明らかであった。というのも、ロベスピエールの失墜ののち、彼は郡によって恐怖政治期の悪弊を調査する委員に任命されたからである。その後彼は、より上級の官職をことわり、彼の村の一介の治安判事として奉仕することにこだわった。

ロケットのような人びとの積極的なかかわりあいによって、都市と農村のあいだの境界線があまりにはっきりしたものにならずにすんだ。彼らは都市や読書でまなんだ価値を村にもたらした。サン゠ジュストやバブーフといった人びとのようにロデーズやトゥルーズやパリにたちさるよりも、ロケットは、熱心に国家の発展を追いもとめながら、故郷の近くにとどまるほうを好んだのである。彼の決心が意味するところは、都市とのつながりはだれの場合でもうしなわれてはいなかったにしろ、フランス革命をたんに外部からもちこまれたものとしてみることはできない、ということであった。多くの農民たちは、食糧徴発やより若い人びとを終わりのない戦争遂行のための活動に徴募しようとするたえざるくわだてにたいして反感をもっていたが、サンタマンの農民たちは、共同地の分割に圧倒的多数で反対する決議をおこなったとき、ロケットをあてにすることができた。彼は、彼ら農民たちの決定を郡の議会にたいして擁護しただけでなく、彼の地方の農民たちが直面している諸問題を分析した覚書をおくったのである。[*26]

教師や宿屋、あるいは若い名士の熱意は、農村地帯ではことに重要であった。しばしば革命期の役人は、農民層には入りこめないことはないにしろ、彼らをうごかすことは困難だ、と知った。たとえば、ロワール県では、農村は「世論というてこがもちあげることのできない山地」と特徴づけられた。[*27]うまい具合に作用するてこがあったとすれば、それは、ロケットのような権力の媒介者や文化の仲介者によってもちいられた、知らぬ間に作用する力であった。いくつかの地方では、彼らは明らかに成功をおさめた（第四章参照）。以前に村長だったある人は、一七九六年に忍耐の必要を説いた。「選挙の議事録は、おそらく法が要求した書式にしたがって作成されてはいないが、しかし御存じのように、農村の人びとはあまり教育をうけていないし、最善をつくして仕事をやっているのだ。われわれは、選出された二人の市民がわが村でもっとも教育があり、もっとも聡明な人びとであるということができる」。[*28]彼は、「もっとも教育があり、もっとも聡明な人びと、というかわりに〕都市の人びとによってもたらされた新しい文化にたいしてもっとも開放的で、それをもっともすすんで受容する人びと、といってもよかったであろう。

政治的媒介者は、新しい政治文化によるつながりや組織の内部でうごいたために、影響力を行使することができた。ロケットは、家族のつながり、村の外部の役人との関係、ジャコバン・クラブのネットワークとの提携、そして地元の人民協会に加入したり地元の共和主義的な祭りに参加した村民に応じてつくりだされた新しいきずなを利用した。都市では、同じような諸関係がより大規模に機能した。新しい政治階級の内部におけるもっとも強力で非公式な社会的ネットワークは、家族のそれだった。トゥルーズでは少なくとも三家族が、それぞれ二人のメンバーを市議会におくりこんでいた。ヴェス従兄弟とガリ家とマリ家の父－子の組み合わせがそれであった。家族のきずなは、どのような政治的方向にもはたらきえた。ガリ父（père）は、以前の capitoul（アンシャン・レジーム下の指導的な都市役人）であり、一七九〇年に市の役職にあった法律家だった。彼の息子もまた法律家であり、共和暦三年の反動期に役職にあった。対立陣営のマリ父は、商人であり、フリーメーソンであり、ジャコバン派だった。彼は一七九〇年、そして彼の息子も市議会議員となった総裁政府下にふたたび役職にあった。共和暦九年にマリ父は百人の高額納税者にかんする市のリストに名があがった。[29] ナンシーでは、ブレ兄弟、ニコラ兄弟、ロラン家（父と息子？）が、都市行政においてきわだっていた。

アミアンでは、選挙でえらばれた役人の結婚契約書によってより完全に資料が提供されているために、家族関係がさらにいっそう印象的である。二組の父－子の組み合わせが市議会で議席をしめた。アンスラン家とルルー家がそれであった。しかし彼らは、信じがたいほど緊密にむすびつけられた商人家族のネットワークのなかでもっとも目につく親族者であるにすぎなかったのである。少なくとも一七九〇年に選出された市議会議員のうち六人は、結婚によって親族関係にあった。そして彼らのすべてが商人か染め物屋だったのである。そのとき以後、家族のつながりによって、新しい人びとが公職に引き入れられつづけた。一七九一年にはアンスラン息子（fils）とドゥラモルリエールが市議会に選出された。染め物屋ジャン＝バティスト・ドゥラモルリエールは、彼の最初の結婚によって、一七九〇年に市議会に選出された商人ピエール・フレセルの義理の兄弟となり、彼の母をとおして、一七九〇年に議員に選出された別の商人アントワーヌ・クレマンと親族関係にあった。ドゥラモルリエールは、一七九二年に国王を支持する請願書に署名したためにその地位をきずつけたが、共和暦三年の市議会議員にふたたび選出された。そののち彼は、ボナパルトの著名な支持者となった。二度目の結婚によって彼は、一七九〇年の市議会議員であった別の商人アントワーヌ・ジャンス＝デュミニ、および、彼とともに共和暦三年のふたつの議会と（執政政府から第一帝政にかけての）ボナパルト治世下のいくつかの議会で議員であった食料雑貨商ニコラ・ダルジャンと親族になった。[*30]

アンスラン息子は、chirurgien（床屋＝外科医）であった彼の父によってあとを継がれた。彼の父は、アミアンの共和暦二年の市議会に短期間議席をしめたのである。姉妹のうち一人は商人のピエール・マセと結婚していたが、彼は、義理の父とともに、全国三部会の準備のためのその地方の、つまりバイヤージュの集会へのアミアン代表の一人としてえらばれたことがあった。[*31] マセは一七九一年には立法議会に選出された。そして、共和暦三年の市議会、一七九八年から一八〇一年にかけての商事裁判所、それからふたたび統領政府下の市議会に席をしめた。彼の妻をとおして、彼はまた、一七九〇年に、そしてふたたび共和暦二年に市議会議員であった染め物屋のルイ・デュポンと親族関係にあった。[*32] つぎにデュポンは、彼の義理の兄弟をとおして、一七九〇年の市議会議員であった商人のクレマンと親族関係にあったが、クレマンはドゥラモルリエールと親族関係にあった……。

この種の家族の連鎖は、アミアンにおける行政のかくれた持続性を保証した。もっとも強力な鎖の環のひとつは、中年の商人で、一七九〇年から統領政府にかけてずっと市議会に議席をしめた（彼は一七九三年に短期間名士に降職した）シャルル＝フランソワ＝バスタール・ドゥラロシュであった。ドゥラロシュは、母方では、一七九三年に名士として選出され、それから共和暦二年と共和暦三年の市議会議員であった商人シャルル・ドゥリと親族関係にあった。ドゥラロシュの義理の兄弟の一人と母方の叔父はともに、商人のルフエーヴル家の出身であり、この家の一人は、一七九〇〜九一年に市議会議員だった。ドゥラロシュの義理の兄弟はまた、共和暦三年に市議会に選出されたルイ・ルフェーヴルの父方の叔父でもあった。つぎにルイ・ルフェーヴルは、商人であり、一七九〇年とさらに共和暦三年に市議会議員であったアレクサンドル・プーラン＝コットと親族関係にあった。*33 別の義理の兄弟をとおしてドゥラロシュは、一七九〇年の市議会のほかの二人の議員、クレマンとデュポンと親族関係にあった。さらに母方のいとこをとおして彼は、ドゥラモルリエールと親族関係にあったのであり、彼とともに統領政府下の最初の市議会の議員となったのである。*34 少なくとも商人社会内部の通婚によって、革命期の官僚は緊密にむすびつけられていたのである。ナポレオン統治下でも、同じ人びとがアミアンを支配しつづけた。すなわち、ルフェーヴル家、アンスラン父、ダルジャン、ドゥラモルリエール、ドゥラロシュ、フレセル、ジャンス＝デュミニ、デュポン、プーラン、ルルー、そしてマセは、共和暦九年、共和暦一〇年、あるいは一八一〇年の、名士リストか高額納税者リストのどちらかに名前がのっていたのである。*35

アミアンの政治の保守性は、その都市の大商人の家族と製造業者の家族とのあいだの結婚のきずなの持続性と強さが原因ではないにしても、少なくともそれによって強められたことは、ありそうにみえる。いったん彼らが一七九〇年以後支配的な地位を確立してしまうと、彼らはその地位を放棄するのをいやがった。けれどもパリからの圧力と新しい民主主義的な思想の衝撃によって、彼らの支配はちょっとのあいだ異議をとなえられた。一七九三年の選挙のあとの演説で、医者のリゴロ（一七九〇年以降市の役人）が、「誠実で勤勉な労働者は、ただとるにたらない財産しかもっていないからといって軽蔑され、拒絶されることはもはやない。彼はとうとう、彼の尊厳のいっさいと彼の権利のなかでもっとも美しいもの、つまりみずからの行政官を任命する権利を回復したのだ[36]」と宣言したとき、彼は製造業者の観点を表明していたのではおそらくなかった。「誠実な労働者」の市政参加によって、商人と製造業者の議員団は明白に減少した（第五章、表5参照）。しかしそのときリゴロ自身も、成功した柔軟な政治家ではあったが（彼は共和暦四年に市長となり、こうして多様な政治的傾向の政府につかえることができることを証明した）、地元の人間ではなかったのである[37]。

残念ながら、アミアンの結婚契約書ほど利用しやすい結婚契約書のある都市はほとんどなく、そのために親族関係のネットワークの比較をおこなうことは困難である。右翼のアミアンと左翼のトゥルーズの主要な相違は、親族関係システムの相違だったのだろうか。この考え方は魅力的だが、しかし実証することはできない。とはいえ、アミアンの証拠は、そこの商人が職人や小売商とは別の親族関係のネットワークをもっていたことを示唆している。職人や小売商の結婚契約書は〔商人のそれにくらべて〕よりまれだが、確認されたものは、職人や小売商が彼ら独自の社会関係のパターンをもっていたことを示唆しているのである。たとえば、かつら業者のルイ・レスクーヴェはボドゥロ家と親族関係にあり、このことはおそらく、彼とともに一七九三年の市議会に選出された靴屋のニコラ・ボドゥロと彼が親族関係にあったことを意味している。*38 引退した靴屋フィリプ・ドゥマイイもまた、一七九三年一月の市議会に選出された。彼が一七八三年に結婚したとき、連署人のなかには引退したパン屋の主人と織工がふくまれており、後者は、彼の新しい若妻の兄弟だったのである。*39 そしてドゥマイイもレスクーヴェも、商人の家族とは親族関係になかった。つまり、彼らの親族関係システムはプチ・ブル的だったのである（おそらく織物工業の労働者とはなんらかのつながりがあった。というのも、ドゥマイイの義理の兄弟は ouvrier saiteur［毛織物労働者］だったからである）。

近所に住んでいるということによって、それぞれの家族システム内部の帰属感は強化され、それぞれの家族システムがたがいに別々だという感覚は高められた。住所が記録されているアミアンの職人や小売商の市議会議員の多くは、〈司教座聖堂〉から近い中央市場の近くに住んでいた（地図2参照）。桶屋、ビール醸造人、金細工師、石鹼製造人、そして食料雑貨商はすべて、この市場に直接通じている道にそって住んでいたのである。そして商人や製造業者は、司教座聖堂の北か、その西および南西かに住んでいた。すなわち、住所がわかった市議会議員の商人の半数以上は、ヴェルジョー通り、セルジャン通り、聖マルタン通り、ボー・ピュイ通りという、市庁舎と司教座聖堂のあいだの、隣接した通りにそって住んでいたのである。ピエール・デイヨンは、アミアンの一八世紀の capitation

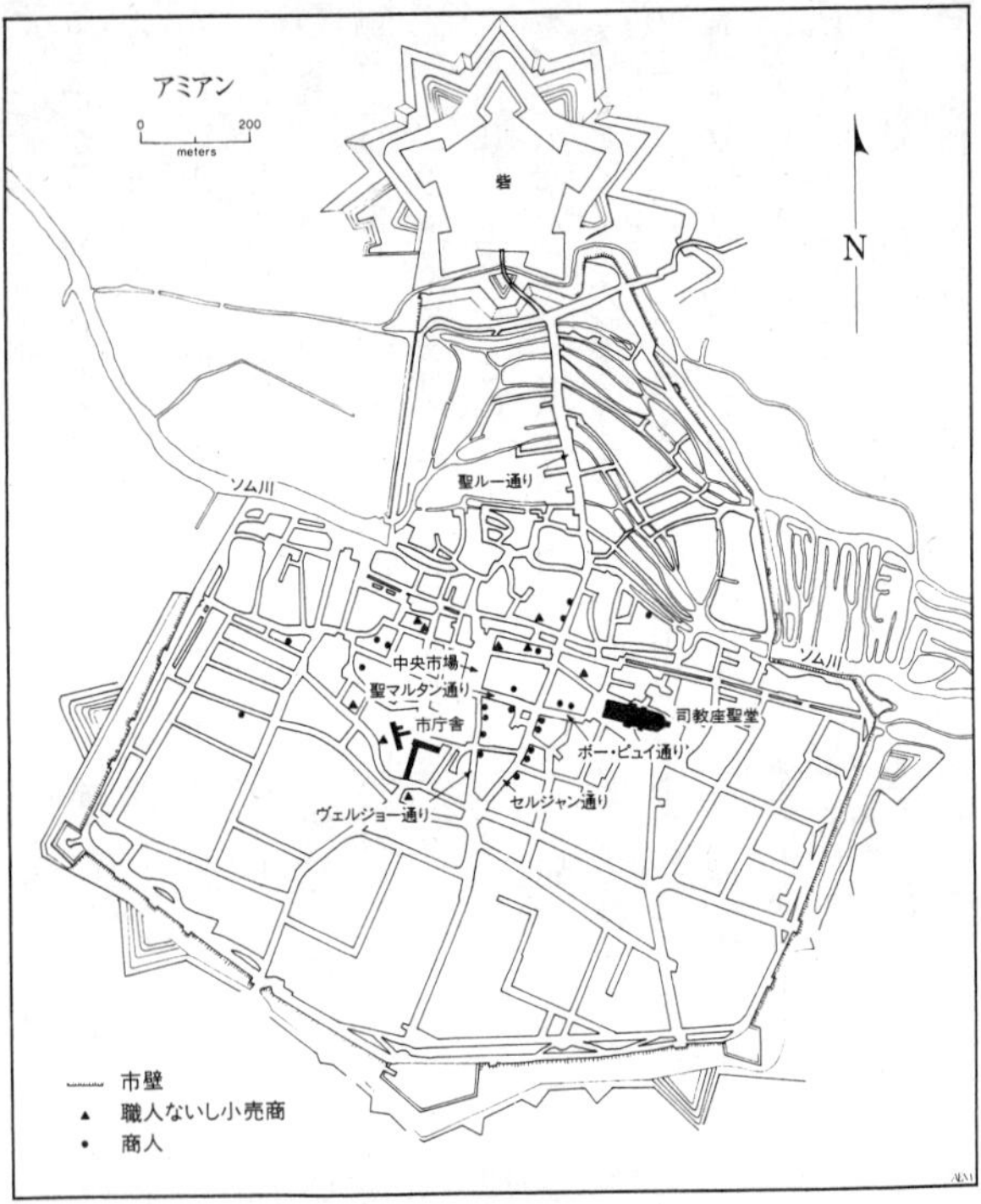

地図2　アミアンにおける革命期の役人の住居

〔人頭税〕目録の研究から同じような社会的分離を見出した。すなわち、国王役人や貴族は司教座聖堂の南および南東に住み、産業界の有力者はその北と西に住み、中流のブルジョワと職人は市の中心に住んでいたのである。[*40]

とはいえ、多くの点で、職人と小売商は、商人や製造業者よりも多様であり、いっしょにくっつく傾向は少なかった。このような一体性の欠如は、大部分、小業者の経済的多様性に由来していた。[*41]市議会に一人以上の代表者をおくりだしている業界はほとんどなかったのである。アミアンにおける唯一の例外は epiciers（食料雑貨商）であり、市議会に四人の代表者がいた。財産課税目録に記載されていたその三人の食料雑貨商のうち二人は、市議会に議席をしめた平均的な商人とほぼ同じレベルの財産と評価されていたのであり、この目録は、これらの食料雑貨商がいくつかの市議会に議席をしめたビール醸造人や桶屋や靴屋よりも織物の商人や製造業者により近かったことをしめしている。[*42]市議会に議席をしめたそれ以外の職人や小売商はさまざまな業界の出身であったが、これらの業界はそれぞれ、それ固有の、ときには矛盾する利害をもっていたのである。

これらの職人や小売商は、アミアンの下層階級にたいする同情のゆえに議員に選出されたのかもしれないが、何千人もの織工が市議会に彼ら自身の代表者をまったくもたなかったことは注目にあたいする。急進的な変化をもとめる圧力はたいていい、この都市の貧民地区に由来するものだった。たとえば、市の北東部の聖ルー小教区はアミアンのサン＝キュロット運動の牙城であり、その住人は大部分、失業した織工たちだった。[43] 毛織物労働者の七月の祭り（fête des sayeteurs）はしばしば、パン価格をめぐって暴動とデモの機会となった。そしてこの騒擾はしばしば、もっと自分たちの要求にすみやかに応えてくれる地元の政治をもとめる政治的要求に飛び火した。たとえば、一七九二年七月と八月、聖ルー教会にあつまった「市民たち」の大規模な集会は、市当局が〈国民衛兵〉の武装化にふみだし、修道院付属の教会を閉鎖し、宣誓拒否司祭を施療院からおはらいばこにし、市庁舎の会議場の壁からルイ一六世の肖像画をおろすことを要求したのである。[44] その直後の選挙では、有権者たちは、かつら業者レスクーヴェと医者リゴロと一人の石鹼製造人を新しい市政をひきいる者として選出した。織工たちは民衆的な圧力をもたらしたが、指導者の地位はほかのところにもとめたのであった。

これらの労働者がより地位の高い社会集団を信頼していたことは、恐怖政治期においてさえ明白であった。一七九五年春にアミアンで弾劾された「恐怖政治家」のリストの筆頭には、一人の錠前師、二人の音楽家、二人の書記、一人の石工、一人の前聖職者、そして一人の木工がいた（最後の者は、まき小屋にギロチンを保管していたことを告発されたのだ！）。[45] これらの庶民的な闘士は、一七九二年八月以後にアミアンで選出された市の役人よりは社会的地位が低かったが、しかし彼らは、織工大衆の出身ではやはりなかったのである。ほかの都市の労働者も同じような指導者層にたよったのであり、この指導者層は、職人や小売商、さまざまなタイプの二流の知的専門職の人びとによって供給された。たとえば、トゥルーズの市議会議員であった小売商は、少なくともふたつの異なる経済環境の出身であった。ひとつのグループのなかには、高等法院によってもたらされた巨大な貴族の顧客たちの要求をみたしていた人びとがいた。このカテゴリーには、宝石商、帽子屋、皮革商、刃物屋、白目製器物の製造職人、金細工師がふくまれていた。彼らの多くは、さきのエリートの施設や住居に近い市の中心に住み、フランス革命の初期に公職をつとめる傾向があった。ジャコバン派の市町村で議席をしめた靴屋や大工やほかのもっと二流の職人は、町のどのような特定地区にもかたまることはなかったようにみえる。そして彼らのうちかなりの人数が、川のむこうの、犯罪のはびこる聖シプリアン地区に住んでいた数人の者もふくめて、ごみごみした郊外に住んでいたのである。そのうえ、どの特定の職業も政治的指導層として目立たない。職人や小売商は、特定の商業や職業の代表者としてではなく、調停者として議会に選出されたのである。彼らが市や町や村の全体にひろがっており、さまざまな社会集団とたえず接触し影響をあたえあっていたために、彼らは、地元の社会の下層階級のすべてを「代表する」ための地位についたのであった。

家族、近所に住んでいること、および職業上のネットワークにくわえて、新しい政治階級はまた、共通の組織体験によってもかたちづくられた。フランス革命以前に、多くの将来の役人は、一八世紀のあいだに劇的に数が増加したフリーメーソンの会所に加入していた。都市の会所は、都市社会内部の非゠貴族の多様な社会グループの重要性を反映していた。アミアンでは、フリーメーソンの九六パーセントが第三身分の出身だった。すなわち、彼らのうち四六パーセントは商人か製造業者であり、三一パーセントは法律職か自由業の出身であり、一三パーセントはプチ・ブルジョワジーの出身だったのである。ボルドーの支部にはいっそう多くの商人がいた。ナンシーとトゥルーズではより少なかった。たとえば、ナンシーでは、フリーメーソンのたった七九パーセントのみが第三身分の出身だった。そして彼らのうち五一パーセントが法律職およびそれ以外の自由業であり、二一パーセントが商人であり、一五パーセントが職人ないしは小売商であった。[*46]

フリーメーソンがすべて革命家になったわけではなかった。そしてその会所が、閉ざされたドアのかげからフランス革命の道筋の構想をねったことを示唆する証拠もまったくない。[*47]比較的くわしいメンバーのリストから、ナンシーとトゥルーズにおけるフリーメーソンの会所の影響をつきとめることができる。ナンシーでは、フリーメーソンは革命期のあらゆる市議会議員団のなかに見出されえた。すなわち、一七九〇〜九一年には市議会議員の二〇パーセントがフリーメーソンであり、恐怖政治期にはこの率は八パーセントまで低下し、共和暦三年のあいだは一〇パーセントがメンバーだった。[*48]そして最後に、総裁政府のもとで彼らの人数はふたたび二〇パーセントに上昇したのである。ナンシーではある会所が市の役人の貯蔵所としてきわだっているが、それは、一七七一年に設立されたサン゠ジャン・ド・ジェルザレム会所である。一七九〇～九一年の議員であった九人のフリーメーソンのうち七人が、総裁政府期に選出された六人のフリーメーソンのうち五人が、この会所に所属していた。たった一人のフリーメーソンだけが両時期の市議会の議員であったにすぎないから、その会所の役割そのものが暗示されている。さらにいっそう興味をそそるのは、総裁政府期に市議会議員であったその会所のメンバーの半数以上がじつにフランス革命の開始以後に加入した、という事実である。*49 対照的に、一七九〇～九一年のあいだ市議会議員であったその会所のメンバーの多くは、一七七〇年代にすでに加入していた二人をふくめて、一七八九年以前のある時点で加入していた。したがってナンシーの野心的な政治家は、サン＝ジャン会所に加入することの利益に気づいていたようにみえる。この会所は、さまざまな社会的地位のメンバーの加入をみとめた。たとえば、軍隊の将校、聖職者、商人と製造業者、法律家、役人、そしてかなりの数の職人と小売商が加入していた。この意味で、その会所は、革命期の市議会の複雑な社会的バランスをまえもってしめしていたのである。市の官職に選出されたフリーメーソンの多くは、商人（三六パーセント）、法律家（四一パーセント）、あるいは知的専門職の人びとであり、職人や小売商は一人もいなかったのである。

トゥルーズでは、どの会所も〔ナンシーのサン＝ジャン会所と〕同じようには支配力をふるってはいなかったが、これはおそらく、南仏ではフリーメーソン主義がきわめてひろくゆきわたっていたからであった。フランス革命前夜に、トゥルーズでは五〇〇人から六〇〇人のフリーメーソンがいたのである。[*50] トゥルーズでナンシーよりも多くの会所があり（一七八九年にナンシーでは七つの会所があったのにたいして一二の会所があった）、そのうちのいくつかの会所は市議会議員を生みだした。市議会におけるフリーメーソンの比率は全体として、一七九〇～九一年の五分の一から総裁政府期の三分の一へと変化した（ただし恐怖政治期にはたった一人のフリーメーソン議員しかいなかった）。[*51] どれかひとつの会所がきわだっていたとすれば、それはアンシクロペディック会所であった。すなわち、一七九〇～九一年の市議会議員の八人のフリーメーソンのうち三人、そして総裁政府期の八人のうち二人は、フランス革命の直前に設立されたこの会所の出身だったのである。設立されてから一年以内に、アンシクロペディック会所は、さまざまな社会グループから一二〇人のメンバーをもとめた。職人と小売商が多く加入し、ナンシーにおける彼らのかかわれとは異なって、彼らのうちの数人は、市の役人に選出されつづけた。市議会のフリーメーソンの六〇パーセントは商人であったが、二番目に大きなグループは、一六パーセントをしめる職人と小売商のグループであった。このようにフリーメーソン主義は、ちょうどそれがナンシーでは商人と法律家と自由業の結びつきを形成するのに寄与したように、トゥルーズでは商人と職人＝小売商の提携を確保するのに寄与したのであった。

フリーメーソン主義は、革命期の運動に重要な支えとなったクモの巣状の人的つながり、ときとしてクモの巣状のイデオロギー的つながりさえもつくりだした。[52]しかし、このとらえどころのないネットワークを急進的な政治と同一視するとすれば誤りということになるだろう。というのも、フリーメーソンの影響力は恐怖政治期にもっとも少なかったからである。たとえば、トゥルーズでは、恐怖政治以前に選出された最後の市議会には六人のフリーメーソンがふくまれていたのにたいして、恐怖政治期の市議会にはたった一人しかふくまれていなかった。さらに、そこの会所はフランス革命のあいだあまり活発ではなく、たとえトゥルーズのジャコバン派のほぼ三分の一が同時にフリーメーソンであったにしろ、フリーメーソン主義とジャコバン主義とのあいだにはしばしば競合や対立があったのである。[53]トゥルーズの会所は、共和暦三年に派遣議員のマラルメによって短期的に解散させられたが、彼は、何人かのジャコバン派の不平にもとづいて行動したのだった。とはいえ、通婚と同様に、フリーメーソンの会所のメンバーは、革命の一〇年にわたって市政にある程度の持続性をもたらしたのであり、恐怖政治期に衰退したとはいえ、その会所は、一七八九年から一七九九年のあいだ完全に消滅することはなかったのである。トゥルーズの会所は結局再建が許可され、一七九七年には、多くの以前のジャコバン派が若がえったアンシクロペディック会所に加入したのである。[54]組織としてのフリーメーソンの会所がフランス革命をつくりだしたのではなかったが、しかしそのメンバーであるということによって、革命期の多くの役人は権力に接近することが容易になったのであった。

地元の役人を補充するためのもっとも明白な中心は、ジャコバン・クラブであった。革命初期にあらわれ、通例パリの親クラブと提携していたため、ジャコバン・クラブはどの都市でも卓越した政治組織であった。[*55] けれどもこのクラブは、どの地方でも同じ原則とプログラムを支持していたのではなかった。ボルドーの〈憲法の友の会（Amis de la Constitution）〉は、設立当初は一般にそうよばれていたのだが、政治的には穏健で、一般に連邦主義の運動を支持したのである。この〈友（Amis）〉は、社会的には、「あいかわらず金持ちと財産家の純粋性がそこなわれていない領分であった」。[*56] 一七九〇〜九一年の市議会議員の半数が、唯一いまなおのこっているこのクラブのメンバー・リストにあらわれる。[*57]「恐怖政治家」（全国的な基準での真のジャコバン派）の市議会議員がたったの一一パーセントしかいなかったのにたいして、一七九三年の「連邦主義的な」市当局の役人の半数以上（六〇パーセント）は、そのリストに名前がのっていた。共和暦三年の市議会議員のほぼ四分の一はジャコバン派であり、総裁政府期の市議会議員の四四パーセントはクラブのメンバーであった。恐怖政治体制のより急進的な役人（一七九三年九月から共和暦二年末にかけて議員であった人びと）は、あまり大きくない商人や小売商や自由業のメンバーからなる組織〈国民クラブ（Club National）〉のような、別のクラブから補充されたのである。[*58]

トゥルーズのジャコバン派は、対照的に、ある歴史家が petite, moyenne et grande

bourgeoisie〔小・中・大ブルジョワジー〕の「人民戦線」とよぶものを表現した。[*59]ボルドーのジャコバン派を支配したような大商業エリートがいなかったために、あまり大きくない商人や零細な小売商が、より典型的なジャコバン派の態度(「国民公会」における「山岳派」、つまり左派を支持すること)を地元の政治で維持することにいっしょに努めることができたのである。市議会におけるジャコバン派の比率は、一七九〇〜九一年における四六パーセントから一七九二〜共和暦二年における六五パーセントへと上昇し、それから共和暦三年にいっとき四三パーセントに下降し、そして最終的には総裁政府体制下に五八パーセントに上昇した。[*60]ほんとうの意味で、トゥルーズはジャコバン派の拠点であった。ほかの大都市とまさに同じほど役人の顔ぶれに転換があったにしろ、ジャコバン・クラブは大きな持続性をもたらしたのである。

アミアンにおけるジャコバン派の影響力の軌道は、もっとも典型的な道筋をたどった。すなわち、共和暦二年にジャコバン派の市議会議員はもっとも高率であり(五六パーセント)、恐怖政治の前後にはその半数の市議会議員だけがジャコバン派であった。[*61]とはいえ、都市間の相違をあまり重視すべきではない。というのも、利用しうるメンバー・リストは異なる年のものだからである。さらにいくつかの重要な類似点もある。これら三つの都市では、商人、職人、小売商がジャコバン・クラブのメンバーであるということから最大の利益を得ていた。アミアンでは、ジャコバン派の市議会議員の三〇パーセントが商人であり、三〇パーセントが職人か小売商であった。[62] ボルドーでは、四二パーセントが商人、一三パーセントが職人か小売商であった（ただし、かなりの数の職業がリストに記載されていない）。そしてトゥルーズでは、二八パーセントが商人、二三パーセントが職人か小売商であった。法律家は、どこでもはるかに低率であった。ジャコバン・クラブは、一方の商人や製造業者と、他方の職人や小売商とのあいだの同盟にとって試練の場であったのである。ジャコバン派は市議会の議席をすべて支配することはなかった。けれども、一七九四〜九五年にクラブが閉鎖されたあとでさえ、以前のメンバーが市の官職に選出されつづけたのである（三つの都市のそれぞれにおける総裁政府期の役人の少なくとも四分の一はジャコバン派であった）。このことは、都市行政における急進派の持続的な影響を立証するものではかならずしもなく、むしろ、ジャコバン・クラブの広範な魅力と明白に政治的な組織に所属していることによって得られる力をしめすものであった。

ある意味で、ジャコバン・クラブは、フリーメーソンの会所がやめたところからつづけた。フリーメーソン主義は、博愛主義、人との親交、そしてある程度は新しい思想に関心のある人びとをひきつけた。ほかのアンシャン・レジームの政治制度や文化的組織とは対照的に、〔フリーメーソンの〕会所は、よりいちじるしい社会的混淆にたいしてひらかれていた。ジャコバン・クラブは、〔フリーメーソンの会所と〕同じ博愛主義的な目標のいくつかを追求し、ある程度同じような人との親交を提供したが、しかしそれは、新しい、組織的な政治的次元をつけくわえた。フリーメーソンはゆるくむすびつけられたネットワークであったが、ジャコバン派は、ある地方におけるクラブとクラブのあいだの、そして地方とパリとのあいだのコミュニケーションを基礎にして成長したのである。ジャコバン・クラブは、共和主義運動において重要な連結環であった。そのクラブの内部では意見のくいちがいの余地はおおいにあったし、しかもそれはしばしば、下からのいっそう民衆的な組織による圧力をうけた。それにもかかわらず、共和主義はそれなしでは考えられないものであった。連邦主義的なボルドーにおいてさえも、ジャコバン・クラブは共和主義運動におおいに寄与した。総裁政府期の役人であった商人のピエール・バルグリは、彼の家族のほかの三人とともに〔ジャコバン・クラブの〕初期のメンバーであった。総裁政府のもとで彼は、以前ジャコバン・クラブのメンバーだったスリニャックとともにジャコバン・クラブを「憲法クラブ」として復活させようとした。スリニャックは当時、ボルドー市政を調整する〈市中央事務局〉で彼といっしょになったのだ。二人とも、一七九七年九月の〈議会〉での王政派にたいする総裁政府のクーデタをおおっぴらに賞賛し、王政主義をくいとめるために地元での闘争を指導した。*63 数では圧倒されていたところでさえも、ジャコバン派は、以前の組織体験のおかげでその信念を維持することができたのである。

新しい政治階級は、モリスが主張したように、「権力の座についてまもなく、理論的には無謀で、実践的には未熟で」*64 あったかもしれないが、しかしそのメンバーは、形而上学的な真空空間からでてきたのではなかった。彼らはその背後に、家族のネットワークや近所に住んでいることによる結びつき、組織上のつながりをもっていたのである。アウトサイダーであった彼らはまた、宗教的寛容や世俗化や政治参加の拡大といった啓蒙主義の理想にたいする親近感を本来的にそなえていた。彼らは権力に駆られていたのでもなかったし（その証拠として彼らの多くがなんとすばやくそれを放棄したことか）、党派の官僚になることに関心があったのでもなかった。ここであげる最後の一例は、彼らの確信を示唆している。一〇年間の混乱ののち、一七九九年にボルドーは、反徴兵暴動と復活した王政派の運動によってふたたびなやまされた。それにもかかわらず、この都市の行政官の一人は、大胆にもつぎのようなことばをはいて群衆を威圧したのである。「われわれは共和主義者だ。なぜならわれわれは、人間にもっともふさわしいのは共和政であると信じているからだ。だれもが、彼らの能力にしたがって、法の形成と執行において結束するようにいざなわれているのだ」[*65]。右翼のボルドーにおいてさえ、そしてボナパルトのクーデタ直前の数カ月においてさえ、フランス革命の前途を信じつづけていた多くの人びとがいたのである。

商人と法律家、職人と小売商、村の教師と宿屋の主人のだれもが、新しい政治階級のメンバーとなったのではなかった。けれども、商人と法律家、職人と小売商、村の教師と宿屋は、農民や裁判官、貴族、農村の地主、あるいは都市の労働者よりも政治的にまきこまれる傾向があった。もし彼らがある特定の場所に住んでいたり、特定の社会的・文化的位置をしめていれば、政治参加の機会はそれだけいっそう大きくなった。政治的に明白な態度をしめした者の多くは、近代世界の周辺に住んでいたか、以前のエリートの周辺の場所をしめていたのである。彼らは、「内輪」にたいする「よそもの」であったというより、排除されていると感じていた「内輪」に近かった。彼らは、社会的な最下層民ではなく、相対的なアウトサイダーだったのである。

この階級の社会的プロフィール、仲介者や文化の媒介者がはたした重要な役割、そして新しい政治的ネットワークをとおして支持された合理化と国家化を志向する諸価値は、すべて、革命期の運動における都市文化の影響をさししめしている。新しい政治階級は、その社会的起源においてきわめて都市的であった。すなわち、文化の媒介者は都市のさまざまな影響を農村にもたらしたし、世俗主義、合理主義、そして普遍主義はすべて、精神をむしばむと考えられる都会生活の影響と関連していた。このようなパターンは、フランス革命の近代化論的解釈を支持するようにみえるであろう。その見方においては、革命家たちは、都市化と読み書き能力、そして役割の分化によってますます影響される社会の、合理主義的でコスモポリタン的な諸価値を発展させる近代化主義者であった。それではわれわれは、マルクス主義者の解釈を、トクヴィルやデュルケムあるいはヴェーバーのタイプの近代化論的解釈とおきかえるべきなのであろうか。

多くの近年の研究は、やや変形した近代化論的解釈を提唱している。革命祭典にかんする研究においてモナ・オズーフは、祭典組織者の多くの異なった政治的目的の下に、文化にかんする共通の考え方が横たわっていることを強調した。すなわち彼らはみな、「人間の均質化[*66]」のためにはたらいていたのである。巨大で見通しのよい空間、円状の配置、そして巨大な記念物にたいする好みはすべて、個性や特殊性を新しい共同性のなかに解消しようとする願望の証拠であった。カテゴリーや区分が祭典行列において必要とされるときには、それらはいつも機能的なものになった。つまり、年齢や性別、そして新しい秩序における業務や地位によるカテゴリーや区分になった。アンシャン・レジームのギルドやカーストのような区分は消され、やっかいな社会的・経済的多様性は、平等な市民からなる新しい共同体をあわただしく祝うなかで見すごされた。したがって、オズーフによってしめされたように、革命祭典は、トクヴィルの考えでは絶対主義の国家権力のいっそうの強化に機能した、平等化と平準化と合理化のプロセスを例証しているのである[*67]。

革命の敵対者の視角からみると、フランス革命は、伝統的社会とジャコバン派の革新とのあいだの闘争を体現しているようにみえた。コリン・ルーカスがフランス南東部のテルミドール派〔ロベスピエールの失脚と恐怖政治の終結をもたらした共和暦二年テルミドール九日（一七九四年七月二十七日）のクーデターを支持した人びと〕の暴力にかんする研究において論じるように、「恐怖政治家は、暗黙のうちにみとめられていた均衡を破壊した。

彼らは、ある意味で異常に強力になるために、共同体にとって異質な外部の権力と価値を導入したのである」[68]。恐怖政治家は「乱暴に」革新した。そして（一七九四年以後の時期の）テルミドール派の若者集団は、共同体支配の垂直的関係を回復するという伝統的目的をもって、伝統的な仕方で彼ら〔恐怖政治家〕を処罰することによって〔この革新に〕反応した。とはいえ、この若者集団は、けんか好きな農民の息子からなっていたのではなく、いまだに旧いしきたりや価値に愛着を感じていた地主や法律家や商人の息子からなっていた。したがってテルミドール派の暴力は、農村をけしかけて町を攻撃させたものではなく、むしろ、それがおこった小さな町の諸集団にひろくおよんだのである。

ルーカスやほかの研究者によって記述されたように、「伝統」と「近代」のあいだの革命期の闘争は、フランスの君主権力の生長にともなう革新をめぐって頻発した闘争に似ていた[69]。一七世紀中葉における intendants〔地方長官〕の導入、司法制度を改革し官職売買を除去しようとする周期的な努力、そして守護聖人の日と相対的に騒々しい宗教的祭りを制限しようとする教会の努力さえも――すべて、司法官によるものであろうと、村民によるものであろうと、伝統的な共同体の抵抗に遭遇した。一七八九年以後の近代化主義者の態度はどのように異なっていたのだろうか。一七九〇年に新しく選出されたルマランの村会は、貧困の原因が「もっぱら cabarets〔居酒屋〕によってもたらされた放蕩と無宗教、あまりに数が多すぎる fête〔祭り〕の日によって生じた不敬虔と無秩序」[70]にあった、と不平をのべた。その解決法は、居酒屋をもっと厳格に管理し、いくつかの祭日を廃止すること、つまり、日常生活における規律を確かなものとするために政治権力を増大させることであった。

共和政のもとでも、同じような闘争が新しい革命暦の旬日の祝賀を中心としておこった。何百ものそのような出来事のひとつは、一七九九年にアン県のある村で生じた。総裁政府のその地の代理官が午後の散歩をしているとき、彼は中央広場で太鼓をうち、ダンスをしている一群の人びとに遭遇した(旧暦では日曜だったが、もはや休日とは考えられてはいなかった)。もっとも近くの憲兵を呼びだしたあと、気がついてみるとその代理官は飲み騒ぎする人びとによって道で襲われていた。そのリーダーは彼ののどをつかみ、彼を壁におしつけ、彼が日曜にダンスをすることをじゃましようとしたことにたいして大声で抗議し、殺すぞ、と彼を脅した。数人の見物人がいたにもかかわらず、しかもその代理官はその男の名前を知ってさえいたにもかかわらず、彼は逃げ去った、あるいはそのようにその代理官は報告した。[*71] 多くの点で、この出来事は、自分たちのお気に入りの守護聖人の日と祭りを維持しようとするアンシャン・レジーム下の地域住民のくわだてとほとんど変わらない。

とはいえ、フランス革命は、アンシャン・レジームの君主や名士の近代化の努力をたんに継続しただけではなかった。政府の行政官は金や人やイデオロギー上の支持を彼らが要求したことにたいする地元の抵抗にいぜんとして直面しつづけたが、そして名士たちが村を侵害する外部世界をいぜんとして表象しつづけていた村もあったが、当事者の出自は変化していたのである。聖職者や領主と彼の手下のかわりに、宿屋や教師、そして県の中心都市における彼らのパトロンがあらわれた。いまや多くの聖職者とアンシャン・レジームの役人は、反対派であった。この出自の変化は、国家の正当性の基礎における変化にともなうものであった。自由や平等の名において、共和政の代理人たちは積極的に変化を推進した。たしかに、彼らは秩序を維持しようとしたが、しかしまた彼らは、軍事的戦線とイデオロギーの戦線の双方において住民を共和政支持の方向に動員しようとしたのである。彼らはたんに、いっそう大規模に金をもとめ情報を収集しようとしたのではなかった。彼らはまた、民衆に活をいれ、新しい祭りを企画し、市民宴会を組織し、演説をおこない、委員会を任命すること、要するに、政治意識の程度を奮いたたせることに従事しようとしていたのである。サンタマンにおける革命期の役人としてのロケットの活動は、領主裁判所の判事として彼がひきうけた活動とはおおいに異なっていた。

だが、革命家の近代化の努力が改革を志向する君主制のそれよりも徹底しており、主権にかんする新たな原則にもとづいていたことを認めるにしても、それでもそのプロセスはいぜんとして近代化のひとつなのではなかろうか。あきらかに、近代化をどのように定義するか、ということに多くはかかっている。残念ながら、近代化は、社会科学の語彙のなかでもっとも意味の曖昧な語句のひとつである。マルクス主義とは異なって、近代化理論には権威のあるテクストがない。一九世紀と二〇世紀の偉大な社会科学者の多くは、なんらかの近代化を同時代の社会生活の顕著な特徴と考えた。たとえば、マックス・ヴェーバーは合理化と官僚制化を強調したし、一方デュルケムは、社会の崩壊と団結の再建が交互におとずれることに焦点をあてた[*72]。そのうえ、たいていの近代化理論において、フランス革命はしばしば重要な位置をしめている。ちょうどマルクスがフランス革命を典型的なブルジョワ革命と定義したように、近代化にかんする多くの理論家たちもまた、フランス革命を典型的な近代化の運動と定義するのである。その結果として、どちらの説明においても、フランス革命は同語反復的に説明される。フランス革命は、定義上、ブルジョワ的か近代化志向的なのだ。

おそらくフランス革命を試金石としてもちいている近代化論的説明のなかでもっとも影響力のある事例は、サミュエル・P・ハンティントンの『変革期社会における政治秩序(*Political Order in Changing Societies*)』である。ハンティントンは、政治的近代化を三つの部分の発展として定義する。すなわち、権威の合理化、新しい政治的職務の分化とこれらの職務を遂行するための専門化した機構の発展、および全社会の社会集団による政治参加の増大、がそれである。彼の見方においては、革命は近代化の一側面であり、この近代化とは、「なんらかの社会的・経済的発展を経験し、政治的近代化と政治的発展のプロセスが社会的・経済的変化のプロセスよりも遅れた社会においてきわめておこりやすいのである」[*73]。とうぜん予期されるように、この説明は正しいように聞こえる。というのもフランス革命は、権威の合理化と新しい政治制度の発展、および拡大した選挙上のプロセスをとおしての民衆参加の増大を実際に促進したからである。

この政治的近代化のモデルの影響は、フランス革命にかんするシーダ・スコッチポルの最近の分析にみることができる。彼女の見解では、近代の社会革命は、「経済的により発展した競争国に遅れをとった国々において生じたのであり」、これらの革命においては、「競合する諸国家からなる世界では〔国家の〕革命的統合が急務であったおかげで、中央集権的で強制的な行政組織をつくりあげることをいとわず、またそれができた指導者たちが革命期に活躍すること、そして、彼らがつくりだしたものによって国家の指導者集団にとっての権力の永続的な基礎が創造されること、が保証されたのである」[*74]。彼女は経済成長と政治的適応のあいだの国内的不均衡よりも国際的競争を重視するのだが、モデルの機能は明白である。すなわち、経済的要請と政治的発展のあいだのギャップによって革命が促進され、この革命がつぎにはそのギャップをうめるのである。この見解においては、ジャコバン主義は、近代国家の支持者に指導者集団としての一体性を付与し、大衆を動員することによって、近代国家の建設を促進したことになるのだ[*75]。ハンティントンやトクヴィルにおけるのと同様に、イデオロギーとしてのデモクラシーは、ただ中央集権国家の権力を強化したにすぎないのである。

マルクス主義者の解釈と同様に、近代化論的説明にもそれなりに結果を前提的定義に関連づけるという特性（lockstep quality）がある。たまたまおこったことはすべて、最初の一連の定義にまでもどって関連づけられる。近代化によって伝統社会における諸勢力のまえもって存在する均衡はこわれ、それにつづいておこる崩壊は、なんらかの調和が回復されるときにのみ終結するのである。このようにして、フランス革命のひとつの結果（政治的近代化）は、目的論の焦点となる。すなわち、制度化、合理化、デモクラシー、および政治的動員は、すべてひとしく、国家権力の強化という結果に従属させられるのだ。ちょうどマルクス主義者の説明がフランス革命における個々の闘争をすべて資本主義の発展という結果にとって必要なものと解釈するように、近代化論的説明もまた、個々の政治的革新を中央集権化の強化という結果にとって必要なものとするのである。前者においては、デモクラシー、権威主義、普遍主義、そして合理主義はすべて、資本主義の発展（経済的近代化）のために機能する。そして後者においては、それらはすべて、国家権力（政治的近代化）のために機能するのである。

マルクス主義者の解釈と同様、近代化論的解釈は、まちがっているというより、分析上の厳密さを欠いているのである。フランスの政治エリートのほとんどだれもが、国王やアンシャン・レジームの裁判官、自由主義的貴族、一七九〇年の立憲君主主義者、ジロンド派、ジャコバン派、そして総裁政府派もふくめて、近代化に賛成だった。とはいえ、いったんフランス革命が開始すると、変化をもとめる広範なコンセンサス内部の分裂がしだいに深刻になっていったのである。これらの分裂を近代化一般をめぐる意見の相違に帰すことはできない。むしろそれらは、特殊デモクラシーをめぐる意見の相違だった。革命期のエリートは伝統社会から彼らを分かつ諸価値を共有していたが、彼らのなかでもっとも急進的だった者は、しばしばもっとも近代的ではなかったのである。たとえば、村の宿屋、フォンシーヌの地元の織物行商人、そしてメクシミューの村会の議員であった馬具屋はみな、急進的な共和主義を魅力的でないと考えたアミアンの自信にみちた製造業者やボルドーの商人＝海運業者よりも近代的ではなかった。さらにもっとも近代的な県は、しばしば政治的には右翼であった。

同じような観察は、革命運動における都市文化の役割にもあてはまる。都市的な地域と都市の人びとは革命期の動員の前線に位置したが、しかし都市はまた、もっともはげしい政治的分裂の場でもあった。急進的な革命は、きわめてしばしば、小・中規模の町や村のしわざだったのであり、そして都市行政に未経験であったり、大都市での経験はあるがより小規模の町や村で出世した人びとのしわざであった。サンタマンのロケットとパシィのタイヤールは、後者の現象の格好の二例である。ちょうど反革命がもっとも遅れた地方においてではなく、むしろチャールズ・ティリーが都市化とよんだプロセスを経験しはじめていた地方においておこったように、革命もまた、もっとも都市的ないしはもっとも近代的であった人びとにではなく、ふたつの種類の文化のあいだの闘争をじかに経験していた人びとにアピールしたのである。[76] 都市的なものと農村的なもの、近代的なものと遅れたものとの境界線上で、衝突が存在する地方で、そしてアウトサイダーと仲介者によってしめられた場において——そこでこそ、参加と革新という新しい教義は、もっともあたたかく受けいれられたのである。

民主的な参加への信念によってフランスにおける共和主義の「見習い訓練」は口火をきられたのであり、新しい政治文化は十分にふかく吸収され、革命的・共和主義的伝統の基礎がかたちづくられた。[77] フランス革命のこの結果は、トクヴィルからスコッチポルにいたる近代化論的解釈においては見逃されている。というのも彼らは、そのかわりに国家権力に焦点をおいているからである。ボナパルトはジャコバン派の経験から民衆動員の価値をまなんだが、しかし彼は、それを同じようなかたちで促進することはしなかった。彼は、あらゆる意味ある政治参加を除去したのである。投票と政治クラブは国家による大量のプロパガンダに席をゆずり、積極的な参加は受動的な傍観によってとって代えられた。したがって、フランス革命の政治的結果は、ボナパルトのもとで「十分に固められた」のではなかった。というのも彼は、近代化の半分のみをえらびだし、その残りを廃したからである。デモクラシーはけっして能率のいいものではなかった。それは一般的に予期しえないものであり、いつも潜在的に危険であった。その結果として、ほかの何よりも合理化と平準化を重視した近代化主義者たちは、デモクラシーよりもナポレオンの旗のもとにむらがったのである。民主共和主義を信奉することなしでも近代的であることは可能だったのだ。

もっとも熱情的な共和主義者は、政治支配、いやそれどころか社会関係にかんしてさえ新しい基礎をもちこんだ。従属は説得に、伝統は革新に、「狂信」は合理的な共和主義に、そして家産的な官職は選挙と政治的動員に席をゆずった。共和主義者はこれらの理想を、それらが政治的動員にとって有効であると知ったがゆえに、あるいは「歴史の舞台からしめだされる」[*78]ことをやっきになって避けようとしていたがゆえに信奉したのではない。一七九〇年代に彼らは、まさに歴史の舞台にのぼろうとしていた。一九世紀と二〇世紀の長期の観点からみると、共和主義者は変化の方向にそくした一団であり、未来の人びとであった。彼らは、第一・第二帝政のではなく、第二・第三共和政の前走者であった。彼らの考えは人を動かさずにはおかなかったが、それは、彼らの考えが近代化や資本主義の発展のプロセスにおける勝者や敗者にアピールしたためではなく、新しい社会的・政治的秩序への希望をあたえたからなのである。彼らは、政治参加と名誉という古典古代の理想を、民主的な選挙、多くの人びとによってになわれる〔政治的〕責任（broad-based responsibility）、そして組織された政治活動という新たな装いのもとに約束したのだ。彼らが短期的に失敗したことは、彼らの長期的な成功からすれば、ほとんど問題とするにたりないのである。

結論　政治文化における革命

Revolution in Political Culture

フランス革命は、特有な意味で、根本的に「政治的」であった。新しい政治的レトリックの創造と政治的実践における新しい象徴形式の発展は、政治にかんする同時代の考え方を変えた。政治は社会をつくりかえる道具となった。フランス人は、過去の慣習を引き合いにだすことなく、理性と自然に基礎をおいた新しい国民共同体をつくりだすことができる、と信じたのである。そのような高遠な理想は、その実現のために新しい政治的実践を要請した。マス・プロパガンダの技術、下層階級の政治的動員、そして日常生活の政治化はすべて、国民を再生させるために生みだされた。そしてそれらはすぐに、革命期の経験を定義する重要な要素となったのである。

新しい言語とシンボルは、集合的、匿名的、そして大部分意識されることなく発展したのだが、何もないところで変化したのではなかった。革命のプロセスになんらかのかかわりあいを感じていた人びとによってレトリックは語られ、シンボルはとりあげられ、たえず変化させられたのである。革命政治は、マルクス主義のいう意味での社会階級の道具でもなかったし、近代化を志向するエリートの道具でもなかった。それは新しい政治階級とともに出現したのであり、政治と階級はともに、ひろく共有されたレトリック上の想定と集団的な政治的実践によってかたちをあたえられたのである。

たとえ革命期の政治文化が、定義上、つねに変化と発展のプロセスのなかにあったにしろ、この政治文化にはじつは、それを首尾一貫し統一あるものとしていた源泉があった。

革命家たちは、新しい社会的・政治的秩序の基礎として理性や自然を信頼していた結果として、一連の願望を共有していたのである。彼らは、出世は生まれよりも才能にもとづくべきであり、排他的階級やギルドや特定の地位に特有な特権は存在すべきではなく、選挙や官職保有をとおしての参加はひろい範囲の市民に開放されるべきだ、と考えた。要するに、彼らは、新しい秩序は基礎において合理的であり、範囲において国民的であるべきだ、と思ったのである。これらの意識的な政治原則は、啓蒙思想家の著作から引きだされたものであり、多くの教養あるフランス人に共通していた。革命家たちは、レトリック上の彼らの暗黙の想定によって彼ら以外の教養層とは異なっていた。彼らは、再生された国民は歴史に前例のない新しい共同体であり、この共同体は透明な社会的・政治的関係という理想に基礎をおいている、という確信にもとづいて行動したのである。したがって彼らは、官職あるいは衣服にさえも相違をもうける必要性をなんらみとめず、もっとも極端な場合には、どのような代表の必要性もみとめなかった。新しい共同体は政治家や党をなんら必要としなかった。議員や官僚は一時的に、しかも民衆の意のままに活動すべきであったのである。

政治の世界はどのように機能すべきか、ということにかんするこれらの想定を革命家たちは共有していたが、同時にまた、このような政治的ヴィジョンにたいする実際上の限界という厳然たる経験も共有していた。実際に、彼らは、制度とシンボルの双方における適切な代表＝表象システムを探しもとめなければならなかった。民衆はかならずしも活動しているとはかぎらなかったし、一般意志の要求しているものを認識できるかどうか、という点でかならずしも信頼できなかったのである。フランス革命は権力の家父長モデルに異議をとなえたが、しかし急進派でさえも、なんらかの正当な（彼らのみるところでは男性的な）権威を維持しようとやっきになった。そして共和主義者は、その政治的行程においてよりいっそう困難な障害に遭遇するにつれて、ますます彼らの教育上の役割を強調したのである。フランス人民がただちにつくりなおされないとしても、少なくともひとつの教訓的な事例は後世にのこされよう。これが共和主義の遺産であった。

革新のレトリックと革命の象徴形式は、その原動力を新しい政治階級から得た。政治的事柄にかんする彼らの未経験、彼らの相対的な若さ、そして相対的なアウトサイダーとしての彼らの位置は、革命のレトリックとシンボルの発展を促進する効果をもった。透明と教化主義、断絶と再生は、「下劣な改革者」とよばれた人びとの関心に直接うったえかけた。彼らは、権力にたいして新参者であり、以前には排除されていたので、革命期の革新の不確かさと心配事の影響をとくにうけやすかったのである。彼らは、彼らの革命的テクストの権威にかんして確信をもっていなかったし、彼らが中心人物であった社会的・政治的ドラマの結末を予言することができなかった。疑いもなく、彼らが権力の回廊への新参者であったことによって、彼らはまた、陰謀の脅威の実在を確信するグループとなる傾向があった。やってきたばかりの移入者、宗教的少数者、新しい教師、下級裁判所でばかり実務に従事してきた法律家――彼らはすべて、政治的事柄の手綱をひきつぐ機会をつかまえると同時にその行く末にかんして心配する多くの理由があったのである。彼らのなかには一七八九年以前にフリーメーソンの会所に所属していた者もいたが、新しい政治家の大部分は、民主的な社会的結合関係の経験をまったくもっていなかった。*1 ジャコバン・クラブが彼らの政治教育の最初の学校だったのであり、公職が彼らの実際上の訓練場だったのである。

以下にのべるように、革命の政治文化の首尾一貫性には象徴的源泉と社会的源泉とがあった。革命家は同じ言語を話し、権威のシンボルや図像に同じ特性をもとめた。ヘラクレスとマリアンヌは、すべての人を同じように表象した。彼らの社会的背景や経済的利害が多様であったことによって、合理的で国民的で普遍的な図像への訴えはそれだけいっそう重要なものとなった。フランスの新しい政治階級には正確な社会的境界がなかったために、革命家たちは、彼ら自身と彼らの活動にふさわしい表象の探究に膨大な時間とエネルギーをささげることになったのである。ことば、祭典、印章、時間や空間や距離の測定にかんする関心は、なにかもっと現実的な、あるいはもっと重要な政治問題からの気晴らしではなかった。それは、革命のプロセスの定義と新しい政治階級のアイデンティティにとって本質的に重要だったのである。それゆえ皮肉なことだが、新しい政治階級の社会的定義が欠如していたことによって、革命の経験は、慣習と伝統にたいする挑戦においてそれだけいっそう劇的なものになったのだ。新しい国民的アイデンティティがさがしもとめられたことによって、権威にかんする以前のモデルと基準がすべて拒否されるにいたったのである。

政治的・社会的・文化的境界が革命の一〇年間のあいだ不確かであったとすれば、境界の位置をしめていた人びとがとりわけ重要になった、ということはあまり驚くべきことではない。新参者、学校をでた若い名士、一地方をめぐり歩く商人、県の中心都市やパリに得意先がある法律家、ありとあらゆる泊まり客と接触する宿屋、町の労働者と上流階級のあいだの社会的空間をしめる小売商——そのような人びとは、政治的ネットワークの建設者、新しい考え方の運び手、外部の政治的権威の代理人となる傾向があった。彼らの職業や社会的立場はしばしば異なっていたが、文化や権力の媒介者としての彼らの役割は根本的に同じであった。

新しい人間と新しい政治文化とは、同時に生まれた。そうであれば、どちらが最初だったか、ということを決定しようとすることは、意味がない。一七八九年には、革命政治がそのような人間をひきつけるとはだれも知らなかったし、リボンや名前や衣服のスタイルがいかに重要なものになるかをだれも想像しなかった。新しい人間と新しい政治は、たがいに強化しあった。アンシャン・レジームとのなんらかの妥協が可能なようにみえたフランス革命初期には、政治的指導者のなかには多くの貴族、多くの国王役人、地元での政治の経験のある多くの人びと、そしてかなりの数の旧世代の人びと（たとえば、市町村長はしばしば年輩の名士だった）がふくまれていた。革命への参加者たちは、苦しみをともなわずに革命のドラマが解決することをいまだ期待し、過去との完全な断絶が必要だ、とする考えはほとんどなかった。ところが革命のレトリックがより急進的になり、現存のあらゆる慣習と伝統との決裂をますます強要するにつれて、政治階級の性格もまた変化したのである。富裕な商人や法律家、貴族、国王役人、以前の政治的指導者に、あまり大きくはない商人と小売商、教師と役人、そして官職の経験のほとんどない、あるいはまったくない人びとがとって代わった。アンシャン・レジームに同情的なインサイダーに、まず最初は社会的・政治的基準において彼らにもっとも近い人びとが、それからつぎに以前の権力の中枢にたいしてますますマージナルな人びとがとって代わったのである。

したがって新しい政治階級は、ひとつの固定し、安定したカテゴリーではなかった。私はその統一性の源泉を強調したが、それはまた、政治的・社会的・文化的境界線によって特徴づけられていた。革命の歴史の筋立てが一七八九年から一七九四年のあいだにコメディーからロマンスへ、そして悲劇に移行するにつれて、登場人物の配役もまた変化した。政治階級にはますます下層階級の代表者がふくまれるようになり（労働者や貧しい農民はまれだったが）、上層階級の人物はますますふくまれなくなっていったのである。時間の経過とともに、政治的・社会的区分が生じはじめた。「サン＝キュロット」と「アリストクラート」には、社会的意味と同時に政治的意味もあった。人民は急進的な共和国の側の人びとであり、他方、アリストクラートや「穏和派」や王政派は、その敵として一括された。同じようなプロセスは、文化的次元でも生じた。家族や社会的つながりによってアンシャン・レジームと密接にむすびついていた人びとは、まず最初に「内輪に近い人びと(nearly-in)」によって、それからしだいに以前の権力の中枢からますます離れた人びとによって押しのけられたのである。一七九四年初めまでに、きわめて若い人びと（ボルドーのラコンブは一七八九年にたった二九歳であり、サンタマンのロケットと同じ歳だった）や、以前のエリートと（一七九〇〜九一年のエリートとさえも）まったくつながりのない人びとが、指導者の地位にあらわれた。フランス革命のもっとも急進的な時期のあいだ（一七九三〜九四年の共和暦二年）、政治的指導権はもっとも新参でもっともマージナルな人びとによって行使された。この時期の急進主義は、本質的に、そのような新参者とマージナルな人間によって生みだされたのである。一七九三〜九四年にそのような人間が存在したことによって、過去との断絶は具体的で鮮明なものとなった。革命期のレトリックとシンボルは、それにつづく歴史に巨大なインパクトをもたらしたが、それというのも、それらがこの新しい政治指導者集団を動かし、またこれらの集団によって動員されたからなのである。

新しい政治階級内部の区分は、時間的な次元のものであると同時に空間的な次元のものであった。一七八九年にはフランスのほとんどいたるところの人びとが、憲法の更新への期待で熱狂していた。対立の可能性がより明白になり、より脅威となるにつれて、いくつかの地方の人びとは、革命のプロセスにたいして躊躇や抵抗さえもしめしはじめた。一七九三年半ばまでに、フランスの西部は公然と反乱したし、海岸沿いや主要な河川沿いの数都市（リヨンはもっとも有名）は、革命運動からの離脱を宣言していた。時間的にと同時に空間的にも、多様な境界線があった。多くの地方では、フランス革命はある意味で町や都市にしりぞいた。大都市の内部では、急進派はしばしばある特定の地域を基盤にしていた。フランス全体では、革命運動は、国境沿いと中部と南西部の左翼の地方にきわめて断固とした支持を見出した。時間と空間の双方の次元で、急進化のプロセスは構造的に同じだった。すなわち、フランス革命がより急進的になるにつれて、それはまた、より周辺的なものとなったのである。けれども、そのとき同時に、フランス革命のレトリックとシンボルは、普遍主義的で国民主義的で合理主義的なその特性を保持し、増しさえしたのだ。

「周辺的（peripheral）」「マージナル」「アウトサイダー」は、社会科学の語彙のなかでは不当な含意をひどく帯びたことばである。それらは、孤立、奇妙さ、極端なことを暗に意味しているように思われ、ことに政治的行為の心理学的解釈とむすびついている。マージナルな人間は、普通には行動しない。中心にいる、あるいはその近くにいる人びとのようには行動しないのだ。彼らは、組織面でも行為面でも、逸脱している。これらのタームをもちいる革命理論は、革命は異常な出来事なのであり、そのなかで活動する人びと自身もなんらかの点で異常なのだ、と想定する傾向がある。チャルマース・ジョンソンが「行為者志向の理論」とよぶ理論においては、革命家は、社会的病理に反応するものとして（しかるべき状況のもとで叛徒になった逸脱者）、アイデンティティの危機やなんらかの個人的欲求不満に対応するものとして、えがきだされる。[*2] 彼らは暴力への性向をもった人びとなのだ。[*3] 私がこの見方をとらないことは明白であろう。私の見解では、新しい政治階級は、共有された欲求不満や攻撃性、逸脱性とかによってのみむすびついている暴力志向の極端な人びとの集合ではなかった。彼らはむしろ、新しい共同体をつくるという共有された責務によって動機づけられていた。彼らは、旧い諸制度との多くの結びつきから自由であり、年齢や流動性、宗教、社会的地位、あるいは家族のつながりなどの理由から、過去の政治的習慣や常識との関係を断ちうる位置にいたために、将来にたいするこのような責務にもとづいて行動することができる状態にあったのである。同時に彼らは、根なし草ではなかったし、まったくマージナルな人間でもなかった。家族のネットワーク、近所に住んでいること、職業、そして社会的・政治的つきあいによって、彼らは集団で行動することができたのである。マージナル、周辺的、アウトサイダーということばは、諸関係を説明するものなのだ。それらは、機械的な心理学的結果にみちた絶対的なカテゴリーではないのである。

革命にかんする論議は、しばしば二分法的なことばでおこなわれている。匿名の構造的な諸力を強調する著者もいるが、個人の「意志的」選択や個人の特性に注意をはらう著者もいる。[*4]そして、起源と結果に焦点をおくこととプロセスや経験に焦点をおくこととのあいだの区別は、構造と個人的行動のあいだの同様の二分法にぴったり合致するようにみえる。構造的説明は、構造的諸問題における（たとえば、経済、階級構造、あるいは国際的な勢力均衡における）革命の起源と結果の構造的決定要因に集中している。行為者志向の説明とプロセス理論は、個々の指導者や組織された政党やイデオロギーの役割、あるいはもっと一般的に政治的プロセスにおけるひとつの舞台からつぎの舞台への不可避の運動に焦点をさだめる。[*5]私の説明は、どのようにしてレトリックやシンボルやある特定のグループや地域の政治参加が革命の変化の持続的な経験をかたちづくったのか、を強調しているかぎり、革命のプロセスに焦点がおかれている。構造的な起源や結果をさがしもとめるよりも、私は、政治的プロセスにおける統一性と多様性の源泉を正確にとらえることに関心を集中してきた。とはいえ、これらの源泉は、個々の指導者や全体主義的な党、単一のイデオロギー、あるいはなんらかの不可避の政治的「ライフサイクル」のなかには見出すことができない。個々の指導者、党派やイデオロギーの役割、そしてある「舞台」からほかのそれへの移行は、それじたい、政治の「詩学」と社会学の基礎をなすパターンによって可能となったのである。レトリック上の想定や象徴的実践によって、政治的領域における可能性が限定された。そして、特定しうる「創始者」の出現がさまたげられ、自由主義的政治（イギリス－アメリカのモデル）の確立が困難になった。同時にそれらは、以前には知られていなかったほかの選択をきりひらいた。そして日常生活は政治化され、革命家たちが陰謀をめぐる問題や不安に回答をもとめるにつれて、フランス革命はひとつの舞台から別の舞台に移行した。とはいえ、フランス革命の詩学は固定していなかった。その展開のプロセスは、政治的指導者のパターンの変化によって、つまり、政治の社会学の進展によって決定的な影響をうけたのである。いいかえれば、革命のプロセスに内在する構造やパターンはあったが、しかしこれらの構造は、つぎには、意識されることなくいだかれた政治的想定と、意識的に行動し社会的に特定しうる政治的行動者とのあいだの相互作用によってかたちづくられ、変形されたのである。

この意味で私の説明は、構造志向的であると同時にプロセス志向的である。しかし、ほかの構造的説明とは異なって、私の説明の焦点は、革命の長期的な決定要因よりも革命的事件の展開にある。そして、多くのプロセス理論と異なって、私の説明の焦点は、パーソナリティや党派、あるいは明白なイデオロギーよりも、思考や行動の一般的パターンにあるのである。とはいえ究極的には、そのような方法の利点のひとつは、起源と結果の問題にかんして新しい光をなげかけることができることなのである。いったん革命の経験の性格が決定されると、起源と結果の分析は新しい意味をおびるのだ。

位階的な説明モデルは、通時的変化にかんしてきわめて簡潔な説明をあたえているため、長い命脈をたもつことになった。マルクスは、歴史と革命の運動をとくに新しい生産様式の出現によって説明した。すなわち、新しい生産様式が旧い生産様式のすきまで成長し、そして最後には、旧い生産様式の土台を破壊し、その残骸から別の生産様式をつくりあげる社会的・政治的闘争をひきおこすのである。近代化論の理論家たちは、ふつう、「生産様式」ということばを避けるが、しかし彼らもまた、変化の原因を、経済成長の中断や経済競争の要請にもとめる。どちらの見解でも、社会的変化の起源は、存在に先行する、あるいはその下に横たわるあるレベルにあるのである（経済のかわりに、人口動態や気候ということさえありうるかもしれない）。

革命は、歴史的変化という一般的問題をとりわけするどく浮き彫りにする。というのも、変化のペースが速まることが革命の明白な特徴だからだ。それゆえそれは、歴史的説明の多くの位階モデルの焦点となってきた。マルクス主義では、革命は重要な役割をはたす。つまりそれは、封建社会以後の社会がよろめきながら前進するための手段なのである。フランス革命においては、ブルジョワジーが権力の座についた。そして将来の革命においては、プロレタリアートが権力の座につくだろう。近代化理論においては、革命は、もっとしばしば、より一般的な発展のプロセスのとくに印象的な事例としての役をわりあてられる。たとえば、サミュエル・P・ハンティントンの分析においては、革命は、経済成長と政治的近代化のあいだの不均衡によってひきおこされた暴力と不安定のドラマチックな例である。[*6] バリントン・ムーア・Jr.は、この定式化の論点をひっくりかえし、「病的な社会とは革命の不可能な社会である」と主張する。[*7] 彼の見方によると、革命は資本主義的デモクラシーの確立にとって必要不可欠であったのであり、他方、失敗した革命や上からの革命はファシズムにつながったのである。だがその相違にもかかわらず、これらのモデルではすべて、革命は、経済構造と社会構造が優先される、歴史的発展のより一般的な因果関係の説明のなかにくみこまれるのである。

私の見解では、フランス革命によってもたらされた社会的・経済的変化は革命的ではなかった。貴族は彼らの称号と彼らの土地の多くを回復することができた。かなりの量の土地がフランス革命期に所有者を変えたが、土地所有の構造はほとんど同じままだった。封建的諸権利の廃止のおかげで、金持ちはより金持ちになり、小農は彼らの保有を強化したのである。産業資本主義は、まだきわめてゆっくりとしたペースで生長していた。[*8] 対照的に、政治の領域では、ほとんどすべてが変わった。何千人もの人びと、そして多くの女性さえもが、政治的舞台で直接の経験をもった。すなわち彼らは新しいかたちで話し、読み、聞いた。彼らは投票した。新しい組織に加入した。そして、政治的目的のために行進したのである。革命はひとつの伝統となり、共和主義はひとつの永続的な選択となった。革命以後、国王は議会なくしては統治することができなかったし、貴族による公務の支配は、さらなる革命をひきおこすだけだった。その結果として一九世紀のフランスは、たとえ主導的な産業国家ではけっしてなかったにしろ、ヨーロッパでもっともブルジョワ的な政体であった。それゆえ、説明を要するのは、新しい生産様式や新しい様式の経済的近代化の出現ではなく、むしろ革命的な政治文化の出現なのである。

新しい政治文化の創造は、すきまを、つまり転換のための空所を必要とした。代わりとなりうる政体は、一七八九年以前にはかたちができていなかった。秘密の革命的政党も、大衆的な政治組織も、まったくなかったのである。共和主義や徳や透明の理念、そしてデモクラシーの理念さえも、啓蒙哲学者とアメリカの独立運動のおかげで流布していたのだ。[*9] しかし君主制が崩壊するまで、それらの理念にもとづいて行動する者はだれもいなかった。[*10] この点で政治的近代化のモデル、とくにスコッチポルの分析は、魅力的である。フランスの君主制は、イギリスとの競争のための経費をはらうことができなかったために崩壊したのである。〔フランスが支援した〕アメリカ独立戦争は金がかかり、王権は膨大な負債を負った。とはいえ、もっとも重大なのは、その債権者が上層階級のために政治参加の拡大を要求したことだった。その結果が全国三部会の招集であった。とはいえ、この最初のすきまは、最終的には経済的なものではなかった。負債それじたい、打ちかちがたいものではなかった。というのもイギリスは、いっそう膨大な金をどうにかして借りようとしていたからである。そのすきまはむしろ、アンシャン・レジームの政治文化の崩壊によって生みだされた。すなわち、授爵された金融業者、司法官、そして軍隊の将校は、政体組織の根本的変化を要求し、彼らの「政治的」要求は、らせん状にしだいに昂進する出来事の口火をきったのである。

「貴族の革命」に直面しての君主制の崩壊は、たんに第一幕にすぎなかった。フランス革命がアメリカ独立戦争や一六四〇年代のイギリスの内戦と異なっていたのは、アンシャン・レジームのエリート内部の競争の激しさであった。先行するふたつの事件においては、政府の崩壊は政治的・社会的・文化的闘争の可能性をきりひらいたが、しかしそのすきまは、けっして制度化されなかった。イギリスとアメリカの政治エリートは、すぐにデモクラシーと民衆の動員の危険に気づき、財産所有者（そしてアメリカの場合には、奴隷所有者）の支配をまもるために一致団結したのである。トクヴィルは、フランスにおけるデモクラシーへの衝動の重要性に気づき、それが力をもっているのは政治的・社会的・心理的要因がむすびついているからだ、とした。王権が貴族からあらゆる政治的責任をうばうことに成功したことにたいして、貴族は彼らの社会的特権を最後までまもることに固執した。そして彼らがより排他的な階級のようになるにつれて、ブルジョワジーもまた、それよりも下層の階級にたいする障壁を維持することにますますやっきとなった。[*11] その結果、社会的平準化への願望はとくに強烈なものとなった。ほとんどどの集団も、フランス社会のほかの集団に反感を感じるなんらかの理由があったのである。

微妙な点があるにもかかわらず、それでもなおトクヴィルの説明は、フランスの情況のふたつの本質的な要素をひかえめに表現している。貴族は社会的な家父長的恩情主義と政治的責任というその「貴族的」役割をうしなってしまったが、運命を決する全国三部会を第三身分が支配することを阻止することができるほどにはいまだ強力であり、頑強にそうすることを決意した。彼らの弱さというよりは、身分としての彼らの抵抗によって、直接に、第三身分の憲法上の突破――「身分」ないしは社会階級というよりも個々の市民の団体としての国民議会の創設――がみちびかれた。貴族の抵抗のために配置されていた国王の軍隊に直面した第三身分は、町と農村の下層階級の動員のなかに支えを見出した。こうして、貴族はよりつよく団結するようになり、第三身分は、トクヴィルが想像したよりも自発的に社会的障壁をこえようとしたのであった。

ちょうど王権と貴族との、それから貴族と第三身分とのあいだの競争が一七八九年に政治的空間をきりひらいたように、第三身分内部の競争は、一七八九年から一七九四年にかけての政治的動員のテンポを加速しつづけた。民衆の政治のための空間はたちまち増大し、民衆的な政治組織（セクション委員会、民衆クラブ、さらには再組織された国民衛兵や軍隊でさえ）が政治的舞台において重要な勢力となった。多くのブルジョワの指導者は、まず第一に、（所有権をふくむ）個人的権利のための法的・政治的枠組みを確立することに関心をもっていたが、ほかの多くの人びとは、新しい国民共同体が必要とするものを優先させた。*12 彼らは、革新と再生と徳のレトリックを支持した。ふたつの陣営のあいだの――フイヤン派とジャコバン派、ジロンド派とジャコバン派、もっとのちには総裁政府派とジャコバン派のあいだの――競争によって、民衆の動員と組織的で集団的な政治的行動の可能性がひらかれつづけた。民衆の政治的組織化の実験の時期には、食糧騒擾が多かれ少なかれ組織的な政治的デモにとって代わられたが、そのときフランス人は、政治的行動の「近世的」限界を突破したのである。たしかに、ジャコバン・クラブと人民協会は、その当時、イギリスとアメリカにも存在したが、しかしそれらは公的に奨励されることはけっしてなかったし、それらの多くは公的に抑圧されたのである。それらのためのすきまはきわめて狭かった。というのもそれらは、支配エリートのどのような部分からも明白な支持をえていなかったからである。

トクヴィルは、一七八九年以前のフランスの政治文化の特性のなかにフランス革命の起源をさがしだす必要をほかのだれよりもはっきりと理解していた。彼は、どのようにしてフランス革命は「かくも不可避でありながら、かくもまったく予見され」えなかったのか、*13 ということを説明するために、思想と社会関係と社会心理と政治のあいだに存在する関連を検討したのである。トクヴィルは、重大な箇所ではつねに、社会構造や政治それじたいではなく、むしろ政治的意図と社会関係と知的野心、そして民衆の心理さえもふくめて、それらのあいだの相互作用を強調した。とはいえ、彼の説明は、なぜフランス革命がいったん開始したらあのように展開したのか、ということの説明としてはそれほど成功していない。たとえば、民主共和主義や社会主義は、一七八九年以前のフランスの政治文化に明白であった特徴から不可避的に生じたのではなかった。アンシャン・レジームの政治文化の構造的弱点によって、新しい政治形態と政治原則がほかのところよりも自由に展開することが可能となるような、エリート内部の分裂は促進された。けれども、革命がいったん進みはじめると、これらの形態と原則は、それらが新しい政治文化にくみこまれることによって、つまり、レトリックやシンボルや新しい政治階級の実践によって、かたちづくられたのである。恐怖政治や社会主義は、保守主義や権威主義と同様、不可避なものではなかったのだ

歴史家は、たえず、フランス革命の経験のほんとうの始まりと終わりについて議論してきた。そしてこれは、一七九〇年代においてもすでに事実であった。長期的な観点からみると、フランス革命期に形成されたフランスの政治文化には三つの要素があった。すなわち、民主共和主義、社会主義、そして権威主義がそれであった。それら三つはすべて、肝心な点で、伝統的な王政主義のモデルから出発した。私は最初の要素を強調してきたが、これは一部、民主共和主義がフランス革命の一般的解釈において過小評価されてきたから

である。マルクス主義者は、一般的に、デモクラシーから恐怖政治、社会主義へという進化に光をあてるのであり、他方、近代化論者は、トクヴィルをふくめて、デモクラシーから恐怖政治、権威主義へという進化に焦点をおく。これらの〔社会主義と権威主義という〕帰結はどちらも、議論の余地なく存在したが、しかし、民主共和主義の持続的な強さもそうであった。さらに多くの点で、民主共和主義は、その直接のインパクトという点でも、その長期的な影響という点でも、フランス革命のもっとも重要な帰結であった。

　これら三つの帰結はすべて、ある程度、革命的レトリックの原則と革命期の政治的実践にふくまれた緊張から生じうるものである。デモクラシー、恐怖政治、社会主義、そして権威主義はすべて、政治的空間の拡張と民衆層の組織的な参加によって可能となった。恐怖政治は、それ以前のデモクラシーの経験がなければ考えることができなかった。それは、緊急事態においてもたらされ、徳の要請と国家の防衛によって正当化された、民主的共同体の規律的側面であった。政府は民衆運動を統制するために恐怖政治を利用したが、しかし、民衆運動がなかったならば、そもそも恐怖政治への要求は存在しなかったであろう。

　革命期の社会主義は、その起源においては、恐怖政治と民主共和主義の失敗から学ばれたかもしれないひとつの教訓であった。一七九六年におけるバブーフと彼の信奉者の見方においては、真のデモクラシーと平等は、さらにもうひとつの蜂起、つまり「平等主義者の陰謀」によって秘密のうちに準備された蜂起によってしか実現されえないものであった。[*14]

原初的で、農地の均分にもとづく共産主義という彼らの理論は、啓蒙運動の源泉に由来するものであったが、しかし彼らはそれに、蜂起と人民の独裁という新たな次元をつけくわえたのであり、これは一九世紀に大きな影響をもたらしたのである。権威主義は民衆の動員からまなばれたもうひとつの教訓であった。そしてボナパルトは、選挙を人民投票によって代替し、クラブを禁止し、軍役を拡大した。彼は人民主権の原則は維持したが、しかし、彼自身が現実の唯一の政治的行為者となり、こうして組織的な民衆動員の予測しえない危険性をとりのぞいたのである。

フランス革命によって最初の社会主義的な、いやそれどころか最初のレーニン主義的な革命的行動思想の出現が促進されたことは、興味ぶかく重要であるが、社会主義がフランス革命それじたいにおいて重要な組織的ないしはイデオロギー的役割をはたした、と主張することはできない。バブーフは数人の信奉者をもったにすぎなかったし、彼らの多くはどのような共産主義もとなえなかった。彼らはそれよりも、「〔平等主義者の〕陰謀」の蜂起の半面に関心があったのである。陰謀家たちが密告されるやいなや、総裁政府はただちにその首謀者を検挙した。そして、それにつづく裁判によってバブーフは、彼が望みえた以上に知れわたることになったのである。ある歴史家が結論したように、「「赤い危険」をよびだす政府の試みは、このひとにぎりの無力な夢想家たちにむけられたとき、みじめなほどむだにみえた」[*15]。

他方、権威主義という帰結はけっして空想的なものではなかったのであり、それはなんらかの説明を必要とする。民主共和主義の強さと存続ということを考えると、どうしてボナパルトの昇進は可能であったのだろうか。権威主義的政体は、たんに民主共和主義のさらなる発展にすぎなかったのだろうか（それは、ともかく時期的にはまさに〔民主共和主義の〕あとにつづいた）。それとも、まったく異なる現象だったのだろうか。もっと一般的にいえば、フランスにおける自由主義的議会の伝統の弱さを説明するのは何なのであろうか。ボナパルト体制は、彼の権力の掌握に先行する革命の一〇年間とほぼ同じほど多くの多様な解釈をひきだしてきたが、ここは、その歴史を再検討する場ではない。けれども、ナポレオンの権力掌握は、革命の一〇年間のなんらかの説明のなかにふくまれなければならない。というのも、それは、短期的には民主共和主義が失敗したことを例証しているからである。

いくつかの点で、一七九九年のボナパルトのクーデタは、明白な断絶をしるさなかった。総裁政府は、ある人の定義によれば、すでに二つ、おそらくは三つのクーデタを経験していたのであり、そのうちのひとつ（一七九七年の右派にたいするもの）は、友好的なひとりの将軍の庇護のもとで実行されたのだから。[*16] そして新しい体制は共和国とよばれ、ナポレオンは革命の原則への忠誠を強調したのだから。最初の宣言において、彼はこう断言した。「私は党派心をもつ人間となることを拒絶した」。彼はフランス国民に、「保守的で、後見人的で、自由主義的な考え方が、議会を支配していた徒党の消滅によって、ふたたびその本来の権利を獲得するだろう」と保証した。[*17] 新しい体制の最初の数カ月、いやそれどころか数年のあいだ、その意図の曖昧さ（同時に保守的で、後見人的で、自由主義的）は、できるだけ多くの多様な集団にアピールするために慎重に維持されたのである。

先行する一〇年間の混乱を考えれば、新しくつくられた統領政府へのボナパルトの接近は、ほとんど期待されていたとみえうる。この話の大筋はよく知られている。一七九六年以後、総裁政府は politique de bascule（シーソー政治）を追求した。すなわち、選挙によって中道多数派の再選が失敗したときにはいつも、五人からなる行政府は、議会の右派ないし左派を対象に立法府の粛清をおこなったのである。立法府の不安定、高率の投票忌避、硬直した憲法、そしてカトリック教会やインフレーションや徴兵をめぐる地方の持続的な騒擾は、フランス軍のイタリアやドイツ諸領邦における戦勝によってきわめてドラマチックに相殺された。その将軍たち、とりわけナポレオン・ボナパルトは、国内情勢の不確かさを利用して、戦場における彼ら自身の事実上の自律性を増大させた。代議制の威信が低下するにつれて将軍たちのそれは上昇し、こうして、共和暦八年ブリュメール十八日の有名なクーデタにボナパルトが参加するための舞台はしつらえられたのである（図版18参照）。

このように見てくると、第三身分内部の持続的な争いが、自由主義的な代議政体の成功

図版18　ブリュメール18日の五百人会におけるボナパルト　この版画は、1799年11月9日のサン・クルーの議場で将軍ボナパルトを思い切って殺害しようとするこころみを表現している。いくにんかの議員が、彼を、法的保護をうばわれた者と宣言しようとしている。結局は、ナポレオンの弟リュシアンが事態をすくい、ナポレオンの議会への不手際な入場にもかかわらず、クーデタは成功した。

（国立図書館の御厚意による版画陳列室からの写真）

の見込みにとって致命的となったことがわかる。こうして民衆組織の開花をもたらした条件そのものが、また同時に、自由主義的な共和国の土台をほりくずした。政治階級内部の根本的な分裂のために政治の安定化は容易ではなかったのである。けれどもこの議論は、かならずしも満足すべきものではない。というのもそれは、重要な考慮事項を無視しているからである。すなわちそれは、ボナパルトが自分自身の性急な言動のおかげであやうく失敗するところだった、ということである。[*18]五百人会の議長であった彼の弟リュシアンが介入し、議場をとりかこむ兵士たちを説得して行動させなかったならば、賭けは負けていたかもしれなかった。そのときでさえ、議員たちが抵抗を組織することができたなら、あるいはすすんでそうしていたなら、クーデタは失敗していたかもしれなかったのである。政治階級内部の分裂にもかかわらず、そして憲法のいくどかの変更にもかかわらず生きのびた、七年間の代議制の共和国ののち、共和主義は内部から崩壊したのだ。「独裁者くたばれ」というサン・クルーにおける少数の叫びは、むくいられないままであった。

結局のところ、一七九九年における権威主義的解決の成功は、革命期の政治文化の弱さによって可能となったのである。食糧反乱や徴兵反乱、宗教をめぐる闘争、そして立法府の粛清はすべて、それ以前にもおこっていたが、しかし共和国は持続していた。一七九三年の危機は、ほとんどあらゆる点で、一七九九年の危機よりも決定的であった。すなわち、対外戦争はいくつかの戦線に拡大したばかりであり、共和国軍はまだ実際の戦闘経験がなく、民衆の動員はその絶頂にあり、非キリスト教化運動は住民の多くを遠ざけており、国王は処刑されたばかりであり、政府はその日かぎりで運営されていた。一七九九年に共和国の崩壊をもたらしたのは、危機的状況ではなかったのである。

革命期の政治文化の弱さのいくつかは、当初からあらわれていた。それらのなかでまず第一のものは、レトリックのうえでの政党政治の拒絶であった。総裁政府の政治家たちは、代議政体の原則を保持していた。たとえば、全国的な選挙は毎年おこなわれたし、選挙権の範囲はひろくさだめられた。けれども、この政府は、中心的な政党を組織することに失敗し、どのような野党の発展も許容しなかった。[19] 総裁のラ・ルヴェイエール＝レポーが主張したように、「党派のくずや徒党のなぐさみものとして死んだり、それどころかそのようなものとして生きることよりも、共和国とそれが樹立した政府を防衛するという栄誉になって死んだほうがましだった」。[20] 自由主義的な政治、利害を代表するものとしての政治は、このようなレトリックの枠組みにおいては発展しえなかったのである。中道派は、ただ、立法府のバランスをたくみにいじくりまわすことによって、つまり、その反対派がいったん選出されたときには彼らを粛清することによって、その支配権を維持しえたにすぎなかった。ボナパルトは、その後の立法府の政治の悪評につけこみ、彼自身の権力の座への到達を革命的レトリックの同じ原則によって正当化した。つまり彼は、党派と徒党のうえに立ち、国民に、そのような見苦しい政治的策謀を除去することを約束したのである。このように自由主義的政治は当初から窮状にあったのだが、ナポレオンはさらに一歩をすすめ、実質的に選挙による政治を除去したのである。

ボナパルトは革命期の政治的シンボルを同様に利用した。彼は、だれにもまけずおとらずシンボルの力を正確に評価し、彼の支配の最初の数カ月、いやそれどころか数年のあいだ、共和主義者にとってもっとも神聖なシンボルを利用しつづけたのである。彼はマリアンヌの擁護者だった。彼の印章がはっきりとしめしているように（図版19）、彼はフランス人民の名において（au nom du peuple français）語った。彼は、共和国に彼自身の図像を刻印しているときでさえ、共和国を保証した（図版20）。そしてついに彼は、マリアンヌに完全にとって代わり（図版21）、彼自身がフランス国民の具現者となった。つまり、ちょうどかつての国王たちが君主国の通貨や印章をかざったように、彼の横顔が帝国のそれをかざったのである。*21 革命期の心象表現のなかにくみこまれた緊張によって、ナポレオンの仕事は、それだけいっそう容易になった。人民は総裁政府のもとではもはや直接に図像に表象されなかったし、マリアンヌは、より遠くはなれた、より活発ではないシンボルになっていた。ナポレオンは、共和国の名前である彼女の図像を保持し、人民にふたたびひとつの声、つまり彼の声をあたえることができた。政治をシンボル化し、シンボルをとおして政治を理解しようとする革命期の衝動もまた、ボナパルトにうまく奉仕した。というのも、政治的内容が消滅するのを見てみぬふりをすることがほぼ可能であったからである。革命のシンボルが新しい「道義をわきまえた合法的な運動*22」によって継承されてしまったとき、寡頭政治の復活と大衆参加の終結にたいする異議申し立ては、しかけることが困難になった。

とはいえ、権威主義にかんするアピールは、ただたんにレトリックとシンボルのうえでのことだけではなかった。ボナパルトが成功したのは、彼が大量の支持者をもっていたた

図版20　共和暦13年の5サンチーム硬貨　P. Ciani, *Les Monnaies françaises de la Révolution à la fin du premier empire, 1789 à 1815* (Paris, 1931), p. 143に再現されている。
（カリフォルニア大学バークリー校図書館のフォトグラフィック・サーヴィスによる写真）

図版19　統領としてのナポレオンの印章
（国立古文書館の御厚意による写真）

図版21　皇帝としてのナポレオンの印章
（国立古文書館の御厚意による写真）

めというより（その証拠に、一八一四年に、さらに一八一五年に彼はたちまち失墜した）、彼の潜在的な反対派の支持者がきわめて限定されていたためである。急進的な革命のレトリックや心象表現は、それらの国民主義的で合理主義的で普遍主義的な内容にもかかわらず、普遍的にアピールするものではなかった。一七九二〜九九年の経験は、民主共和主義がけっして堅固に確立していないことをしめした。その見習い訓練はまさに開始したばかりだったのである。周辺地域で、首都からはなれた、貧しく、読み書き能力が低く、農村的な地方においてきわめて成功した運動は、その支配力を全国的に維持することに苦労したのだった。いったんパリの闘士とジャコバン派の指導的な議員が逮捕され、処刑されたり沈黙を強いられてしまうと、民主共和主義はどこでも守勢にまわった。そして、たいていの都市と、もっとも近代化された地方は、一七九九年までにすでに右翼に移行してしまっていた。それゆえボナパルトは、この展開を一般化しさえすればよかったのである。アウトサイダー、少数派、移入者、そして媒介者にアピールした運動は、インサイダーや彼らに依存する人びと、および新しい秩序の到来に脅威を感じた人びとすべての抵抗にうちかつことが困難であった。ボナパルトは、旧秩序と新秩序の融合を約束し、こうしてしばらくのあいだ、民主共和主義のもっとも断固とした支持者以外のあらゆる人びとを安心させたのである。

同時にボナパルトの成功は、フランスにおける王政主義の弱さも明らかにした。共和主義は、一七九九年に、以前の状態への復帰を不可能にするほどの転向者を獲得していたのである。絶対主義モデルの君主制は受容されえなかった。そして、なんらかの君主制がフランスで可能となったのは、もっと多年の戦争と最終的な敗北、新しい名称のもとでの貴族の復活、そして外国の干渉の圧力のあとにおいてのみであった。そのときでさえ、その寿命は短かった。革命期の政治階級——官職やクラブの会員の地位についたことで挫折と出世の機会を経験した何千人もの商人、法律家、医者、職人、そして小売商——は、時計の針をもどそうとはしなかったのである。彼らは新しい時代にはいってしまっていたのであり、無視するには彼らはあまりにも多かったのである。

けれどもとりわけボナパルトは、フランスにおける政治的中心の解体の恩恵にあずかった。一七九九年までにジャコバン主義は、国民においても、立法府においても、少数派に限定されてしまっていた。[*23] 王政主義もまた、一七九七年の短期的な復活やフランス西部における騒擾の持続、そして都市における周期的なデモにもかかわらず、おさえつけられてしまっていた。王政派の息のかかった侵略はどれも、むざんに失敗した。こうして一七九七年以後の主要な変化は、立法府の多数派の内部で生じたのである。政党の（いやそれどころか与党の）形成にたいする原理的抵抗とその帰結としての立法府の粛清の結果として、総裁政府の議会には、なまはんかな共和主義的確信しかもっていない新しい人びとと共和国の左への移行を阻止することに夢中な議会のベテランとの致命的な結びつきがのこされた。共和暦七年（一七九九年）までに、議員のたった一二パーセントのみが国民公会のメンバーであったにすぎなくなってしまっており、五パーセントのみが国王殺しであったにすぎなかった。たった一六パーセントのみが一七九五年以前に立法府でつとめていたにすぎず、一七九九年に選出された議員の半数以上は、その年はじめて選出されたのだった。国政の経験がまったくないこれらの人びとは、シエイエスやほかの「修正主義者」の見解にことに左右されがちであった。みずからの生命をかけて共和国を防衛しようとしている議員はほとんどいなかったのである。

中道派の重要性は、「ブリュメール派のエリート」の構成のなかに明白にみてとることができる。（ナポレオンのクーデタの直後の共和暦八年に官職にあった）統領政府の四九八人の高級官僚の研究において、ヴェルナー・ギーセルマンは、彼らの七七パーセントが総裁政府のもとで議員であったことを発見した（八三パーセントは一七八九年以来のある時期に議員であった）[*24]。彼らのうちかなりの人数が一七九八年（全集団の一五パーセント）か一七九九年（一六パーセント）にはじめて選出されたのである。こうして総裁政府の議会全体に反映していた、新参者に好都合な傾向が、政治的情況に直接的なインパクトをもたらすことになった。すなわち、これらの新参者は、ただたんに、体制の変化に抵抗しえなかっただけではなかった。彼らはまた、新しい体制を運営することに積極的に参加したのである。したがって、総裁政府体制とのかなりの連続性が存在したのだが、それはとりわけ右派と中道派との連続性であった。ギーセルマンが結論するように、クーデタは、「直前の総裁政府のエリートのなかの左がかった、ジャコバン派の少数派を除去したのである」。デモクラシーのさらなる実験はどれも、「ブルジョワ支配」の利害のために排除されたのだ。[*25] ナポレオン期のエリートの中核は、広範な政治参加がもたらす激動や不確かさよりも、安定した近代化を好む、幻滅した共和主義者からなっていたのである。

同じ結論は、統領政府への現実の移行を準備した委員会に席をしめていた議員の小集団の検討からもひきだすことができる（付録A、PROBON の項目）。そのとき逮捕されたジャコバン派とおぼしき五九人の議員（付録A、ANTBON の項目）とは対照的に、ボナパルト派は、読み書き能力が高く（r＝0.30）、たいへん富裕な（地租 r＝0.31; ほかの税 r＝0.52）都市化された県（r＝0.41）の出身であった。興味ぶかいことに、彼らはまた、右翼か左翼が、あるいはその双方が以前に強かった県の出身である傾向があった。つまり、ある県の議員団のなかに委員会のメンバーがいるかどうかは、一七九七年における右翼の成功（r＝0.35）および一七九八年における左翼の成功（r＝0.24）とポジティブに相関していたのである。[*26] いいかえれば、ボナパルト派は、選挙が以前に無効とされた県の出身だったのである。つまり彼らは、総裁政府のシーソー政治の産物だったのだ。ジャコバン派である反対派は、このような特性をなんらしめさなかった。

ナポレオン期のエリートにかんするギーセルマンの分析は、ナポレオンのクーデタが新たな出発をしるしたことをしめしている。新しい体制の指導者の多くはあるタイプの革命家および共和主義者であったが、新秩序のエリートとしての彼らの再構成は、はるかのちの時代におよぶ結果をもたらした。彼らは、左翼を政治階級から排除し、デモクラシーを共和主義から脱落させ、互選の制度をとおして、旧貴族を名士の寡頭制へと再統合する道をかためる手助けをしたのである。[*27]「修正主義の」歴史家たちが一七八九年以前に形成されつつあるのをみた名士の支配は、権威主義の庇護のもとでのみ完成されたにすぎなかった。この意味で、近代化を志向する君主制の真の継承者は、ナポレオン・ボナパルトと彼の信奉者であった。彼らは革命の一〇年間の共和主義とつながりがあったが、しかし彼らは、もともとの理想からのひとつのタイプの変化を代表したにすぎなかったのである。

資本主義、社会主義、名士支配、強力な中央集権国家、民主共和主義——これらはみな、ある意味で、フランス革命の帰結であった。というのも、それらはすべて、なんらかのかたちでフランス革命にともなったからである。だが革命の経験の中核には、それらのなかの最後のもの〔民主共和主義〕が、その予期せぬ目新しさにもかかわらず、そしてその失敗と弱さにもかかわらず、存在したのだ。民主共和主義は、生産様式の対立や社会的流動性の危機、あるいは啓蒙運動の理想の流布から直接に生じたのではなかった。これらの経済的・社会的・知的な要素と闘争は、一八世紀の半ばから存在していた。だから民主的・

革命的共和主義の起源は、政体のあらゆる構成要素があつまっていた政治文化のなかにもとめられねばならない。民主共和主義は、アンシャン・レジームの政治文化における矛盾によって可能となったが、しかしそれは、革命のさなかにおいてのみ決定的なかたちをとった。そのとき民主共和主義は、新しい政治階級によって声と形式をあたえられたのであり、この政治階級じたい、新しい思想とシンボルにたいするその応答によってかたちづくられたのである。フランスにおける民主的・革命的共和主義は、資本主義や社会主義、名士支配、あるいは強力な中央集権国家に直接にはつながらなかった。君主国と帝国が一九世紀における資本主義、名士支配、強力な中央集権国家を促進したのであり、急進的な共和主義は、じつに二〇世紀にいたるまで〔選挙での〕得票数と〔政治的〕忠誠をめぐって社会主義と競合したのである。民主共和主義は、それ固有の、しばしばきわめて異なる遺産と伝統をもっていたのだ。

民主共和主義がフランスにおいて革命という文脈において最初に、そしてもっとも強力なかたちで出現したという事実は、一九世紀と二〇世紀におけるフランスの政治的展開にとって重大な結果をもたらした。共和主義は、その支持者の心においても、その反対者の心においても、革命的行動とむすびついていた。その結果として、共和政への「移行」はつねに険しく、困難であった。それは、ただたんに、多くの選択のなかのもうひとつの政治的選択ではなかった。それは激動を特徴づけ、深刻な闘争と分裂の記憶を誘発したのである。この意味で、共和主義的で代議制の政体の達成は、フランス革命によってより困難なものになった。またそれによって、共和主義は、その失敗を社会主義や共産主義の運動がまさしく非難したとき、それらの運動と永続的な関係をもつにいたったのである。共和主義はまた、ずっと革命主義的であった。だから共和主義者は、まず革命の技術をまなんだのだ。共和主義への移行は、相対的に近代的でない周辺地域に最初にアピールした理想に、都市と相対的に近代的な農業地帯がひきこまれるまで、フランスでは最終的に成功をおさめなかった。けれども今日にいたるまで、民主的な左翼は、一七九〇年代と同じ地方ではないにしろ、同じような地方においてしばしばきわめて成功をおさめている。第五共和政下〔一九五九年~現在〕のフランスの社会主義は、第一共和政の共和主義といまだ深いつながりがあるのである。

フランス革命は革命政治のモデルとして議論の余地のない重要性をもっていたが、その起源、結果、そして経験の性格は、明白にフランス的であった。皮肉なことだが、その独自性の多くは、自分たちは過去のヨーロッパの経験のくびきを突破しているのだ、という革命家たちの確信に由来していた。宗教的参照物や歴史的契約を彼らが拒絶したのは、まさしくフランスの政治文化の特性の産物なのであり、この政治文化の特性のゆえに、フランスの革命家はイギリスやアメリカの急進派とは異なっていたのである。けれどもこの同じ特性のゆえに、彼らは普遍的なことばで考えざるをえなくなり、こうしてトクヴィルがみとめたように、メシア的〔救世主的〕なインパクトをもつにいたったのである。[*28] 他方、コモン・ローや先例、それどころかおそらくピューリタニズムをイギリス人とアメリカ人が信奉したゆえに、イギリスとアメリカの急進主義は、より一般化されえないものとなったのである。

フランス革命は、現代政治のきわめて多くの本質的特徴は生みだしたがゆえに、いまなおわれわれの興味をそそる。それは、ただたんに、近代化によってひきおこされた暴力や不安定の一事例とか、資本主義への道の不可欠の一歩とか、あるいは全体主義の出現の一環とかではなかった。たしかにフランス革命が、これらのすべてに寄与したものと考えることはできるにしても。もっと重要なのは、フランス革命は、政治がきわめて可能性のある活動領域として、意識的な変化の動因として、人間の性格や文化や社会関係をかたちづくるための鋳型として発見された瞬間であったということである。異なった帰結がこの発見からひきだされえたし、実際、多くの異なった帰結がそこからひきだされた。その経験の「暗く不吉な」側面にぞっとしたにもかかわらず、それでもなおトクヴィルは、つぎのように結論した。「こうしてフランス人は、ヨーロッパのあらゆる国民のなかでもっとも輝かしいと同時にもっとも危険な国民となった。そして、ほかの国民の目には、かわるがわる、賞賛と嫌悪、同情と恐怖の――けっして無関心のではなく――対象となるにもっともふさわしい国民となったのである[*29]」。

付録A　政治、経済、人口統計にかんして選択された変数の相関行列

相関行列（表）は三八〇〜三八一頁に掲載。

資料：

URB1806＝一八〇九年の政府の要求にたいする回答において提示された、一八〇六年に人口二〇〇〇人以上の都市に住む各県人口のパーセンテージ（フランス革命期にかんして得られるもっとも信頼でき、もっとも完全なデータ）。René Le Mée, "Population agglomérée, population éparse au début du dix-neuvième siècle," *Annales de démographie historique*, 1971, pp. 455–510. ル・メの数値は、Marcel Reinhard, *Etude de la population pendant la Révolution et l'Empire*（Gap, 1961）, pp. 48–49 において一七九八年にかんして提示された数値ときわめて高く相関している（r ＝0.81）。

TOTLIT＝一七八六〜九〇年の男女をあわせた識字率の平均値。Michel Fleury, Pierre Valamary, "Le Progrès de l'instruction élémentaire de Louis XIV à Napoléon III, d'après l'enquête de Louis Maggiolo (1877-1879)," *Population* 12 (1970): 71-92.

TERPER＝人口一〇万人あたりの恐怖政治期の死刑率。死刑にかんするデータについては以下を参照、Donald Greer, *The Incidence of the Terror during the French Revolution* (Cam-bridge, Mass., 1935), pp. 145-47. 県ごとの人口にかんするデータについては、以下の POP98 を参照。

EMIPER＝人口一〇万人あたりの亡命率。亡命者の数にかんしては以下を参照、Donald Greer, *The Incidence of the Emigration during the French Revolution* (Gloucester, Mass., 1966), pp. 109-11. 各県人口にかんしては、以下の POP98 を参照。

ANTI93＝一七九三年憲法に賛成の投票をした全票数によって反対投票と条件つき賛成投票の総計を割ったもの。全投票数にかんしては以下を参照、René Baticle, "Le Plébiscite sur la constitution de 1793," *La Révolution française* 58 (1910): 5-30, 117-55, 193-237, 385-410.

DEATH ＝ Alison Patrick, *The Men of the First French Republic* (Baltimore, 1972), pp. 317–39 にもとづく複合変数。死刑投票は、appel au peuple〔人民への訴え〕反対、死刑賛成、執行猶予反対という、三つの決定的な投票に投票資格のある議員数にたいする「急進的な」議員の比率に等しい。

GIRONDE ＝ ジロンド派議員の人数。以下を参照、M. J. Sydenham, *The Girondins* (London, 1961), pp. 222–26.

FRUCTI ＝ 共和暦六年のフリュクティドール十九日のクーデタで追放宣告をうけた各県代表団の比率。*Réimpression de l'Ancien Moniteur* 28: 1419 (24 Fructidor, Year V) からとられたリスト。議会の五三人の議員と前議員のカルノーがこの計算にふくめられた。

FLOR ＝ 共和暦六年フロレアル二十二日のクーデタでジャコバン派と考えられて排除された各県代表団の比率。Jean-René Suratteau, *Les Elections de l'an VI et le "coup d'état du 22 floréal"*〔一七九八年五月十一日〕(Paris, 1971), pp. 370–82 でジャコバン派としてリストにのぼっている八四人がこの計算にふくめられた。

ANTBON＝共和暦八年ブリュメール十八日のクーデタののち、ジャコバン派だと考えられて五百人会から排除された各県代表団の比率。*Réimpression de l'Ancien Moniteur* 31: 200（21 Brumaire, Year VIII）には、五九人の議員が排除されたとしてリストにのぼっている。

PROBON＝統領政府のための憲法を準備した「中間委員会」にえらばれた各県代表団の比率。えらばれた五〇人の議員は、直前でしめした文献でリストにのぼっている。

PCFONC＝一七九一年の一人あたりの地租（Contribution foncière）。以下を参照、P.E. Herbin de Halle, ed., *Statistique générale et particulière de la France et de ses colonies* (Paris, 1803) 2: 390-97. 以下のPOP98によって割られたデータ。地租は、土地からの純収入に課された。各県の地租の総額は、アンシャン・レジームの最後の数年に査定された税額にもとづいて国民議会によって決定された。したがってそれらの総額は、近似的な値でしかない。

PCOTHR＝一七九一〜九二年の一人あたりの動産税（contribution personnelle et

mobilière)。参照、Maurice Minoret, *La Contribution personnelle et mobilière pendant la Révolution* (Paris, 1900), pp. 709-10. 以下のPOP98によって割られたデータ。この税は、召使、馬やラバ、馬車、小作料といった富の外的指標にもとづいて算定された。各県の総額は、上記のPCFONCと同じ方法で国民議会によって算定された。

AGPROD＝一八一二年における穀物、ブドウ、肉、羊毛の面積にもとづく複合変数。農業にゆだねられた土地面積をしめす。以下を参照、Thomas D. Beck, *French Legislators, 1800-1834: A Study in Quantitative History* (Berkeley, 1974), pp. 154-57.

OATH＝一七九一年に誓約した聖職者の比率。ティモシィ・タケットによって提供された数値。彼のデータは、*Religion et Révolution: La Déchristianisation de l'an II* (Paris, 1976), p. 63においてミシェル・ヴォヴェルによって報告された結果と高い相関がある（r＝0.82）。

POP98＝一七九八年における各県人口。以下を参照、Reinhard, *Etude*, pp. 48-49.

DENSITY＝直前でしめした文献によって報告された表面積によって割られたPOP98。

PROTPOP＝POP98によって割られたプロテスタントの数。以下を参照、Emile G. Léonard, *Le Protestant français*（Paris, 1955）, p. 21. 一七六〇年ごろの各州の数値は、州を構成する県の数で割ることによって県の割合に変えられた。

MASONIC＝フリーメーソン会所の数。以下を参照、Alain Le Bihan, *Loges et chapitres de la Grande Loge et du Grand Orient de France*（Paris, 1967）.

ACADEMY＝地方アカデミーがあった県となかった県とを区別するダミー変数（dummy variable）。参照、Daniel Roche, "Milieux académiques provinciaux et société des lumières," in G. Bollème et al., *Livre et société dans la France du XVIIIe siècle*（Paris, 1965）1: 95.

MARINERS＝POP98によって割られた船員人口。以下を参照、Jacques Peuchet, *Statistique élémentaire de la France*（Paris, 1805）, pp. 253-55（一八〇三年のデータ）。

PCTACTIFS＝POP98によって割られた、一七九一年に投票資格のある市民。以下を参

照、Reinhard, *Etude*, pp. 26–28.

DISTPAR＝中心都市のパリからの距離。以下を参照、Peuchet, *Statistique*.

AGYIELD＝一八一二年における一ヘクタールあたりの農業生産高。以下を参照、Beck, *French Legislators*, pp. 154–57.

注　相関行列表には相関係数がしめされている。有意性の検証結果はしめされていないが、0.2より大きい相関係数はすべて、五パーセントの水準で有意であった。TOTLIT（N〔標本の大きさ〕＝76）をのぞいて、他のすべての相関係数は、標本の大きさが81ケースから83ケースである。

FRUCTI	FLOR	ANTBON	PROBON	PCFONC	PCOTHR	AGPROD	OATH
0.641	0.411	0.172	0.414	0.279	0.653	−0.102	0.009
0.023	−0.096	−0.075	0.299	0.301	0.131	−0.052	0.064
0.263	0.158	0.213	0.073	−0.007	0.257	0.050	−0.227
−0.033	−0.075	0.177	−0.164	−0.097	−0.078	−0.187	−0.263
−0.088	−0.035	−0.058	−0.167	−0.214	−0.156	−0.093	−0.033
0.143	0.218	0.128	−0.142	0.106	0.158	0.049	−0.044
0.229	0.055	0.121	0.127	0.074	0.123	0.218	−0.041
1.000	0.459	0.028	0.350	0.320	0.645	−0.187	0.085
0.459	1.000	−0.131	0.243	0.167	0.433	−0.057	0.033
0.028	−0.131	1.000	−0.136	−0.157	−0.088	0.171	−0.234
0.350	0.243	−0.136	1.000	0.301	0.518	0.182	0.132
0.320	0.167	−0.157	0.301	1.000	0.741	0.273	0.338
0.645	0.433	−0.088	0.518	0.741	1.000	−0.007	0.213
−0.187	−0.057	0.171	0.182	0.273	−0.007	1.000	−0.092
0.085	0.033	−0.234	0.132	0.338	0.213	−0.092	1.000
0.331	0.328	0.237	0.369	0.127	0.320	0.381	−0.325
0.643	0.487	−0.044	0.483	0.304	0.812	−0.236	0.013
0.088	−0.036	−0.102	0.131	−0.036	−0.016	−0.067	−0.033
0.226	0.158	0.370	0.198	0.173	0.130	0.404	−0.165
0.193	0.070	0.149	0.290	0.187	0.217	0.265	−0.088
0.057	−0.140	0.302	0.116	−0.272	−0.045	0.214	−0.250
0.007	−0.018	0.038	−0.098	0.219	0.077	−0.147	0.372
−0.210	−0.101	0.206	−0.221	−0.569	−0.393	−0.155	−0.164
0.457	0.352	0.170	0.503	0.461	0.644	0.199	−0.120

	URB1806	TOTLIT	TERPER	EMIPER	ANTI93	DEATH	GIRONDE
URB1806	1.000	0.007	0.263	0.267	−0.218	0.188	0.151
TOTLIT	0.007	1.000	−0.179	−0.010	−0.112	−0.210	0.107
TERPER	0.263	−0.179	1.000	0.039	−0.048	0.091	0.067
EMIPER	0.267	−0.010	0.039	1.000	−0.136	0.154	−0.075
ANTI93	−0.218	−0.112	−0.048	−0.136	1.000	−0.257	0.213
DEATH	0.188	−0.210	0.091	0.154	−0.257	1.000	−0.351
GIRONDE	0.151	0.107	0.067	−0.075	0.213	−0.351	1.000
FRUCTI	0.641	0.023	0.263	−0.033	−0.088	0.143	0.229
FLOR	0.411	−0.096	0.158	−0.075	−0.035	0.218	0.055
ANTBON	0.172	−0.075	0.213	0.177	−0.058	0.128	0.121
PROBON	0.414	0.299	0.073	−0.164	−0.167	−0.142	0.127
PCFONC	0.279	0.301	−0.007	−0.097	−0.214	0.106	0.074
PCOTHR	0.653	0.131	0.257	−0.078	−0.156	0.158	0.123
AGPROD	−0.102	−0.052	0.050	−0.187	−0.093	0.049	0.218
OATH	0.009	0.064	−0.227	−0.263	−0.033	−0.044	−0.041
POP98	0.355	0.149	0.262	−0.061	−0.127	0.086	0.360
DENSITY	0.661	0.248	0.291	−0.020	−0.095	0.173	0.012
PROTPOP	0.105	0.014	−0.027	−0.131	0.218	−0.217	−0.022
MASONIC	0.463	0.053	0.153	0.183	−0.067	0.037	0.410
ACADEMY	0.326	0.218	0.042	−0.082	−0.175	−0.004	0.308
MARINERS	0.194	−0.176	0.288	0.096	0.096	−0.110	0.356
PCTACTIFS	0.113	−0.066	−0.132	0.076	0.071	0.201	−0.142
DISTPAR	−0.042	−0.395	−0.085	0.169	0.298	−0.091	−0.033
AGYIELD	0.585	0.367	0.160	0.075	−0.254	0.132	0.282

付録B　アミアン、ボルドー、ナンシーおよびトゥルーズの市議会議員の職業分析

多くの著者が、革命の一〇年間の職業にかんする呼称は曖昧で変わりやすかった、と主張してきた。たとえば、司法官はみずからを「法律家」とよび、商人は有利だと思えば職人の地位を要求し、行商人は商人の呼称をかかげることがありえた（以下を参照、Alfred Cobban, *The Social Interpretation of the French Revolution* [Cambridge, 1964], pp. 56-57; Martin Lyons, *Revolution in Toulouse: An Essay on Provincial Terrorism* [Berne, 1978], pp. 168-69）。とはいえ、幸運なことに、これら四つの大都市の市議会議員にえらばれた人びとの多くはきわめてよく知られていて、正確な分類が可能だったし、もっとも正確な分類をみいだすために彼らの呼称をいくつかの資料で確認することができた。

にもかかわらず、境界線のいくつかはいぜんとして曖昧である。もっとも顕著な事例は、一方の商業と製造業、他方の職人と小売商とのあいだの境界である。最初のカテゴリーには、問屋、銀行家、製造業者、海運業者、そして織物・服地製造業者（fabricants）がふ

くまれる。きわめてわずかの人びとのみが fabricants を名のった。そしてこの集団内部の富の格差は大きい可能性があったが、市議会議員にえらばれた少数の人びとは、高い税金を支払っていた。製造業者と職人のあいだの、あるいは問屋と小売商のあいだの区別がつきかねる事例もある。したがって、これらふたつのカテゴリーの人数は、近似的な値だと考えられねばならない。

アミアンにおける épiciers（食料雑貨商）の事例は、職業による分類にふくまれる曖昧さをしめしている。彼らのうち二人の課税記録によれば、彼らはおそらく織物・服地問屋だった。しかし三番目の食料雑貨商はささいな税金しか支払わず、四番目の食料雑貨商は、課税目録に名前がのっていなかった（参考のために以下を参照）。税金にかんするデータは不完全でしばしば信頼できないので、分類は職業にもとづいてのみおこなわれた。食料雑貨商はたいてい、ごくささいな富をもつ小売商であった。たとえばトゥルーズでは、問屋の平均的な結婚契約金は、食料雑貨商のそれのほぼ三倍と算定された（Jean Sentou, *Fortunes et groupes sociaux à Toulouse sous la Révolution [1789-1799]: Essai d'histoire statistique* [Toulouse, 1969], pp. 153, 294）。分類が困難であるにもかかわらず、革命期の社会層の出自を確認することは、そのような区分をもっともらしく思わせるほどには正確であった。

表4から表8にかけては、市長と procureurs〔市代理官〕と officiers municipaux〔都

市役人〕のみが計算にふくめられた。フランス革命の最初の数年間、各都市の議員団にはいくにんかのnotables〔名士〕もふくまれていたが、しかしこれらの名士は、人数のきわめて多かった「都市役人」に比して重要度が低かった。選挙にかんする情報はしばしば不完全で、ときとして資料ごとに矛盾していた。それゆえ可能な場合には、結果はさまざまな資料と照合された。最良の資料は以下のものだった。A. Janvier, *Livre d'or de la municipalité amiénoise* (Paris, 1893); Gaston Ducannès-Duval, *Ville de Bordeaux: Inventaire-Sommaire des Archives municipales: Période révolutionnaire* (1789–an VIII), 4 vols. (Bordeaux, 1896–1929); Christian Pfister, *Les Assemblées électorales dans le département de la Meurthe, le district, les cantons et la ville de Nancy: Procès-verbaux originaux* (Paris, 1912); J. Mandoul, "Les Municipalités de Toulouse pendant la Révolution," *Recueil de législation de Toulouse*, 2nd ser., 2 (1906): 348–409.

職業、年齢、住所、富、政治的経歴にかんする情報はいくつかの異なる資料でチェックされたが、これらの資料は、利用できるかどうかによって都市ごとに異なるものとなった。もっとも重要な資料には、以下のものがあった。

アミアン

A.D., Somme, 2C 703–710, Tables alphabétiques des contrats de mariage, 1749–

1792.
A.M., Amiens, 1G 2.11, Contribution foncière, Table alphabétique des noms, 1971.

ボルドー

A.D., Gironde, 4L 117, Emprunt forcé, an II.
A.D., Gironde, 12L 19, Société des Amis de la Constitution.

ナンシー

A.D., Meurthe, 3M 1, Consulat: Listes de notabilités communales, an IX–an XII.
Charles Bernardin, *Notes pour servir à l'histoire de la Franc-maçonnerie à Nancy jusqu'en 1805*, 2 vols. (Nancy, 1910).

トゥルーズ

Almanach historique du département de la Haute-Garonne, 1791–1793.
A.M., Toulouse, 1G 38–53, Contribution foncière, 1791.

原注

【略記表】

文書館および図書館

A.N.　Archives nationales

A.D.　Archives départementales

A.M.　Archives municipales

B.N.　Bibliothèque nationale

B.M.　Bibliothèque municipale

PRO　Public Record Office（London）

雑誌

AESC　*Annales: Economies. Sociétés. Civilisations*

AHRF　*Annales historiques de la Révolution française*

RHMC　*Revue d'histoire moderne et contemporaine*

日本語版への序文

*1　(Stanford University Press, 1978).

*2　とくに以下を参照。François Furet, *Marx et la Révolution française; suivi de textes de Karl Marx; réunis, présentés, traduits par Lucien Calvie* (Paris, 1986).

*3　Ferenc Fehér, *The Frozen Revolution* (Cambridge, England, 1987); Patrice Higonnet, *Sister Republics: The Origins of French and American Republicanism* (Cambridge, MA., 1988).

*4　Brian C.J. Singer, *Society, Theory, and the French Revolution: Studies in the Revolutionary Imaginary* (Basingstoke, Hampshire, 1986).

*5　George C. Comninel, *Rethinking the French Revolution: Marxism and the Revisionist Challenge* (London and New York, 1987).

*6　Serge Bianchi, *La Révolution culturelle de l'an II: Elites et peuple (1789–1799)* (Paris, 1982); Michel Vovelle, *Idéologies et mentalités* (Paris, 1982) and *La Mentalité révolutionnaire: société et mentalités sous la Révolution française* (Paris, 1985).

*7　たとえば以下を参照。*Les Images de la Révolution française*, presented by Michel Vovelle (Paris, 1988).

*8　たとえば以下を参照。Rolf Reichardt and Eberhard Schmitt, eds., *Handbuch politisch-sozialer Grundbegriffe in Frankreich, 1680–1820* (Munich, in progress); Reinhart Koselleck and Rolf Reichardt, *Die Französische Revolution als Bruch des gesellschaftlichen bewußtseins* (Munich, 1988).

序説　フランス革命の解釈

＊1　*Œuvres complètes* 1 (Dijon, 1954): 404-05. とくに注記がなければ、翻訳はすべて私（ハント）のものである。

＊2　*Rapport sur l'ouverture d'un concours pour les livres élémentaires de la première éducation*, par Gregoire (Séance du 3 pluviôse an II).

＊3　文献にかんする有益な再検討は、William Doyle, *Origins of the French Revolution* (Oxford, 1980) と Geoffrey Ellis, "Review Article: The 'Marxist Interpretation' of the French Revolution," *English Historical Review* 93 (1978): 353-76 にみられる。

＊4　Jean Bruhat, "La Révolution française et la formation de la pensée de Marx," *AHRF* 38 (1966): 125-70.

＊5　"L'Historiographie classique de la Révolution française: Sur des controverses récentes," *Historical Reflections: Réflexions historiques* 1 (1974): 141-68 の一四二ページから引用。*Comprendre la Révolution: Problèmes politiques de la Révolution française* (1789-1797) (Paris, 1981) に再録。

＊6　たとえば、Albert Soboul, *The French Revolution, 1787-1799: From the Storming of the Bastille to Napoleon*, trans. by Alan Forrest and Colin Jones (New York, 1974).

＊7　*The Social Interpretation of the French Revolution*（Cambridge, 1964）.

＊8　膨大な文献にかんするもっとも最近の再検討については、以下を参照。Doyle, *Origins.* もっとも重要な個別研究は、George V. Taylor, "Non-Capitalist Wealth and the Origins of the French Revolution," *American Historical Review* 72（1967）: 469–96; David D. Bien, "La Réaction aristocratique avant 1789: L'Exemple de l'armée," *AESC* 29（1974）: 23–48, 505–34; Guy Chaussinand-Nogaret, *La Noblesse au XVIIIe siècle: De la féodalité aux lumières*（Paris, 1976）.

＊9　Denis Richet, "Autour des origines idéologiques lointaines de la Révolution française: Elites et despotisme," *AESC* 24（1969）: 1–23. もっと一七八八～八九年に限定すれば、Elizabeth L. Eisenstein, "Who Intervened in 1788? A Commentary on The Coming of the French Revolution," *American Historical Review* 71（1965）: 77–103.

＊10　Furet, "Le Catéchisme de la Révolution française," *AESC* 26（1971）: 255–89, reprinted in *Penser la Révolution française*（Paris, 1978）, English version, *Interpreting the French Revolution,* trans. by Elborg Forster（Cambridge, 1981）; Lucas, "Nobles, Bourgeois and the Origins of the French Revolution," *Past and Present,* no. 60（1973）: 84–126.

＊11　Lucas, "Nobles, Bourgeois," 120–21.

＊12　融合は、一八四八年ぐらいまで成功しなかったかもしれない。たとえば以下を参照。Guy Chaussinand-Nogaret, Louis Bergeron, and Robert Forster, "Les Notables du 'Grand Empire' en 1810," *AESC*（1971）: 1052–75.

＊13　ここでは、図式的にしめすために修正主義者の議論の首尾一貫性と統一性を誇張している。この見解のもっとも包括的な陳述は、François Furet and Denis Richet, *La Révolution française*, 2 vols. (Paris, 1965), English version (London, 1970) にみられる。ほかの修正主義者たちは、とうぜん、この説明の個別の論点のいくつかについては同意しない。

＊14　Tocqueville, *The Old Regime and the French Revolution*, trans. by Stuart Gilbert (New York, 1955). トクヴィルにかんする有益な論評が、Furet, *Penser la Révolution française* にみられる。ただしフュレは、序説において、トクヴィルと「物語」史家との相違を強調しすぎている。

＊15　*States and Social Revolutions: A Comparative Analysis of France, Russia, and China* (Cambridge, 1979).

＊16　私は、この文脈においては、バリントン・ムーアを考慮にいれてこなかった。ただし彼の説明は、スコッチポルの説明と多くの類似点をもっている。大事なのは、彼の解釈もまた、起源と結果、とくに近代化の結果を強調していることである (*Social Origins of Dictatorship and Democracy: Lord and Peasant in the Making of the Modern World* [Boston, 1966]〔宮崎隆次ほか訳『独裁と民主政治の社会的起源』岩波書店、岩波現代選書、一九八六年〕, esp. pp. 106–07).

＊17　革命の一〇年間にかんする研究それじたいは継続してきたが、しかし、問題関心の理論的・経験的中心が革命の一〇年間からそれに前後する時期に移行したことは、否定しえない。さらに、革命の一〇年間にかんする研究は、フランス革命についての歴史学上の論争の形勢

にあまりインパクトをあたえてこなかった。革命の一〇年間にかんする最近のもっとも重要な研究領域は、出版物にかんする歴史、さまざまな形態の文化革命（教育、祭典、非キリスト教化運動）にかんする分析、地域研究だった。

＊18　もっとも重要な成果は、Bien, "La Réaction aristocratique" にふくまれている。文化的側面については、以下を参照；Daniel Roche, *Le Siècle des lumières en province: Académies et académiciens provinciaux, 1680–1789*, 2 vols. (Paris, 1978); Jean Quéniart, *Culture et société urbaines dans la France de l'Ouest au XVIIIe siècle* (Paris, 1978). フランス革命の知的起源にかんする最近の研究は、社会環境の研究の側面にやや固執している。ひとつの概観として、以下を参照；Keith Michael Baker, "On the Problem of the Ideological Origins of the French Revolution," in Dominick LaCapra and Steven L. Kaplan, eds., *Modern European Intellectual History: Reappraisals and New Perspectives* (Ithaca, N.Y., 1982), pp. 197–219.

＊19　Chaussinand-Nogaret, Bergeron, and Forster, "Les Notables du 'Grand Empire'"; Louis Bergeron and Guy Chaussinand-Nogaret, *Les "Masses de granit": Cent mille notables du Premier Empire* (Paris, 1979); Thomas D. Beck, *French Legislators, 1800–1834: A Study in Quantitative History* (Berkeley, 1974).

＊20　Claude Mazauric, "Quelques voies nouvelles pour l'histoire politique de la Révolution française," *AHRF* 47 (1975): 134–73.

＊21　コバンは、*The Social Interpretation* において、これらの別種の社会的区分の重要性を強

調する点で先鞭をつけた。

*22 Mazauric, "Quelques voies nouvelles."

*23 *The Old Regime and the French Revolution*, pp. vii, 3.

*24 R.C. Cobb, *The Police and the People: French Popular Protest, 1789–1820* (Oxford, 1970). たとえば、「したがってサン＝キュロットは、社会的ないしは経済的存在ではなく、政治的な偶発事故である」(p. 120)。

*25 p. 491.

*26 *Penser la Révolution française*, p. 41.

*27 *History and Theory* 20 (1981): 313–23 における私の書評を参照。

*28 特殊性の強調は、リチャード・コッブとアルフレッド・コバンによって指導されている人びとの研究においてとりわけ顕著である。たとえば、Martyn Lyons, *Revolution in Toulouse: An Essay on Provincial Terrorism* (Berne, 1978); Gwynne Lewis, *The Second Vendée: The Continuity of Counterrevolution in the Department of the Gard, 1789–1815* (Oxford, 1978).

*29 *Marianne au combat: L'Imagerie et la symbolique républicaines de 1789 à 1880* (Paris, 1979), English version (Cambridge, 1981).

*30 *La Fête révolutionnaire, 1789–1799* (Paris, 1976).

第I部　権力の詩学

第1章　フランス革命期のレトリック

注意：フランス革命期の重要な日付にかんしては、巻頭の略年表を参照。

＊1　*Du Fanatisme dans la langue révolutionnaire ou de la persécution suscitée par les Barbares du dix-huitième Siècle, contre la Religion Chrétienne et ses Ministres*, 3rd ed. (Paris, 1797), p. 14.

＊2　Claude Bellanger et al., *Histoire générale de la presse française*, 1: *Des origines à 1814* (Paris, 1969), p. 434.

＊3　恐怖政治期の劇場にかんする示唆的な分析として、以下を参照。Beatrice F. Hyslop, "The Theater during a Crisis: The Parisian Theater during the Reign of the Terror," *Journal of Modern History* 17 (1945): 332-55. エメット・ケネディは、この問題にかんするヒスロップの見解の多くを修正することにとりかかっている。ことば、とりわけ政治的ことばの量の増加にかんするもうひとつの指標は、一七八九年から一七九四年にかけてあらわれた新しい政治的シャンソンの数が着実に増加していることである。すなわち、一七八九年が一一六曲、一七九〇年が二六一曲、一七九一年が三〇八曲、一七九二年が三二五曲、一七九三年が五九〇曲、そして一七九四年が七〇一曲だった。その後、曲数はたちまち減少して、一七九五年には一三七曲、一八〇〇年にはたった二五曲となった（Robert Brécy, "La Chanson révolutionnaire de 1789 à 1799," *AHRF* 53 [1981]: 279-303)。

＊4　Mona Ozouf, *La Fête révolutionnaire, 1789–1799* (Paris, 1976).

＊5　きわめて重要な研究の出発点は、Ferdinand Brunot, *Histoire de la langue française des origines à 1900*, 9 (La Révolution et l'Empire, in two parts) (Paris, 1937).

＊6　Bronislaw Baczko, *Lumières de l'Utopie* (Paris, 1978), pp. 366-67 からの再引用。

＊7　*Du Fanatisme*, p. 71.

＊8　*1789: Les Emblèmes de la Raison* (Paris, 1979), pp. 66-67.

＊9　*The Eighteenth Brumaire of Louis Bonaparte* (New York, 1963)〔村田陽一訳『ルイ・ボナパルトのブリュメール一八日』大月書店、一九七一年〕, p. 16.

＊10　*Pouvoir politique et classes sociales*, 2 vols. (Paris, 1971)〔田口富久治ほか訳『資本主義国家の構造——政治権力と社会階級』未來社、一九七八〜八一年〕, 1: 191.

＊11　"L'Idéologie du Père Duchesne: Les Forces adjuvantes (14 juillet-6 septembre 1793)," *Le Mouvement social*, no. 85 (1973): 115.「デュシェーヌ爺さん」は、革命期のひとつ以上の新聞の発行人欄をかざった、カーニヴァルの人気者だった。もっとも影響力があり、持続した新聞は、急進派のエベールの『デュシェーヌ爺さん』だった。問題の理解に必要な背景的情報にかんしては、以下を参照。F. Braesch, ed., *Le Père Duchesne d'Hébert*, 1: *Les Origines–La Constituante* (Paris, 1938).

＊12　彼らによる序説を参照。"Sur la Révolution française," *Bulletin du Centre d'Analyse du Discours de l'Université de Lille III* (Villeneuve d'Ascq, 1975), pp. 1-14.

＊13　Régine Robin, *Histoire et linguistique* (Paris, 1973), p. 22.

＊14　Alexis de Tocqueville, *The Old Regime and the French Revolution,* trans. by Stuart Gilbert (New York, 1955), pp. 146, 147. トクヴィルの言語の分析にかんしては、以下を参照。Linda Orr, "Tocqueville et l'histoire incompréhensible: L'Ancien Régime et la Révolution," *Poétique* 49 (1982): 51-70.

＊15　(Paris, 1978), pp. 71-72. 私は、*History and Theory* 20 (1981): 313-23 で、フュレの記号論的解釈をやや長く論じたことがある。

＊16　たとえば、「みずからを神だと主張したり、神を創造しようとする社会のこのような傾向が、フランス革命の初期ほど明白であったことはなかった」(Emile Durkheim, *The Elementary Forms of Religious Life,* trans. by Joseph Ward Swain [New York, 1915]〔古野清人訳『宗教生活の原初形態』岩波文庫、上下、一九七五年〕, pp. 244-45)。

＊17　La Fête révolutionnaire, pp. 35, 339; Ozouf, "De Thermidor à Brumaire; Le Discours de la Révolution sur elle-même," *Revue historique* 243 (1979): 31-66.

＊18　演説者と聴衆とのあいだの相互作用を強調する機能主義的分析は、Hans Ulrich Gumbrecht, *Functionen parlamentarischer Rhetorik in der Französischen Revolution* (Munich, 1978) にみられる。グンブレヒトは、三つのレトリック上の事例を分析するために「受容理論」を利用する。すなわち、一七八九年七月十六日の国王にむかってのミラボーのスピーチ、国王裁判のあいだの集団のアイデンティティの発展、そしてマラの賛辞における制度化された合意の防衛が、それである。彼の仕事は、文芸批評の方法を正確に利用した事例である。革命期の音楽にかんする機能主義的分析は、Adelheid Coy, *Die Musik der Französischen*

Revolution: Funktionsbestimmung von Lied und Hymne (Munich, 1978).

＊19 *Du Fanatisme*, pp. 13-14.

＊20 有益な研究の出発点は、Kenneth Burke, *A Rhetoric of Motives* (Berkeley, 1969). 歴史にかんして興味ぶかい含意をもつ、最近の重要な評論は、W.J.T. Mitchell ed., *On Narrative* (Chicago, 1981)〔海老根宏ほか訳『物語について』平凡社、一九八七年〕とSusan R. Suleiman and Inge Crosman, *The Reader in the Text: Essays on Audience and Interpretation* (Princeton, 1980) にみられる。ポスト構造主義者の諸見解にかんする有益な再検討は、Josué V. Harari, *Textual Strategies: Perspectives in Post-Structuralist Criticism* (Ithaca, N.Y., 1979) にみられる。

＊21 国民の名において語ることの重要性は、Furet, *Penser la Révolution française*, esp. pp. 70-76 で強調されている。

＊22 A.N., F^{IC} III Meurthe 15, Correspondance et divers, 1789-an V. "Discours prononcé à l'ouverture des séances du Comité des Sans-Culottes, par Marat-Mauger, Président de ce Comité, et commissaire du Conseil exécutif près le département de la Meurthe," 4 pp.（日付なし、しかし内容とコンテクストから判断して、あきらかに一七九三年の晩夏）から引用。モージェ（Mauger）が、急進的なジャーナリストで議員であり殺害されたばかりの人〔マラ（Marat）〕への忠誠をしめすために彼の名前をマラ＝モージェ（Marat-Mauger）と変えたことに注意。モージェのような人びととの地元での役割にかんする議論については、第6章を参照。

*23 E. P. Thompson, *The Making of the English Working Class* (London, 1963), esp. part I.

*24 スタロバンスキーによれば、誓約は「一瞬の精神の高揚において未来を基礎づけた」が、ジェスチャーもまた、古い契約モデルにしたがっていた（*1789*, p. 67）。

*25 Ozouf, *La Fête révolutionnaire*, pp. 199-222.

*26 *Ibid.*, pp. 330-31. 教育上の背景にかんしては、以下を参照。Harold Talbot Parker, *The Cult of Antiquity and the French Revolutionaries* (Chicago, 1937).

*27 *Gazette de Paris*, 15 and 16 July 1790.

*28 たとえば、一七九〇年七月十五日に、保守的な『フレロンの継承者による、王、フランス人、秩序、そしてとくに真理の友（*L'Ami du Roi, des françois, de l'ordre, et surtout de la verité, par les continuateurs de Fréron*）』（編集者は、アベ・ロワユーだった）は、一三五八年と一七八九年の出来事のあいだの並行関係を分析したパンフレットを論評した。その論評は、どちらの「革命」も財政問題に端を発した、それゆえ、「われわれが目撃している革命が過去数世紀の革命のどれとも似ていないと考える人びとはまちがっている」と結論した（no. 45）。保守的な演説における歴史的先例の利用は、一七九〇年七月十五日の国民議会でのアベ・モーリによる演説にみられる。国旗の採用をめぐる議論のおりだった。彼は、「ごく簡単に歴史をふりかえってみれば、われわれは国旗を利用すべきだ、ということが十分に明らかになろう」と主張することで演説の口火をきった。そして彼は、その国旗は軍最高司令官としての国王に委託されるべきだ、と論じたのである（*L'Ami du Roi*, no. 46 [16 July 1790]）。

*29 "Instruction adressée aux autorités constituées des départemens [sic] de Rhône et de Loire, par la Commission temporaire" of Lyon (16 November 1793), reprinted in Walter Markov and Albert Soboul, eds., *Die Sansculotten von Paris: Dokumente zur Geschichte der Volksbewegung, 1793-1794* (Berlin, 1957), p. 224.

*30 M.J. Guillaume, ed., *Procès-verbaux du Comité d'instruction publique de l'Assemblée législative* (Paris, 1889), p. 200 に再録。

*31 この所見は、パリの国立図書館とカルナヴァレ博物館のコレクションのなかの版画にかんする私の研究にもとづいている。さらに以下を参照、Maurice Agulhon, *Marianne au combat: L'Imagerie et la symbolique républicaines de 1789 à 1880* (Paris, 1979), pp. 7-53; Hannah Mitchell, "Art and the French Revolution: An Exhibition at the Musée Carnavalet," *History Workshop Journal* 5 (1978): 123-45; Lynn Hunt, "Engraving the Republic: Prints and Propaganda in the French Revolution," *History Today* 30 (1980): 11-7.

*32 引用文は、G. Brégail, "L'Eloquence révolutionnaire dans le Gers," *Bulletin de la Société archéologique du Gers* 20 (1919): 119 に引用された、一七九四年三月に書かれた請願からのものである。

*33 父の象徴的殺人は、Michel Vovelle, *Idéologies et mentalités* (Paris, 1982), p. 301 において簡単に論じられている。

*34 Michael Walzer, *The Revolution of the Saints: A Study in the Origins of Radical Politics* (Cambridge, Mass., 1965).

*35 J.R. Pole, *Political Representation in England and the Origins of the American Republic* (Berkeley, 1966): Gordon S. Wood, *The Creation of the American Republic, 1776–1787* (New York, 1969), esp. chap. 1; J.G.A. Pocock, "1776: The Revolution against Parliament," in Pocock, *Three British Revolutions: 1641, 1688, 1776* (Princeton, 1980), pp. 265–88.

*36 Marc-Eli Blanchard, *Saint-Just & Cie: La Révolution et les mots* (Paris, 1980), pp. 42–51.

*37 Peter France, *Rhetoric and Truth in France: Descartes to Diderot* (Oxford, 1972), pp. 10–11. フランスは、ここで、アンシャン・レジームのフランスの学校でおこなわれたレトリックの訓練を記述している。革命期のいくつもの議会演説を読んだことのあるものならだれでも、その共通の構造に気づくだろう。

*38 この問題にかんするいくつかの有益な所見は、Blanchard, *Saint-Just & Cie*, pp. 25–68であたえられている。さらに以下を参照、Roger Chartier et al., *L'Education en France du XVIe au XVIIIe siècle* (Paris, 1976), pp. 196–99。

*39 *The Rise of French Liberal Thought: A Study of Political Ideas from Bayle to Condorcet*, 2nd ed. (New York, 1954), p. 2.

*40 Bailey Stone, *The Parlement of Paris, 1774–1789* (Chapel Hill, N.C., 1981), esp. chaps. 3 and 6. とはいえ、ジャック・ゴデショは、「国民」は一七八九年の選挙キャンペーンのあいだにはじめて革命的意味をおびた、と主張した（"Nation, patrie, nationalisme et patriotisme en France au XVIIIe siècle," *AHRF* 43 [1971]: 481-501, esp. p. 495)。

＊41 *The Machiavellian Moment: Florentine Political Thought and the Atlantic Republican Tradition* (Princeton, 1975).

＊42 *The Compact Edition of the Oxford English Dictionary* (1971) の「革命」の項を参照。

＊43 *Anatomy of Criticism: Four Essays* (Princeton, 1957)〔海老根宏ほか訳『批評の解剖』法政大学出版局、一九八〇年〕, pp. 163-86. 歴史家によるフライのカテゴリーのほかの利用にかんしては、以下を参照。Hayden White, *Metahistory: The Historical Imagination in Nineteenth-Century Europe* (Baltimore, 1973), esp. pp. 1-42.

＊44 Anon., *Description fidèle de tout ce qui a précédé, accompagné et suivi la cérémonie de la Confédération nationale du 14 juillet 1790* (Paris, n.d.), p. 16.

＊45 Anon., *Description de la Fête du Pacte fédératif du 14 juillet, fixée par la ville, avec le réglement de la police* (Paris, n.d.).

＊46 No. 56 (26 July 1790) and no. 57 (27 July 1790).

＊47 *Anatomy of Criticism*, p. 195.

＊48 一七九二年十二月十四日の国民公会の会合にかんする報告において引用されたジャコブ・デュポンによる演説から。*Réimpression de l'Ancien Moniteur* 14 (Paris, 1847), no. 744 (16 December 1792).

＊49 *Anatomy of Criticism*, p. 210.

＊50 彼の演説、"Sur les rapports des idées religieuses et morales avec les principes républicains, et sur les fêtes nationales," in *Œuvres de Maximilien Robespierre* 10（Discours: 27 juillet 1793–27 juillet 1794）: 445 から。ヴォヴェルは、フランス革命はその行為者によって悲劇として体験された、と断言する（*Idéologies et Mentalités,* p. 301）。

＊51　Bernard Bailyn, *The Ideological Origins of the American Revolution*（Cambridge, Mass., 1967）.

＊52　Wood, *The Creation of the American Republic*; Pole, *Political Representation.*

＊53　*Penser la Révolution française*, pp. 78–79.

＊54　一七九四年三月九日に警察に報告された「エベール派の」のポスターから。Markov and Soboul, *Die Sansculotten*, p. 303 に再録。

＊55　Richard Cobb, "Quelques aspects de la mentalité révolutionnaire（avril 1793-thermidor an II）," in Cobb, *Terreur et subsistances, 1793–1795*（Paris, 1965）, pp. 20–21.

＊56　Georges Lefebvre, "Foules révolutionnaires," reprinted in Lefebvre, *Etudes sur la Révolution française*, 2nd ed.（Paris, 1963）, pp. 371–92.

＊57　ひとつの包括的な説明は、Steven L. Kaplan, *Bread, Politics and Political Economy in the Reign of Louis XV,* 2 vols.（The Hague, 1976）.

＊58　A.N., W 306, "Dossier de l'abbé de Champagne". トロワのバイヤージュの第三身分出身の議員カミュザ・ド・ブロンブルによって書かれた一七八九年六月二十四日の手紙。

＊59　*Ibid.*

＊60　*Gazette de Paris*, 4 and 15 April 1792.

*61　W.J. Murray, "The Right-Wing Press in the French Revolution (1789-1792)," Ph.D. diss., Australian National University, 1971. マリーはとくにこのテーマを追求していないが、多くの有益な事例をあたえてくれている。

*62　プロテスタントの陰謀にかんしては、トロワのスルダの作とされた、*Les Véritables auteurs de la Révolution de France de 1789* (Neufchâtel, 1797) を、そしてフリーメーソンの陰謀にかんしては、Abbé Barruel, *Mémoires pour servir à l'histoire du jacobinisme*, 5 vols. (Hamburg, 1798) を参照。概説としては、以下を参照；Jacques Godechot, *The Counter-Revolution, Doctrine and Action, 1789-1804*, trans. by Salvator Attansio (New York, 1971)〔平山栄一訳『反革命――理論と構造一七八九―一八〇四』みすず書房、一九八六年〕。

*63　私は、筆者が私に貸してくれた、Suzanne Desan, "'Avec des plumes': Parisian Journalism in 1791-1792" unpublished senior thesis, Princeton University, April 1979 における急進派、穏和派、保守派あるいは反革命派の新聞のあいだの表現法の相違にかんする多くの啓発的な所見から恩恵をこうむった。さらに以下を参照；Jack Richard Censer, *Prelude to Power: The Parisian Radical Press, 1789-1791* (Baltimore, 1976).

*64　"Rapport sur la conjuration ourdie pour obtenir un changement de dynastie; et contre Fabre d'Eglantine, Danton, Philippeaux, Lacroix et Camille Desmoulins," *Œuvres complètes de Saint-Just*, intro. and notes by Charles Vellay, 2 vols. (Paris, 1908) 2: 305-32, quote p. 319.

＊65　フュレは、*Penser la Révolution française*, p. 78 において、陰謀観がかたちづくられるさいの宗教的感性の重要性を示唆している。

＊66　*Ibid.*, p. 79.

＊67　アメリカの背景にかんしては、以下を参照、Wood, *The Creation of the American Republic.*

＊68　アメリカ側にかんしては、以下を参照、Pole, *Political Representation.* フランス第一共和政期のイデオロギー的・政治的展開にかんして同様の研究がいまだこころみられていないのは、注目にあたいする。

＊69　話しことばの力をこのように強調することは、Furet, *Penser la Révolution française* にも、Blanchard, *Saint-Just & Cie* にも、みられる。

＊70　*Political Representation*, p. 511.

＊71　私は、透明の概念を、Jean Starobinski, *Jean-Jacques Rousseau: La Transparence et l'obstacle* (Paris, 1957)〔山路昭訳『透明と障害——ルソーの世界』みすず書房、一九七三年〕からとった。フュレは、人民と権力（あるいは権力の表象）のあいだの関係を論じるときにこの概念をもちいるが、しかし彼は、それを、市民相互の関係にまで拡張しない（たとえば、*Penser la Révolution française*, pp. 86, 103）。マルク・リシールによれば、「深い意味において、あらゆる〈革命的〉思想は、革命の〈瞬間〉には、社会のそれ自身にたいする透明の信念によって生気づけられているのである」。J.G. Fichte, *Considérations déstinées à rectifier les jugements du public sur la Révolution française* (Paris, 1974), p. 10 にたいす

る彼の序説、"Révolution et transparence sociale" におけることば。

*72 Braesch, ed., *Le Père Duchesne*, no. 72, p. 751.

*73 Pierre Trahard, *La Sensibilité révolutionnaire* (*1789–1794*) (Paris, 1936), p. 189.

*74 *Ibid.*, p. 186. さらに以下を参照、F.-A. Aulard, *Les Orateurs de la Révolution: L'Assemblée Constituante* (Paris, 1905).

*75 Starobinski, *Jean-Jacques Rousseau*.

*76 たとえば、以下を参照、"Réglement pour la Société populaire de la Section de la République," reprinted in Markov and Soboul, *Die Sansculotten*, pp. 258–67.

*77 Albert Soboul, *Les Sans-culottes parisiens en l'an II*, 2nd ed. (Paris, 1962), pp. 549–61.

*78 "Rapport sur les principes de morale politique qui doivent guider la Convention nationale dans l'administration intérieure de la République," 5 February 1794, in *Œuvres* 10: 356–7.

*79 フュレにとって恐怖政治は、革命的言説とその「政治的なものにかんする幻想」の論理的帰結である（*Penser la Révolution française*, esp. pp. 229, 259）。パトリス・ヒゴネットはフュレと同じような見解をとるが、しかし、トクヴィル派とのつながりをもたない。すなわち彼は、「ブルジョワの個人主義」と「ブルジョワの普遍主義」の共同体的側面のあいだの固有の矛盾を強調するのである（*Class, Ideology, and the Rights of Nobles during the French Revolution* [Oxford, 1981]）。

*80 *The Origins of Totalitarian Democracy* (New York, 1965). フュレは恐怖政治の評価に

おいてはタルモンに近いようにみえるが、それにかんする彼の説明は異なっている。タルモンは、全体主義の知的系譜、つまり啓蒙主義哲学の帰結であるということを強調する。それにたいしてフュレは、(トクヴィルやコシャンにならって) 実際問題として実行されるさいのデモクラシーの哲学的諸問題を強調している。

*81 この問題にかんしては、Crane Brinton, *The Jacobins: An Essay in the New History* (New York, 1930) に多くの啓発的な指摘がある。たとえば、「ジャコバン・クラブが政府およびそれ自身のメンバーによって完全におさえられた官僚制に敵対することがなくなるとき、それらのクラブは、その名前とむすびついた戦術を実践しなくなっている……一般的にそのようなクラブの最終的な役割は、付随的な行政団体のそれだといってよいかもしれない」(p. 129)。

*82 議員グラスーのことば。Isser Woloch, *Jacobin Legacy: The Democratic Movement under the Directory* (Princeton, 1970), pp. 15-16 からの再引用。

*83 この問題は、Lynn Hunt, David Lansky, and Paul Hanson, "The Failure of the Liberal Republic in France, 1795-1799: The Road to Brumaire," *Journal of Modern History* 51 (1979): 734-59, esp. p. 755 でやや詳細に論じられている。

*84 *Ibid.*

*85 ここで提示されている革命期の政治的テクストにかんする分析は、*Of Grammatology*, trans. by Gayatri Chakravorty Spivak (Baltimore, 1976)〔足立和浩訳『根源の彼方に――グラマトロジーについて』現代思潮社、上下、一九七二年〕, esp. part II におけるデリ

ダの記述行為（writing）にかんする分析と比較しうるかもしれない。デリダのいう「現存の形而上学」と記述行為の暴力の脅威は、神話的現在（共同体の透明、話しことばの充満 the fullness of speech）と陰謀＝政治の暴力と同じ緊張関係をもっている。この意味で、革命的レトリックは、たえずそれ自身を「脱構築」していた、すなわち、政治のない共同体の可能性を断定的に仮定すると同時に、いたるところに政治をつくりだしていたのである。

＊86　いくつかの示唆は、クロード・ルフォールのフュレにかんする批評、"Penser la révolution dans la Révolution française," *AESC* 35（1980）: 334-52 にみられる。

＊87　このことばの創造にかんしては、以下を参照。Pierre Goubert, *The Ancien Régime: French Society 1600-1750*, trans. by Steve Cox（New York, 1974）, esp. chap. 1.

＊88　フランスのコンテクストにおいてポコックの「マキャヴェリの時代」を展開すれば実り多いことであろう。

＊89　Louis Trenard, "Manuels scolaires au XVIIIe siècle et sous la Révolution," *Revue du Nord*（1973）: 107 からの再引用。さらに以下を参照。Jean-François Chassaing, "Les Manuels de l'enseignement primaire de la Révolution et des idées révolutionnaires," in Jean Morange and Jean-François Chassaing, *Le Mouvement de réforme de l'enseignement en France, 1760-1798*（Paris, 1974）, esp. pp. 142-43.

第2章　政治的実践の象徴的形式

＊1　A.N., F^{1C} III Isère 9, Correspondance, 1791-1853, "Adresse du Commissaire du pouvoir exécutif près l'administration centrale du département de l'Isère," 2e jour complémentaire an V.

*2 日常の事物の政治化にかんする概観として、以下を参照、Serge Bianchi, *La Révolution culturelle de l'an II: Elites et peuple (1789-1799)* (Paris, 1982).

*3 *De la force du gouvernement actuel de la France et de la nécessité de s'y rallier* (1796), p. 10.

*4 Clifford Geertz, "Centers, Kings, and Charisma: Reflections on the Symbolics of Power," in Joseph Ben-David and Terry Nichols Clark, eds., *Culture and Its Creators: Essys in Honor of Edward Shils* (Chicago, 1977), pp. 150-71. これらの「考察」は、Geertz, *Nagara: The Theater State in Nineteenth-Century Bali* (Princeton, 1980) で（ヨーロッパには先の論文ほど関係しないかたちでではあるが）よりたちいって展開されている。

*5 彼の "Rapport sur les principes du gouvernement révolutionnaire," 25 December 1793, in *Œuvres de Maximilien Robespierre* 10 (Discours: 27 juillet 1793-27 juillet 1794) (Paris, 1967): 274 から。

*6 もっとも最近のものでは、クライヴ・H・チャーチの明晰な著作、*Revolution and Red Tape: The French Ministerial Bureaucracy, 1770-1850* (Oxford, 1981) を参照。

*7 フランス革命期の市政にかんするすぐれた研究は、Christiane Derobert-Ratel, *Institutions et vie municipale à Aix-en-Provence sous la Révolution, 1789-an VIII* (Aix-en-Provence, 1981) にみられる。

＊8　この衝動は、フュレによって示唆ぶかく表現された。「フランス革命は、政治に象徴的意味を過剰に付与した新しい実践の総体である」(*Penser la Révolution française* [Paris, 1978], p. 73)。とはいえフュレは、これらの「新しい実践」そのものの分析をほとんどおこなっていない。

＊9　ミシェル・フーコーの権力分析は、このコンテクストにおいてトクヴィルのそれよりももしかしたら有益であるが、しかしフーコーは、政治的舞台における権力を分析していない。本章は、権力を掌握するための新しい戦術と戦略の創造としての政治にかんするフーコー的分析とよびうるものを展開している。私の見解では、フランス革命はこのプロセスのとりわけ特権的な事例である。フーコーの権力の定義については、以下を参照、*The History of Sexuality* 1: *An Introduction* (New York, 1979)〔渡辺守章訳『性の歴史I　知への意志』新潮社、一九八六年〕, esp. pp. 94-95.

＊10　PRO, FO 27, France, 32, May-August 1789, letter no. 39.

＊11　*Ibid.*, letter no. 42.

＊12　*Ibid.*, letter no. 39 (6 July 1789). ドーセットは、赤と白はオルレアン公爵の色であったために緑にとって代えられた、と主張した。とはいえ、多くの人は、三色の花形帽章やばら飾りは君主制の色とパリの色をむすびつけるものだ、と考えた。たとえば、以下を参照、Albert Mathiez, *Les Origins des cultes révolutionnaires, 1789-1792* (Paris, 1904), p. 30. 三色の組み合わせの理由が何であれ、花形帽章は、革命的シンボルの創造の格好の例である。マティエはそのことを以下のようなことばで表現している。「一七八九年、一七九〇年、そ

して一七九一年のあいだに、あらかじめ考えもなく、全体のプランもなく、驚くほど自然発生的に、あたかも偶然のごとくにつくりだされた革命的シンボルは、ブルジョワジーと民衆の共同の作品であった」(p. 29)。

＊13 "Détails du 3 au 10 octobre 1789: Conjuration formée par les aristocrates contre notre liberté: Preuves et suite de cette conjuration," *Révolutions de Paris*, no. 13（図版4の版画をともなった記事）、vol. 1から引用。

＊14 Mona Ozouf, *La Fête révolutionnaire, 1789–1799*（Paris, 1976）, pp. 280–90.

＊15 革命的シンボル一般のひろがりにかんしては、以下を参照。Maurice Dommanget, "Le Symbolisme et le prosélytisme révolutionnaire à Beauvais et dans l'Oise," *AHRF* 2（1925）: 131–50; 3（1926）: 47–58, 345–62; 4（1927）: 127–34; 5（1928）: 46–57, 442–56; 6（1929）: 372–91; 7（1930）: 41–53, 411–42.

＊16 *Ibid.*, 3（1926）.

＊17 *La Fête révolutionnaire.* さらに以下を参照。Michel Vovelle, *Les Métamorphoses de la fête en Provence de 1750 à 1820*（Paris, 1976）.

＊18 Anon, *Description de la Fête du Pacte fédératif, du 14 juillet, fixée par la ville, avec le réglement de la police*（Paris, n.d.）.

＊19 革命期の図像は、Jules Renouvier, *Histoire de l'art pendant la Révolution considéré principalement dans les estampes*（Paris, 1863）においてきわめてたちいって解読されている。さらに以下を参照。Dommanget, "Le Symbolisme".

＊20　David Lloyd Dowd, *Pageant-Master of the Republic: Jacques-Louis David and the French Revolution*（Lincoln, Neb., 1948）.

＊21　Renouvier, *Histoire de l'art*, p. 401.

＊22　Michel Hennin, *Histoire numismatique de la Révolution française*, 2 vols.（Paris, 1826）1: 32-33.

＊23　Maurice Agulhon, *Marianne au combat: L'Imagerie et la symbolique républicaines de 1789 à 1880*（Paris, 1979）.

＊24　これは、「王座への即位のためにもうけられたこの奇妙な祭り」つまり戴冠式を記述するために、一七九〇年の連盟祭の観察者によって使われたことばだった（Anon, *Description fidèle de tout ce qui a précédé, accompagné et suivi la cérémonie de la Confédération nationale du 14 juillet 1790* [Paris, n.d.]）。

＊25　対抗宗教改革期の宗教への私の類比は、Keith Phillip Luria, "Territories of Grace: Seventeenth-Century Religious Change in the Diocese of Grenoble," Ph.D. diss., University of California, Berkeley, 1982 にもとづいている。

＊26　F.-A. Aulard, *Le Culte de la Raison et le culte de l'Etre Suprême (1793-1794)*（Paris, 1892）における分析を参照。さらに以下を参照、M.J. Guillaume, ed., *Procès-verbaux du Comité d'Instruction publique de la Convention nationale*, 2（3 juillet 1793-30 brumaire an II [20 novembre 1793]）（Paris, 1894）: 803-6.

＊27　ギヨームによれば（注26）、この祭典の唯一のまっとうな記述は、県行政官であり、その

祭典の組織者のひとりでもあったモモロのものとされる『パリの革命』のそれだった。*Procès-verbaux du Comité d'Instruction publique* 2: 805 からの引用。

＊28 コミューンの決定は『公安新聞（*Feuille du salut public*）』で報告された。*ibid.*, pp. 803–4 に引用。

＊29 地方における理性の祭典は、非キリスト教化運動の絶頂点をしるした。それらには、聖職の放棄、聖職者の結婚、宗教書や聖遺物の焼却、要するに、新しい市民的礼拝を樹立しようとする努力と同時にカトリック教にたいする意識的な攻撃がともなっていた。それらは、Aulard, *Le Culte de la Raison*, pp. 112–94 によって詳細に描写されている。

＊30 Ozouf, *La Fête révolutionnaire*, pp. 116–17.

＊31 *Les Révolutions de Paris*, no. 215（23–30 brumaire an II）, vol. 17.

＊32 Judith Schlanger, "La Représentation du bien," reprinted in Schlanger, *L'Enjeu et le débat*（Paris, 1979）, esp. pp. 123–27.

＊33 A.M., Toulouse, 2D4, "Correspondance de l'administration municipale," letter of 7 prairial an II. 黒聖母像の歴史にかんしては、以下を参照、Abbé Degert, "Origine de la Vierge noire de la Daurade," *Bulletin de la Société archéologique du Midi de la France*, no. 31（1903）: 335–58.

＊34 A.N., F^7 3677^9, Police générale, Gironde, "Arrêté de l'administration centrale du département de la Gironde, qui prohibe les Masques et les Travestissements: Séance du 21 nivôse an V de la République française, une et indivisible."

*35 A.N., C 400 (no. 290), 402 (no. 327), 432 (no. 175).

*36 ジャック・ヴェスからその地の右翼の新聞『反恐怖政治家 (*L'Anti-Terroriste*)』2 messidor an III (20 June 1795) への手紙。

*37 *Rapport sur l'instruction publique considérée dans son ensemble, suivi d'un projet de décret... présentés à la Convention Nationale, au nom du comité d'instruction publique*, par G. Romme (Paris, 1793).

*38 初等教育にかんする法律の最良の要約は、Maurice Gontard, *L'Enseignement primaire en France de la Révolution à la loi Guizot (1789-1833)* (Lyon, 1959), pp. 79-188 にみられる。

*39 教理問答にかんする一般的な議論にかんしては、以下を参照、Jean-François Chassaing, "Les Manuels de l'enseignement primaire de la Révolution et des idées révolutionnaires," in Jean Morange and Jean-François Chassaing, *Le Mouvement de réforme de l'enseignement en France, 1760-1798* (Paris, 1974), pp. 97-184. また以下を参照、Emmet Kennedy, "The French Revolutionary Catechisms: Ruptures and Continuities with Classical, Christian, and Enlightenment Moralities," *Studies on Voltaire and the Eighteenth Century* 199 (1981): 353-62.

*40 教育の現実については、以下を参照、G. Chianéa, "L'Enseignement primaire à Grenoble sous la Révolution," *Cahiers d'histoire* 17 (1972): 121-60. フランス革命の成果にかんするより積極的な評価は、Emmet Kennedy and Marie-Laurence Netter, "Les Ecoles primaires sous le Directoire," *AHRF* 53 (1981): 3-38 にみられる。

＊41 Jean-Paul Bertaud, *La Révolution armée: Les Soldats-Citoyens et la Révolution française* (Paris, 1979), pp. 194-229.

＊42 Marc Martin, *Les Origins de la presse militaire en France à la fin de l'Ancien Régime et sous la Révolution (1770-1799)* (Paris, 1975), pp. 149-227.

＊43 この副官は、とくに『デュシェーヌ爺さん』と『マラの影 (*L'Ombre de Marat*)』をもとめた (Arthur Chuquet, Lettres de 1793 [Paris, 1911], pp. 162-63)。

＊44 A.N., F^{1C} III Vendée 7, Correspondance et divers, 1789-1815, letter dated 28 prairial an VI.

＊45 簡略な説明として、以下を参照。Bianchi, *La Révolution culturelle de l'an II*, pp. 198-203. 革命期の一年は九月二十二日に開始した（共和暦八年と九年は九月二十三日）。月の名称は、（九月から順に）ヴァンデミエール、ブリュメール、フリメール、ニヴォーズ、プリュヴィオーズ、ヴァントーズ、ジェルミナル、フロレアル、プレリアル、メシドール、テルミドール、そしてフリュクティドールだった。余分の五日（一カ月はそれぞれ三十日だった）は、jours complémentaires〔補足日〕とよばれた。共和暦二年にはそれらは、sans-culottides〔サン＝キュロットの日〕として祝された。

＊46 M.J. de Rey-Pailhade, "Etude historique sur l'emploi du calendrier républicain et sur le temps décimal à Toulouse pendant la Révolution," *Bulletin de la Société de Géographie de Toulouse* 27 (1908): 429-57.

*47 Lynn Hunt, *Revolution and Urban Politics in Provincial France: Troyes and Reims, 1786-1790* (Stanford, 1978), pp. 81-82.

*48 たとえば、ジェール県は、一七九三年十一月に、小学校の教育課程を規定した詳細な法令を可決した(G. Brégail, *L'Instruction publique dans le Gers pendant la période révolutionnaire* [Auch, 1899], pp. 3-6)。

*49 Pierre Bécamps, "La Société patriotique de Bordeaux (1790-1792)," *Actes du 82e Congrès-National des sociétés savantes, Bordeaux, 1957* (Paris, 1958), pp. 255-83, esp. p. 257.

*50 Michel Foucault, *Discipline and Punish: The Birth of the Prison*, trans. by Alan Sheridan (New York, 1979)〔田村俶訳『監獄の誕生——監視と処罰』新潮社、一九七七年〕, esp. pp. 134-94 の分析を参照。政治権力のミクロ技術は、フランス革命においては、これらの技術が拘禁的であったと同時に潜在的に開放的なものであったという点をのぞけば、フーコーのいう「何百ものちっぽけな処罰の劇場」(p. 113)と比較しうる。

*51 *Oeuvres* 10: 278.

*52 Alfred Cobban, "The Political Ideas of Robespierre, 1792-5," *Aspects of the French Revolution* (New York, 1968), p. 192 からの再引用。

*53 *Des circonstances actuelles qui peuvent terminer la Révolution et des principes qui doivent fonder la République en France*, ed. by John Viénot (Paris, 1906), p. 33.

*54 "Le Peuple au front gravé," in *L'Enjeu et le débat*, pp. 163-64.

*55 ことばと画像のあいだの関係にかんしては、以下を参照。Roland Barthes, "Rhetoric of the Image," in his *Image, Music, Text*, trans. by Stephen Heath (New York, 1977)〔沢崎浩平訳「映像の修辞学」、『第三の意味』所収、みすず書房、一九八四年〕, pp. 32-51.

*56 *Costume de Cérémonie de Messieurs les Députés des trois Ordres aux Etatsgénéraux* (Paris, 1789).

*57 *A View of the Causes and Progress of the French Revolution*, 2 vols. (London, 1795) 1: 150.

*58 聖職者の衣服の問題は、一七九〇年十月と十一月、一七九一年三月、および一七九二年八月にあつかわれた。市町村の役人のスカーフは、一七九〇年三月二十日に法令でさだめられた。以下を参照。Yves-Claude Jourdain, *Table générale alphabétique des matières contenues dans les décrets rendus par les assemblées nationales de France, depuis 1789, jusqu'au 18 brumaire an 8* (Paris, an X).

*59 Jennifer Harris, "The Red Cap of Liberty: A Study of Dress Worn by French Revolutionary Partisans, 1789-1794," *Eighteenth-Century Studies* 14 (1981): 283-312.

*60 *Ibid.*, p. 299. A.N., AF II 66, Comité de Salut Public, Esprit public, Dossier 489: "Arts, Caricatures, Costume national, 1793-an III," piece no. 15. バレール、コロ・デルボワ、プリウール、カルノー、ビヨ＝ヴァレンヌ、ロベスピエールによる署名がある。

*61 "The Red Cap," p. 307.

*62 A.N., AF II 66, piece no. 19.

＊63 Harris, "The Red Cap," p. 307.

＊64 A.N., AF II 66, pieces nos. 40–50.

＊65 議員ボワシエは、衣服にかんする〈公教育委員会〉の新提案によってその日の議会の口火をきったが、彼の案は、ジャコバンの衣服に似ているとして議場で非難された。シェニエは、現在の衣服はどうにもよくない、と断言した。「絵画や彫像は、現在のわれわれの衣服のさもしさや毛織物のちぢみをけっして我慢できないだろう。〈テニスコートの誓い〉の美しい絵がほとんど実現不可能になったのは、われわれの衣服のこの形態のせいなのだ」。シェニエの見解は、衣服の背後にある考え方をじつによくあらわにしている。すなわち議員たちは、偉大な人びとの身体の一部をうつくしく飾ることが必要だ、と感じたのであり、これはただ、古典古代の衣服を着たときのみ可能であった。この見解を聞いた国民公会は、かわりにグレゴワールの案を採用することを可決した。*Réimpression de l'Ancien Moniteur* 26 : 165（12 brumaire an IV [3 November 1795]).

＊66 *Du Costume des fonctionnaires publics: Rapport fait par Grégoire*（*Séance du 28 fructidor an III*).

＊67 *Ibid.*

＊68 *Ibid.*

＊69 A.N., C 519（no. 194）. "Extrait du procès-verbal des séances du Conseil des Cinq-Cents," 29 brumaire an VI.

＊70 リヨンでは、マントはイギリスの密輸品として誤って没収された（A.N., C 521 [no. 225],

"Résolutions du Conseil des Cinq-Cents approuvées par le Conseil des Anciens," 27 nivôse an VI)。

＊71 *Réimpression de l'Ancien Moniteur* 29 : 158（3 ventôse an VI [21 February 1798]).

＊72 Henri Meister, *Souvenirs de mon dernier voyage à Paris (1795)*（Paris, 1910), p. 106.

＊73 共和暦七年フリメール十五日（一七九八年十二月五日）と共和暦七年ニヴォーズ七日（一七九八年十二月二十七日）の『モニトゥール』紙上で報告された。

＊74 ボヴェールの署名、共和暦六年。

＊75 *Rapport sur les inscriptions des monuments publics, par le citoyen Grégoire (séance du 22 nivôse an 2).*

＊76 Joseph Butwin, "The French Revolution as *Theatrum Mundi,*" *Research Studies* 43 (1975): 141-52, esp. pp. 144-45.

＊77 議会の会合は公衆に開放されていたが、見物人の数は、議員の数の半数に限定された（Projet de Constitution pour la République française et discours préliminaire prononcé par Boissy-*D'Anglas, au nom de la Commission des Onze, dans la séance du Messidor an III* [Niort, n.d.], pp. 93-94)。

第3章　急進主義の心象表現

＊1 Clifford Geertz, "Centers, Kings, and Charisma: Reflections on the Symbolics of Power," in Joseph Ben-David and Terry Nichols Clark, eds., *Culture and its Creators: Essays in*

Honor of Edward Shils (Chicago, 1977), pp. 150–71.

＊2 *Ibid.*, and Edward Shils, *Center and Periphery: Essays in Macrosociology* (Chicago, 1975).

＊3 私は、アンシャン・レジームの文化的枠組みが静態的であった、と暗にいうつもりはない。というのも、それはまた、長期の発展のプロセスをへたからである。たとえば、以下を参照、Ernst H. Kantorowicz, *The King's Two Bodies: A Study in Mediaeval Political Theology* (Princeton, 1957). カントロヴィッツは、国王の身体が君主制の文化的枠組みにとっていかに中心的であったか、を明らかにしている。それは、多くの「政治的」論議の焦点であった。

＊4 *Gazette de Paris*, 6 January 1792.

＊5 *Ibid.*

＊6 *Archives Parlementaires*, 1st ser., 52: 81.（イタリックは私〔ハント〕のもの）

＊7 *Ibid.*（原文イタリック）

＊8 『モニトゥール』は、九月二十六日まで印章にかんするこの議論についてなんら言及しなかった。そのときも、「国璽には、自由の帽子をいただいた束桿がえがかれるだろう」と報告しただけであり、女性の像にはなんらの言及もなかった（*Réimpression de l'Ancien Moniteur* 14, 26 September 1792）。*procès-verbal*〔議事録〕であたえられている説明は、*Archives Parlementaires*〔議会議事録〕のそれと同じであり、どちらも、印章にあらわれる舵にまったく言及していない。とはいえ、Maurice Agulhon, *Marianne au combat:*

L'Imagerie et la symbolique républicaines de 1789 à 1880（Paris, 1979）, p. 29 においてあたえられている説明を参照。

＊9　Corps législatif, *Rapport fait au Conseil des Cinq-Cents, sur les sceaux de la République, par Grégoire: Séance du 11 pluviôse an IV*（31 January 1796）.

＊10　E.H. Gombrich, "The Dream of Reason: Symbolism of the French Revolution," *British Journal for Eighteenth-Century Studies* 2（1979）: 190 からの再引用。この引用は、もともと『愛国年報（*Annales Patriotiques*）』における記事からのもの。

＊11　*Rapport...sur les sceaux...11 pluviôse an IV.*

＊12　Agulhon, "Esquisse pour une archéologie de la République: L'Allégorie civique feminine," *AESC* 28（1973）: 5-34 ; *Marianne au combat.*

＊13　Hannah Mitchell, "Art and the French Revolution: An Exhibition at the Musée Carnavalet," *History Workshop Journal* 5（1978）: 123-45 ; Lynn Hunt, "Engraving the Republic: Prints and Propaganda in the French Revolution," *History Today* 30（1980）: 11-17.

＊14　私はここで、ほかの点ではみごとなアギュロンの分析とたもとを分かつ。彼は、マリアンヌを実質的に必然的な画像として提示している。

＊15　〈公教育委員会〉と〈通貨委員会〉は、印章と硬貨の問題にかんして協力することになっていた。最初、前者は憲法の櫃を支持し、後者はフランスの女性による表象をむしろ選択した。ダヴィドの提案は、少なくとも一時的には、この論議に解決をあたえた。M.J. Guillaume, ed., *Procès-verbaux du Comité d'Instruction publique de la Convention Nationale*

2（3 juillet 1793-30 brumaire an II [20 novembre 1793]）（Paris, 1894）: 667-68, 714, 742, 772, 778-79, 808-11.

*16 *Ibid.*, 3（1 frimaire an II [21 novembre 1793]-30 ventôse an II [20 mars 1794]）（Paris, 1897）: 465, 493, 499 ; 4（1er germinal an II [21 mars 1794]-11 fructidor an II [28 août 1794]）（Paris, 1901）: 107-10.

*17 カルナヴァレ博物館のRéserve〔非公開収蔵庫〕におけるデュプレ・コレクションは、本章にとって必要不可欠の素材であった。

*18 A.N., Collection of the *Bulletin des lois.* その印章は、いかなる図像学的側面においても、図版12のデュプレのスケッチと似ている。

*19 *Procès-verbaux du Comité d'Instruction publique* 2: 779（共和暦二年ブリュメール十七日［一七九三年一一月七日］のダヴィドの演説）。やや異なった説明が、*Révolutions de Paris,* no. 217（10-18 frimaire an II）であたえられている。「この立っている人民の像は、もういっぽうの手に恐ろしい実物の棍棒をもつべきであり、それにたいしては、古代のヘラクレスの棍棒は、たんにそのシンボルでしかなかった」。

*20 *Recueil complet de tout ce qui s'est passé à la Fête de l'Unité et l'Indivisibilité de la République Française*（Paris, n.d.）, B.N., under 8° Z Le Senne 9. 438. このパンフレットの最初の部分は、ダヴィドの祭典プログラムを再現している。

*21 Marc-René Jung, *Hercule dans la littérature française du XVIe siècle: De l'Hercule courtois à l'Hercule baroque*（Geneva, 1966）, esp. pp. 129-31. また以下を参照、Leopold

D. Ettlinger, "Hercules Florentinus," *Mitteilungen des Kunsthistorischen Institutes in Florenz* 16 (1972): 119-42, esp. p. 127.

＊22 *Mémoires et Journal de J.-G. Wille, graveur du roi*, 2 vols. (Paris, 1857) 2 : 387.

＊23 *Ibid.*

＊24 *Procès-verbaux du Comité d'Instruction publique* 2: 775-82. 一般的な歴史的背景にかんしては、以下を参照、Georges Lefebvre, *The French Revolution: From 1793 to 1799*, trans. by John Hall Stewart and James Friguglietti (New York, 1964), esp. chap. 2.

＊25 簡単な説明として、以下を参照、Serge Bianchi, *La Révolution culturelle de l'an II: Elites et peuple (1789-1799)* (Paris, 1982), pp. 198-203.

＊26 *Procès-verbaux du Comité d'Instruction publique* 2: 806-11.

＊27 *Ibid.*, pp. 778-79, 806-11.

＊28 "Sur les rapports des idées religieuses et morales avec les principes républicains, et sur les fêtes nationales," *Œuvres de Maximilien Robespierre* 10 (Discours: 27 juillet 1793-27 juillet 1794) (Paris, 1967): 444-45.

＊29 引用は、一七九三年六月二十九日の日付（Troyes）の、フーシェによるオーブ県の市民にむけての宣言による（*Archives Parlementaires* 68 : 73 ［一七九三年七月二日の国民公会の議事録］）。

＊30 Jean Mistler, François Blaudez, and André Jacquemin, *Epinal et l'imagerie populaire* (Paris, 1961).

＊31　この凱旋門は、Lawrence M. Bryant, "*Parlementaire* Political Theory in the Parisian Royal Entry Ceremony," *Sixteenth Century Journal* 7 (1976): 15-24 で記述されている。私（ハント）はこの著者のおかげで、このことに関心をもつにいたった。ヘラクレス像のこのような早くからの出現は、J.-B. Gaignebet, "Essai sur le cheminement d'Hercule au cours de l'histoire de France," *Provence historique* 25 (1975): 111-24 では言及されていない。

＊32　Jung, *Hercule dans la littérature française*, esp. pp. 73-93.

＊33　Gaignebet, "Essai," p. 121.

＊34　*Ibid.* これは、アメリカ革命期の芸術にたいするデュプレの唯一の貢献ではなかった。Joshua C. Taylor, *The Fine Arts in America* (Chicago, 1979), p. 30 において描写されたメダルを参照。デュプレの革命以前の経歴にかんしては、以下を参照、Charles Saunier, *Augustin Dupré: Orfèvre, Médailleur, et Graveur-Général des Monnaies* (Paris, 1894).

＊35　Frank H. Sommer, "Emblem and Device: The Origin of the Great Seal of the United States," *Art Quarterly* 24 (1961): 57-76, esp. pp. 65-67.

＊36　*Ibid.*, pp. 73-74.

＊37　B.N., Réserve. *Iconologie ou Traité de la Science des Allégories à l'usage des Artistes en 350 Figures, Gravées d'après les dessins de M.M. Gravelot et Cochin: Avec les explications relatives à chaque sujet* (Paris, n.d.). この作品の前扉の「編集者からのお知らせ」によれば、それは、一七九一年に発行された。

＊38　*Ibid.*, 2: 55.「力」の女性による表象は、一七九二年に発行された、革命期のトランプのある版ではスペードの女王としてあらわれている（Henry-René D'Allemagne, *Les Cartes à jouer, du XIVe au XXe siècle*, 2 vols. [Paris, 1906] 1: 131）。

＊39　Jane Abray, "Feminism in the French Revolution," *American Historical Review* 80 (1975): 57 からの再引用。また以下を参照。Darline Gay Levy, Harriet Branson Applewhite, and Mary Durham Johnson, *Women in Revolutionary Paris, 1789-1795* (Urba-na, Ill., 1979). レヴィは、この問題に最初に私の関心をむけてくれ、それはヘラクレスの出現と関係があるかもしれない、と示唆してくれた。一八四八年における同様の革命的情況にかんする刺激的な見解として、以下を参照。Neil Hertz, "Medusa's Head: Male Hysteria under Political Pressure," *Representations* 4 (1983): 27-54.

＊40　たとえば、以下を参照。Geneviève Bollème, *La Bibliothèque bleue: Littérature populaire en France du XVIIe au XIXe siècle* (Paris, 1971).

＊41　Auguste Prudhomme, *Histoire de Grenoble* (Grenoble, 1888), pp. 640-41. 同様の説明が、Albin Gras, *Deux années de l'histoire de Grenoble, depuis la suspension de Louis XVI (10 août 1792) jusqu'à la chute de Robespierre (9 thermidor an II [27 juillet 1794])* (Grenoble, 1850), pp. 65-66 であたえられている。

＊42　五月柱にかんするいくつかの興味ぶかい指摘が、J. Boutier, "Jacqueries en pays croquant: Les Révoltes paysannes en Aquitaine (décembre 1789-mars 1790)," *AESC* 34 (1979): 760-86, esp. p. 764 でなされている。

*43 *Ibid.*

*44 一七九三年十一月七日の国民公会議員にたいする最初の演説では、ダヴィドは、少なくとも『モニトゥール』によれば、「労働」をふくめていなかった。しかし十日後の公式の法令は、「その手に travail〔労働〕が」にかんする言及をふくんでいた（*Procès-verbaux du Comité d'Instruction publique* 2: 778-79, 806）。ジュディト・シュランジェは、ダヴィドの計画のこの側面にかんする彼女の論文、"Le Peuple au front gravé," *L'Enjeu et le débat* (Paris, 1979), pp. 155-68 のなかで、「書かれたことばのイデオロギー的次元」にかんする魅力的な議論をおこなっている。

*45 フィリップ・ドーソンによって翻訳された「国内政治の道徳的・政治的諸原則」にかんする一七九四年二月五日のロベスピエール演説からの引用。Philip Dawson, *The French Revolution* (Englewood Cliffs, N.J., 1967), p. 135.

*46 Colin Lucas, "Nobles, Bourgeois and the Origins of the French Revolution," *Past and Present*, no. 60 (1973): 84-126, esp. p. 88.

*47 *Recueil complet de tout ce qui s'est passé.*

*48 *Révolutions de Paris*, no. 217 (10-18 frimaire an II). このテクストにともなう版画はのちに新聞にでて、装丁された新聞に挿入された。

*49 「サン＝キュロットは、ときにはよりリベラルな態度をとっていたにしろ、ジャコバン派と同じく、女性は「家事という狭い領域のなかに」おいやられるべきだ、と考えていた」(Albert Soboul, *Les Sans-Culottes parisiens en l'an II*, 2nd ed. [Paris, 1962], p. 507)。

＊50 八月十日の祭典に由来する「フランス人民の像」をふくめて、さまざまな記念物のデザイン競技会がひらかれたが、けっして審査されることはなかった。一七九四年十一月二十九日（ロベスピエールとダヴィドの失墜の数カ月後）、ティボドーは、芸術家自身が審査員を指名することを提案した。私の判断しうるかぎり、この報告は採択されたが、けっして実行されなかった（*Procès-verbaux du Comité d'Instruction publique* 4［1 germinal an II（21 mars 1794）-11 fructidor an II（28 août 1794）］: 253-58）。

＊51 M. Castonnet-Desfosses, *Paris en 1794: La Fête de l'Etre suprême*（Paris, 1883）, B.N., 8° Le Senne 6790.

＊52 最高存在の祭典の出費にかんする詳細なリストには、小山の左側に位置していた柱の上に足場をもうけ、この〔ヘラクレス〕像をおくための十二日間の石工の仕事がふくまれていた。この像がどこから由来したにしろ、この会計簿は、ダヴィドが提案した像の異型がつくられたことをしめしている（A.N., F^{IC} I 84, Fêtes publiques, an II-an IV, dossier labelled II, 14 juillet [26 messidor an III]）。

＊53 ルネサンス期のフィレンツェでは、ヘラクレスはしばしば、聖書のダヴィデと関連づけて考えられていた（Ettlinger, "Hercules Florentinus"）。さらに、ダヴィドは、ミケランジェロのたいへんな崇拝者を自認していた（David Lloyd Dowd, *Pageant-Master of the Republic: Jacques-Louis David and the French Revolution* [Lincoln, Neb., 1948], p. 10）。

＊54 Baczko, *Lumières de l'Utopie*（Paris, 1978）, pp. 361-62. 版画によれば、勝利の祭典の飾りは、一カ月前の最高存在の祭典のそれにきわめて忠実にしたがっていた。Marie-Louise

Biver, *Fêtes révolutionnaires à Paris* (Paris, 1979) で図版 No. 34 として再現された版画を参照。

*55 Biver, *Fêtes révolutionnaires*, p. 101.

*56 *Procès-verbaux du Comité d'Instruction publique* 6 (6 germinal an III [26 mars 1795] -4 brumaire an IV [26 octobre 1795]) (Paris, 1907): 818, 861, 869.

*57 *Rapport...sur les sceaux...11 pluviôse an IV.*

*58 たとえば、以下を参照。*Procès-verbal des séances du Conseil des Cinq-Cents, nivôse an IV* (Paris, n.d.). フランス革命の当初から、もっとも抽象的なシンボルの多くは、意識的かそうでないかは別にして、フリーメーソンの筋からとられていた (Jules Renouvier, *Histoire de l'Art pendant la Révolution considéré principalement dans les estampes* [Paris, 1863])。

*59 Michel Hennin, *Histoire numismatique de la Révolution française*, 2 vols. (Paris, 1826), 1: 519–20.

*60 *Ibid.*, p. 519.

*61 *Journal des débats.* 共和暦六年フロレアル三日の五百人会の会合にかんする報告。

*62 *Ibid.* 共和暦六年メシドール二十七日の元老会の会合にかんする報告。

*63 *Ibid.* また同じ文献を参照。共和暦六年メシドール十二日の論議。ヘラクレスがえがかれた硬貨は、少なくとも共和暦九年まで流通していた (P. Ciani, *Les Monnaies françaises de la Révolution à la fin du premier empire, 1789 à 1815* [Paris, 1931], p. 122)。

＊64 Barbara Ernst, *Les Monnaies Françaises depuis 1848: Die Französischen Münzen seit 1848* (Braunschweig, 1968), pp. 20, 33, 54. これらのちの時代においては、デュプレのもともとのデザインは、あまりおおきな変化なく単純に復活された。ただし銘は、「団結と力」が「自由、平等、友愛」にとって代わられた。

＊65 "Man and Woman in Socialist Iconography," *History Workshop Journal* 6 (1978): 121–38.

＊66 *History Workshop Journal* 8 (1979): 167–82 におけるモーリス・アギュロン、サリー・アレクサンダー、アンナ・デーヴィン、イヴ・ホステトラーによる批判を参照。

＊67 "Man and Woman," p. 129.

＊68 John Foster, *Class Struggle and the Industrial Revolution: Early Industrial Capitalism in Three English Towns* (London, 1974), p. 101.

＊69 *Sentimental Education*, trans. by Robert Baldick (London, 1964), p. 41.

＊70 アギュロンのホブズボーム批判は、*Marianne au combat* における彼のテーマの多くをくりかえしている。"On Political Allegory: A Reply to Eric Hobsbawm," *History Workshop Journal* 8 (1979): 167–73.

＊71 そのフランス版にかんしては、以下を参照、Gustave Flaubert, *L'Education sentimentale* (Paris, 1965)〔生島遼一訳『感情教育』岩波文庫、一九七一年〕, p. 49.

＊72 Trans. in Philip Dawson, *The French Revolution*, p. 134. イタリックは私（ハント）のもの。

＊73　この寓意画の説明は、*Collection de Vinck* 4 (Napoléon et son temps) (Paris, 1969): 3-4 にみられる。

＊74　Biver, *Fêtes révolutionnaires*, p. 148.

第Ⅱ部　政治の社会学

第4章　フランス革命の政治地理学

＊1　*Thoughts on French Affairs*, in Robert A. Smith, ed., *Burke on Revolution* (New York, 1968), p. 190 から。バークの見解にかんしては、以下を参照、J.G.A. Pocock, "The Political Economy of Burke's Analysis of the French Revolution," *Historical Journal* 25 (1982): 331-49.

＊2　*Projet de Constitution pour la République française et discours préliminaire* (Paris, an III), p. 7.

＊3　Lynn Hunt, David Lansky, and Paul Hanson, "The Failure of the Liberal Republic in France, 1795-1799: The Road to Brumaire," *Journal of Modern History* 51 (1979): 734-59.

＊4　*Ibid.*, p. 737 で引用されている。

＊5　選挙手続きは、Jacques Godechot, *Les Institutions de la France sous la Révolution et l'Empire*, 2nd ed. (Paris, 1968) で記述されている。選挙分析のむずかしさは、Jean-René Suratteau, "Heurs et malheurs de la 'sociologie électorale' pour l'époque de la Révolution française," *AESC* 28 (1968): 556-80 で強調されている。

＊6 公表されたさまざまな結果にかんしては、Melvin Edelstein, "Vers une 'sociologie électorale' de la Révolution française: Citadins et campagnards," *RHMC* 22 (1975): 508-29.

＊7 たとえば、以下を参照。Paul Bois, *Paysans de l'Ouest: Des structures économiques et sociales aux options politiques depuis l'époque révolutionnaire dans la Sarthe* (Le Mans, 1960).

＊8 成人男子にかんしては、一七九二年初めに実質的に普通選挙となった。一七九五年以後、選挙人にかんしては、財産資格がふたたび導入された (Godechot, *Les Institutions de la France*)。選挙人となるための財産資格があったときでさえ、実際、投票資格があるレベルの税金を支払っていた人びとにかぎられていた一七九〇～九一年の体制のもとでさえも、選挙権は、革命につづく一八〇〇～一八四八年の時期よりも革命期のほうがはるかに広い範囲にわたっていた。

＊9 Michael L. Kennedy, *The Jacobin Clubs in the French Revolution: The First Years* (Princeton, 1982), esp. pp. 210-23; Isser Woloch, *Jacobin Legacy: The Democratic Movement under the Directory* (Princeton, 1970), pp. 241-71.

＊10 W.R. Fryer, *Republic or Restoration in France? 1794-97* (Manchester, 1965).

＊11 政府自身の努力にかんしては、以下を参照。Jean-René Suratteau, *Les Elections de l'an VI et le "coup d'état du 22 floréal" [11 mai 1798]* (Paris, 1971).

＊12 Max Frey, *Les Transformations du vocabulaire français à l'époque de la Révolution*

(1789–1800) (Paris, 1925), pp. 138–67.

＊13 Ferdinand Brunot, *Histoire de la langue française* 9 (*La Révolution et l'Empire*): 769–70; Frey, *Les Transformations du vocabulaire*, p. 46.

＊14 A.N., F^{IC} III Somme 9, Correspondance et divers, 1789–an IX.「共和国の友へ」と題された選挙パンフレットであり、ソム県の印刷業者カロン＝ベルキエの署名がある。

＊15 *Ibid.* 共和暦六年プリュヴィオーズ二十六日付の〈憲法擁護クラブ〉のパンフレットであり、〈憲法擁護クラブ〉の印刷業者カロン＝ベルキエの署名がある。

＊16 *The Journal of Interdisciplinary History* (14 [1984]: 535–59) の、本章のもとの版で発表された地図は、高い確率でもって分類される県のみをふくんでいた。二一の県は、判別分析における変数のひとつにかんする情報が欠けていたために除外された。ここではそれらの県は、数値が欠けているにかかわらず、もっとも確率の高いカテゴリーに分類されている。もっとも低い確率は、六三パーセントだった。とはいえ、分析をさらにすすめるために、数値が欠けていたり、低い確率でしか分類できない県（<0.99）は、除外された。表1〜3を参照。この分析の技術的側面に関心のある読者は、先にあげた論文にあたるべきである。

＊17 Alison Patrick, *The Men of the First French Republic: Political Alignments in the National Convention of 1972* (Baltimore, 1972); Suratteau, *Les Elections de l'an VI.* これは、一七九五年、一七九七年、および一七九八年の選挙結果の地図をふくんでいる (pp. 298–300)。

＊18 Suratteau, *Les Elections de l'an VI.*

＊19　判別分析がサブプログラムとなっている「社会科学のための統計既製プログラム（The Statistical Package for the Social Sciences）」は、多くの意味のある分析手段を生みだしている。標準的な有意水準五パーセントがもちいられた。また以下を参照、William R. Klecka, *Discriminant Analysis*, in Sage University Papers, no. 19 (Beverly Hills, 1980).

＊20　ジャコバン・クラブの設立をしめす地図は、このクラブがノール県と南西部で（そしてある程度は南東部で）数が多かったことをしめしている（Michel de Certeau, Dominique Julia, and Jacques Revel, *Une politique de la langue: La Révolution française et les patois: L'Enquête de Grégoire* [Paris, 1975], p. 37）。さらに、議会の〔政治的〕諸傾向にかんする地図は、ペルピニュアン、トゥルーズからニエーヴル県、そしてローヌ渓谷へと広大な三日月状にひろがる「〈人種至上主義〉と革命的過激主義」の地勢にかんするリチャード・コッブの特徴づけと比較されるべきである。コッブは恐怖政治を特徴づけようとしていた。したがって彼のえがく絵は、かならずしも私のものと一致しない。けれども、ジャコバン主義の地図もコッブがえがいた過激主義の地勢も、南仏の急進主義を強調している（*The Police and the People: French Popular Protest, 1789-1820* [Oxford, 1970], pp. 127-28）。

＊21　Hervé Le Bras and Emmanuel Todd, *L'Invention de la France: Atlas anthropologique et politique* (Paris, 1981), map p. 348.

＊22　*Le Monde*, 16 June 1981, pp. 6-7 に公表された選挙結果を参照。

＊23　古典的な研究は、François Goguel, *Géographie des élections françaises de 1870 à 1951* (Paris, 1951). ル・ブラとトッドの刺激的な研究（注21）は、第一共和政をふくんでいない。

とはいえ、彼らは、フランスにおける政治的区分は地方の家族構造のなかに長期的な起源を有していることを強調している。彼らは三つのタイプを識別している。すなわち、核家族構造の地方（ノルマンディー、西部近隣地帯、シャンパーニュ、ロレーヌ、ブルゴーニュ、フランシュ＝コンテ、オルレアネ）、婚姻にかんする規制がほとんどない複合家族構造の地方（南西部、プロヴァンス、ノール県）、婚姻が規制された複合家族構造の地方（ブルターニュ、バスク地方、中央山塊の南部、サヴォワ、アルザス）である。それぞれの地方は、ある政治構造に照応している。すなわち、核家族は独立と孤立への願望と照応し、婚姻規制のほとんどない複合家族は共同体や依存への願望と照応し、強い婚姻規制をともなう複合家族は権威主義と照応しているのである。このような図式的で、ときとして表面的な分析には多くの問題があるが、それはまた、いくつか興味ぶかい研究方向を示唆してもいる。たとえば、後進的な西部（ブルターニュ）は、後進的な南西部と、政治的結果を実際にともなった、重要な文化的相違によって区別されていたようにみえる。家族構造は、たんにそれらの相違のひとつにすぎなかったのかもしれない。マルクス主義（階級闘争）のような単一の因果連関解釈に別の因果連関解釈（家族構造）を代えることは刺激的ではあるが、しかし、同じ理由によって満足できるものではない。たとえば、地図1は、南西部とプロヴァンスが、家族構造においては類似しているにもかかわらず、政治的には同じようなかたちの展開をたどらなかった、ということをしめしている。

＊24　Maurice Agulhon, *1848 ou l'apprentissage de la République, 1848–1852* (Paris, 1973), p. 174の地図を参照。この比較は、Hunt, "The Political Geography" においてもっと詳細

に論じられている。一八四九年との比較は、第二共和政の選挙が選挙権が広い範囲にわたったという点で第一共和政の選挙ときわめて似ていたゆえに、重要である。同様の地方的パターンは、一八二〇年代と一八三〇年代には適用できないようにみえる（Thomas D. Beck, *French Legislators, 1800–1834* [Berkeley, 1974]; Patrick-Bernard Higonnet, "La Composition de la Chambre des Députés de 1827 à 1831," *Revue historique* 239 [1968]: 351–78）。とはいえ、ふたつの共和国のあいだの時期との比較は、選挙権が共和政の時期よりはるかに限定されていたために困難である。結果として、共和主義的な左翼は、たぶん代表されなかった。そのときの〔政府〕反対派は、はるかに共和主義的右翼に似ていた。

*25　アギュロンは、フランス革命期については少しも詳細に議論していない。そのため、ヴァール県におけるこの移行の理由は、不明確なままである（*La Vie sociale en Provence intérieure au lendemain de la Révolution* [Paris, 1970]; *La République au village* [Paris, 1970]）。

*26　Marcel Reinhard, *Le Département de la Sarthe sous le régime directorial* (St. Brieuc, 1935).

*27　現代における地方的相違を説明しようとする興味ぶかい試みが、William Brustein, "A Regional Mode-of-Production Analysis of Political Behavior: The Cases of Western and Mediterranean France," *Politics and Society* 10 (1981): 355–98 にみられる。彼は、一八四九年、一八八五年、一九三六年、そして一九七八年の全国選挙の結果を利用し、とくに、西部の右翼への投票と地中海諸県の左翼への投票に焦点をさだめている。この選択は、〔革

命期には〕左翼はまさにこれらふたつの地方のあいだの地域でもっとも強かったために、フランス革命期との比較の有効性を減じている。ブラステイン自身がみとめているように、生産様式の影響にかんする彼のモデルは、一九三六年と一九七八年の選挙にかんしてもっともよく機能する（p. 396）。物質的利害を合理的に計算することを重視するブラステインの主張は、南西部における地方的な反乱傾向の長期的な存続にかんするイヴ＝マリー・ベルセの主張とするどく対立する（*Croquants et Nu-pieds: Les Soulèvements paysans en France du XVIe au XIXe siècle* [Paris, 1974]）。一七世紀における農民蜂起の地図は、実際かなりの程度、フランス革命期の左翼への投票の地図と重なっている。ベルセ自身は、革命期についてはほとんどふれていないが。

＊28　とはいえ、宗教は、いくつかの地域ではあきらかにひとつの要素であった（Thimothy Tackett, "The West in France in 1789: The Religious Factor in the Origins of the Counterrevolution," *Journal of Modern History* 54 [1982]: 715–45）。

＊29　提示された平均値は、René Le Mée（付録A、URB1806 の記載事項）からとられている。ここで考慮された八三県の平均値は、一七パーセントだった。

＊30　たんに男性の読み書き能力だけよりもむしろ、男性と女性の読み書き能力の平均値がもちいられた。いずれにせよ、男性の読み書き能力と「全体の読み書き能力」とのあいだの相関関係は、r＝0.98 であり、女性の読み書き能力と全体の読み書き能力とのあいだの相関関係は、r＝0.96だった。

＊31　くわえて、左翼に移行した県は、農業にあてられた面積が相対的に少なかった。左翼に移

行した県の平均は四万二〇〇〇ヘクタール、左翼の県は五万五〇〇〇ヘクタール、右翼の県は六万一〇〇〇ヘクタール、右翼に移行した県は五万三〇〇〇ヘクタールだった（付録A、AGPROD の項目）。

＊32 Fox, *History in Geographical Perspective: The Other France* (New York, 1971).

＊33 Tilly, *The Vendée* (Cambridge, Mass., 1964).

＊34 都市化の重要性は、*ibid.* および、Gilbert Shapiro, John Markoff, and Sasha R. Weitman, "Quantitative Studies of the French Revolution," *History and Theory* 12 (1973): 163-91 で再検討されたさまざまな研究において強調されている。

＊35 A.N., F^{1C} III Vendée 7, Correspondance et divers, 1789-1815. 共和暦六年ヴァントーズ十九日付の総裁政府の代理官からヴァンデ県行政当局への書簡。

＊36 連邦主義の運動における保護＝被保護関係にかんするいくつかの示唆的な指摘が、Paul Richard Hanson, "The Federalist Revolt of 1793: A Comparative Study of Caen and Limoges," Ph.D. diss., University of California, Berkeley, 1981, esp. pp. 337-423 にみられる。

＊37 リヨンにかんしては、以下を参照。A.N., F^{7} 6759, Police générale: Troubles à Lyon.

＊38 A.N., F^{7} 6216, Affaires politiques, an V-1830, no. 3963, "Conspiration de la Gironde". 内務省から総裁政府への報告。

＊39 "Résumé des comptes-rendus au Ministre de l'Intérieur par les Commissaires du Directoire exécutif près les administrations centrales des départements, pendant le mois de floréal an VII," reprinted in Félix Rocquain, *L'Etat de la France au 18 brumaire*

(Paris, 1874), p. 380.

＊40 Albert Soboul, *Les Sans-culottes parisiens en l'an II*, 2nd ed. (Paris, 1962). ミシェル・ヴォヴェルのみが、“Le Prolétariat flottant à Marseille sous la Révolution française,” *Annales de démographie historique*, 1968, pp. 111-38 においてこの問題に簡単にふれている。

＊41 Gaston Ducaunnès-Duval, *Ville de Bordeaux: Inventaire-Sommaire des Archives municipales: Période révolutionnaire* (*1789-an VIII*), 4 vols. (Bordeaux, 1896-1929) 3: 37 (共和暦五年ヴァンデミエール八日の日付の文書の再録).

＊42 たとえば、以下を参照。Gwynne Lewis, *The Second Vendée: The Continuity of Counterrevolution in the Department of the Gard, 1789-1815* (Oxford, 1978).

＊43 *Jacobin Legacy*, p. 283.

＊44 *Paysans de l'Ouest.*

＊45 Reinhard, *Le Département de la Sarthe.*

＊46 Roger Doucet, *L'Esprit public dans le département de la Vienne pendant la Révolution* (Paris, 1910), p. 263 からの再引用。

＊47 G. Bérgail, “Le Gers pendant la Révolution,” *Bulletin de la Société d'histoire et d'archéologie du Gers* 30 (1929): 89-120, 224-59, 354-77.

＊48 G. Arnaud, *Histoire de la Révolution dans le département de l'Ariège* (*1789-1795*) (Toulouse, 1904), p. 309.

＊49　都市と農村の差異にかんしては、以下を参照、François Furet and Jacques Ozouf, *Lire et écrire: L'Alphabétisation des français de Calvin à Jules Ferry* (Paris, 1977), pp. 229–45.

＊50　また以下を参照、Hunt, Lansky, and Hanson, "The Failure of the Liberal Republic". もっと厳密な判断をくだすためには、社会経済構造にかんして知られていることがあまりにも少ない。国有財産の売却にかんして包括的な比較をおこなえば、有益な結果をえられるかもしれない。ボワは、これがサルト県の東部地域と西部地域のあいだの重要な相違のひとつであったことを実証した。すなわち、西部の反革命的な地域では、より多くの聖職者の土地が存在しており、それらの土地のより多くが、不在の町の住人によって買いしめられた。ジョルジュ・ルフェーヴルは、国有財産の売却を投票パターンとの関連で検討してはいないが、農民たちがノール県ではかなりの量の土地を購買することができたことを見出した（*Les Paysans du Nord pendant la Révolution française* [Bari, 1959], esp. pp. 514–23）。残念ながら、国有財産の売却にかんする研究の多くはフランス北部に集中しており、しかもその農民にたいする影響は、きわめて多様であることがしめされてきた。ひとつの概観として、以下を参照、Michel Vovelle, *La Chute de la monarchie, 1787–1792* (Paris, 1972) p. 195.

アンドレ・シークフリードの研究以来、さまざまな注釈者が土地保有の決着のインパクトに注意を喚起してきたが、しかし、あらゆるパターンを確定することは困難であることがわかった。Theodore Zeldin, *France, 1848–1945: Politics and Anger* (Oxford, 1979), pp. 1–28における再検討を参照。ブラスティンは、一九世紀と二〇世紀のフランスの政治のなかにこの変数を組織的に探究しようとしている（先の注27）。もっと地元のレベルでは、この要素は、T.J.A. Le Goff, *Vannes and its Region: A Study of Town and Country in Eighteenth-Century France*（Oxford, 1981）によって強調されている。だれも、この要素を全国的なレベルに一般化することには成功していない。

ドミニック・マルゲラーズによる、フランス革命期の物価にかんする最近の研究は、ここでえがかれた政治地図との興味ぶかい地域的重なりをしめしている。すなわち、農業的な北部は穀物価格は安かったが、牛肉価格が高く、南東部は穀物価格は高かったが、牛肉価格は安かった。そして南西部は牛肉価格は安く、穀物価格は変わりやすかった。マルゲラーズは、これらの相違を発展のヴァリエーションに帰している（"Dénivellations des prix et inégalités de développement régional dans la France de 1790: Essai de cartographie," *AHRF* 53 [1981]: 262-78）。

＊51 Ran Yedid-Halévi, "La Sociabilité maçonnique et les origines de la pratique démocratique," *Thèse de 3e cycle* (Paris: Ecole des hautes études en sciences sociales, 1981) の八四ページの地図を参照。

＊52 Kennedy, *The Jacobin Clubs*, pp. 5-7.

第5章　新しい政治階級

＊1 とくに以下を参照、Soboul, *Les Sans-culottes parisiens en l'an II*, 2nd ed.（Paris, 1962）.

＊2 *The Social Interpretation of the French Revolution*（Cambridge, 1964）, esp. pp. 54–67.

＊3　*The Police and the People: French Popular Protest, 1789–1820* (Oxford, 1970), p. 200.

＊4　たとえば、広範囲の論争がエリザベス・アイゼンシュタインの論文によってひきおこされた。"Who Intervened in 1788? A Commentary on *The Coming of The French Revolution*," *American Historical Review* 71 (1965): 77–103. 証拠の限定は、マルクス主義的ないしは社会的解釈をめぐる初期の段階の論争につきものであった。

＊5　*The Social Interpretation*, p. 61; Cobban, *Aspects of the French Revolution* (New York, 1970), pp. 109–11.

＊6　Lynn Hunt, David Lansky, and Paul Hanson, "The Failure of the Liberal Republic, 1795–1799: The Road to Brumaire," *Journal of Modern History* 51 (1979): 734–59, esp. p. 746.

＊7　憲法制定議会にかんしては、以下を参照。Edna-Hindie Lemay, "La Composition de l'Assemblée nationale constituante: Les Hommes de la continuité?" *RHMC* 24 (1977): 341–63, esp. p. 345。国民公会にかんしては、以下を参照。Alison Patrick, *The Men of the First French Republic: Political Alignments in the National Convention of 1792* (Baltimore, 1972), p. 260 (「実業界の」代表は、九パーセント)。総裁政府の議会の数値（三パーセント、しかし職業が不明の者を除外すれば四パーセント）は、Auguste Kuscinski, *Les Députés au Corps législatif, Conseil des Cinq Cents, Conseil des Anciens, de l'an IV à L'an VIII* (Paris, 1905) からむぞうさにとられた一〇〇人の議員を基礎にしている。

＊8　三つの立法府の年齢分布の概要は、Hunt, Lansky, and Hanson, "The Failure of the Liberal Republic," p. 745 にみられる。

*9　史料にかんしては付録Bを参照。一七九〇〜九九年の市議会議員の七一パーセントにかんしては、年齢が判明した。所与の年齢は、それぞれ一七九〇年、一七九三年、一七九五年という、特定の時期の官職保有者のすべてにかんしてのものである。市議会議員は、一般大衆の闘士よりも歳とってはいなかった。たとえば、マーティン・ライオンズは、トゥルーズにおける革命期の政府委員の平均年齢が一七九三年に四五歳であったことを見出した（*Revolution in Toulouse: An Essay on Provincial Terrorism* [Berne, 1978], p. 188)。

*10　国民公会にかんしては、以下を参照。Patrick, *The Men of the First French Republic*, p. 204. 総裁政府の議員にかんしては、以下を参照。Hunt, Lansky, and Hanson, "The Failure of the Liberal Republic," p. 750.

*11　Quatremère de Quincy, *La Véritable liste des candidats, précédée d'observations sur la nature de l'institution des candidats, et son application au gouvernement représentatif*, 2nd ed. (Paris, 1797), pp. 37, 39.

*12　アリソン・パトリックは、国民公会議員のなかに地元の官職保有者がどのくらいいたか、特定の数値をあげていない。が、八六パーセントという数値は、*The Men of the First French Republic*, p. 203 の表から算定したものである（たんにジャコバン・クラブのメンバーにすぎなかったか、ジャーナリストであったにすぎなかった者にまったく官職経験のない者をくわえ、その総数を議員の総数からひいた）。総裁政府の議員にかんする数値は、Hunt, Lansky, and Hanson, "The Failure of the Liberal Republic," p. 747 からのもの。

＊13　アリエ県にかんする数値は、G. Rougeron, *Les Administrations départementales de l'Allier (1790-an VIII)* (Montluçon, 1957) であげられているリストにもとづいている。マルヌ県については、Raymond Nicolas, *L'Esprit public et les élections dans le département de la Marne de 1790 à l'an VIII* (Châlons-sur-Marne, 1909) であたえられている名前を参照。オート＝ソーヌ県にかんしては、以下を参照、Jean Girardot, *Le Département de la Haute-Saône pendant la Révolution*, 3 vols. (Vesoul, 1973).

＊14　Rougeron, *Les Administrations départementales de l'Allier*.

＊15　*Recherches sur la vie politique de l'Alsace pré-révolutionnaire et révolutionnaire* (Strasbourg, 1966), pp. 165-67,

＊16　ここであたえられている数値は、Rougeron, *Les Administrations départementales de l'Allier* のなかのリストにもとづいている。これは、革命の十年間の全時期をふくみ、県行政官のそれぞれについてかなりの伝記的情報を提供している数少ない研究のひとつである。たいていの研究は、数量的なデータや数量化しやすい情報よりも一般的な特徴づけをあたえている。

＊17　Nicolat, *L'Esprit public...département de la Marne*, annex III; Girardot, *Le Département de la Haute-Saône* 2: annex V, and 3: annex I. 一七九〇年以後ムルト県では、行政官は革命期の官職によってのみ身元を確認された（Henry Poulet, "L'Administration centrale du département de la Meurthe de l'établissement des départements à la création des préfectures (1790-1800)," *La Révolution française* 51 and 52 [1906-1907], esp. 51: 446-47）。

＊18　居住分布にかんする概要は、Hunt, Lansky, and Hanson, "The Failure of the Liberal Republic," p. 744 にみられる。

＊19　Louis Bergeron and Guy Chaussinand-Nogaret, *Les "Masses de granit": Cent mille notables du Premier Empire* (Paris, 1979), p. 29.

＊20　国王役人の数値の計算は、Poulet, "L'Administration centrale du département de la Meurthe": Marcel Bruneau, *Les Débuts de la Révolution dans les départements du Cher et de l'Indre (1789-1791)* (Paris, 1902), pp. 143-49; Girardot, *Le Département de la Haute-Saône* 2: annex V; Eugène Dubois, *Histoire de la Révolution dans l'Ain*, 6 vols. (Bourg, 1931-1935), esp. 1: 204-5; Rougeron, *Les Administrations départementales de l'Allier*, pp. 8-10, 39-40 にもとづいている。国王役人の拒絶は、あきらかにナポレオン時代をとおして持続していた。すなわち、一八一〇年の名士のたった七パーセントのみが、かつて王権の民政において役職をしめていたにすぎなかったのである（Bergeron and Chaussinand-Nogaret, *Les "Masses de granit,"* p. 29）。

＊21　Louis Méry and F. Guindon, eds., *Histoire analytique et chronologique des actes et des délibérations du corps et du conseil de la municipalité de Marseille*, 8 vols. (Marseille, 1841-1873) 5: 37. アンジェではもし職業が不明の者を総計から除外すると、商人の増加は、二九パーセントから三七パーセントになった。計算は、F. Uzureau, "La Municipalité d'Angers pendant la Révolution," *Andegaviana* 13 (1913): 272-84 であたえられているリストにもとづいている。

＊22　これらの問題をアメリカの都市に適用しての再検討は、David C. Hammack, "Problems in the Historical Study of Power in the Cities and Towns of the United States, 1800–1960," *American Historical Review* 83 (1978): 323–49 にみられる。

＊23　Roger Agache et al., *Histoire de la Picardie* (Toulouse, 1974), esp. chap. 12, "Forces et faiblesses de l'Ancien Régime," by Pierre Deyon, pp. 313–28. また以下を参照、Charles Engrand, "Pauperisme et condition ouvrière au XVIIIe siècle: L'Exemple amiénois," *RHMC* 29 (1982): 376–410.

＊24　A.N., F^{1C} III Somme 9, Correspondance et divers, 1789–an IX. 五百人会のメンバーであるセリエから内務大臣への、共和暦四年ブリュメール三十日付の書簡。

＊25　A. Dubois, *Notes historiques sur Amiens, 1789–1803* (Amiens, 1883); Albéric de Calonne, *Histoire de la ville d'Amiens*, 3 vols. (Amiens, 1899–1900), esp. vol. 2; F.I. Darsy, *Amiens et le département de la Somme pendant la Révolution: Episodes historiques*, 2 vols. (Amiens, 1878–1883) 1: 181.

＊26　Pierre Clémendot, *Le Département de la Meurthe à l'époque du Directoire* (Raôn-l'Etape, 1966), p. 502. もっと早い時期にかんしては、以下を参照、Albert Troux, *La Vie politique dans le département de la Meurthe d'août 1792 à octobre 1795*, 2 vols. (Nancy, 1936).

＊27　レニュイエ、ジャクミノ、ブーレは、統領政府への移行を主導した委員会に議席をしめていた。そして三人はみな、帝政下に伯爵に任命された。もう一人の議員マラルメは、〈法制

審議院〉に席をしめ、男爵となった（Christian Pfister, "Les Députés du département de la Meurthe sous la Révolution（1791-1799)," *Mémoires de la Société d'Archéologie de Lorraine*, 4th ser., 11［1911］: 309-425)。

＊28　A.N., F^{1C} III Meurthe 15, Correspondance et divers, 1789-an V. ソーニエの共和暦八年ブリュメール二十五日の書簡。それに彼は、（公式の書式にのっとった「総裁政府（Directoire)」の文字を消して）「政府委員（Commissaire du Pouvoir Exécutif)」と署名した。

＊29　William Doyle, *The Parlement of Bordeaux and the End of the Old Regime, 1771-1790*（New York, 1974).

＊30　Alan Forrest, *Society and Politics in Revolutionary Bordeaux*（Oxford, 1975). 一七九三年十月と一七九四年七月のあいだに、三〇二人の人びとがその軍法会議によって死刑を宣告された（Pierre Bécamps, *La Révolution à Bordeaux [1789-1794]: J.-B.-M. Lacombe, président de la Commission militaire*［Bordeaux, 1953］, p. 384)。

＊31　たとえば、ジロンド派によって組織された「山賊の大群」を非難する、総裁政府の委員による県当局へのスピーチを参照（Gaston Ducaunnès-Duval, *Ville de Bordeaux. Inventaire-Sommaire des Archives municipales: Période révolutionnaire [1789-an VIII]*, 4 vols.［Bordeaux, 1896-1929］3: 45-46［彼の財産目録。A.M., Bordeaux, D 155, 28 brumeire an V］に再録)。

＊32　Lyons, *Revolution in Toulouse*.

＊33　A.M., Toulouse, 2D 4, Correspondance de l'administration municipale, 17 fructidor an

V, "Observations analitiques [sic] de l'administration municipale de la commune de Toulouse sur les points du rapport du citoyen Saladin qui la concerne."

*34 地方自治の変化にかんする簡単な説明は、Cobban, "Local Government during the French Revolution," *Aspects of the French Revolution*, pp. 112-30 にみられる。制度上の問題にかんする標準的な説明は、Jacques Godechot, *Les Institutions de la France sous la Révolution et l'Empire* (Paris, 1968).

*35 *Thoughts on French Affairs*, in Robert A. Smith, ed., *Burke on Revolution* (New York, 1968), p. 190 から。

*36 官職保有にかんする情報は、付録Bにひかれた史料による。フィリップ・ドーソンは、同様に、「バイヤージュの司法官の大多数は、民主政治に不向きであり、党派論争にいやいやながら参加しており、合法性というある種の慣れしたしんだ考え方へのかかわりを放棄することができないことを、フランス革命期にあらわにした」と結論した(*Provincial Magistrates and Revolutionary Politics in France, 1789-1795* [Cambridge, Mass., 1972], p. 329)。

*37 *Le Siècle des lumières en province: Académies et académiciens provinciaux, 1680-1789*, 2 vols. (Paris, 1978) 2: 347-56. パーセンテージは、ロシュの数値にもとづいている。

*38 Marie-Yvonne Dessaux, "La Vie municipale à Amiens de 1782 à 1789," U.E.R. de Sciences historiques et géographiques (Amiens, 1978).

*39 *Fortunes et groupes sociaux à Toulouse sous la Révolution (1789-1799): Essai d'histoire statistique* (Toulouse, 1969), pp. 84, 153. 商人の数にかんしては、以下を参照、

Georges Marinière, "Les Marchands d'étoffe de Toulouse à la fin du XVIIIe siècle," D.E.S. (Toulouse, 1958).

＊40 Roche, *Le Siècle des lumières* 2: 363-72 であたえられている数値にもとづく。ロシュによってもちいられた史料はそれぞれ欠点があるが、しかしそれらの史料からひきだされた比率は、各都市間の相違の大きさの程度をよくしめしている。

＊41 Jeffrey Kaplow, *Elbeuf during the Revolutionary Period: History and Social Structure* (Baltimore, 1964), esp. pp. 86, 87, 162, 167, 169, 170, 171 の表。

＊42 Christiane Derobert-Ratel, *Institutions et vie municipale à Aix-en-Provence sous la Révolution (1789–an VIII)* (Millau, 1981), pp. 602–03, 590.

＊43 アルルの町会議員の社会構成にかんしては、以下を参照。Fabio Sampoli, "Politics and Society in Revolutionary Arles: Chiffonistes and Monnaidiers," Ph.D. diss., Yale University, 1982, pp. 331, 326-27. エクス＝アン＝プロヴァンスの職人や小売商にかんしては、以下を参照。Derobert-Ratel, *Institutions et vie municipale*, p. 590.

＊44 Georges Castellan, *Une Cité provençale dans la Révolution: Chronique de la ville de Vence en 1790* (Paris, 1978), pp. 47-51. 二月の投票のときには、「能動」市民のリストがまったくなかったため、税をはらっていた家長はすべて、選出される資格があった。

＊45 *Pont-de-Montvert: Social Structure and Politics in a French Village, 1700–1914* (Cambridge, Mass., 1971), pp. 85, 87.

＊46 R. Rondot, *Ormoy pendant la Révolution* (Besançon, 1958), p. 41.

*47 Francis Hirigoyen, “Bénesse-Maremne pendant la Révolution française,” *Bulletin de la Société de Borda* 103 (1978): 51-70.

*48 Alain Signor, *La Révolution à Pont-l'Abbé* (Paris, 1969), pp. 132-35, 216-17.

*49 Albert Soboul, “Une Commune rurale pendant la Révolution: Les Authieux-sur-le-Port-Saint-Ouen (Seine-Inférieure), 1789-1795,” *AHRF* 25 (1953): 140-60.

*50 ルルマランでは、職人と travailleurs〔労働者〕が一七九三年と一七九四年の村会に姿をあらわした（Thomas F. Sheppard, *Lourmarin in the Eighteenth Century: A Study of a French Village* [Baltimore, 1971], p. 204）。シェパードは、この転換の社会的意味を極小化しようとして苦労しているが、しかしこの時期には、同様の展開がたいていの村落でおこったのである。

*51 貴族の数値はおそらく過大評価である。アミアンでは écuyers〔平貴族〕と自称した二人の男がふくまれていたが、彼らは、一七八九年におけるアミアンのバイヤージュの貴族身分会議に参加しなかった。どちらも富裕な商人だった。貴族の名前は、Louis de la Roque and Edouard de Barthelemy, *Catalogue des gentilshommes en 1789 et des familles anoblies ou titrées depuis le premier empire jusqu'à nos jours*, 2 vols. (Paris, 1886) からとられている。もうひとつの高等法院所在都市であるエクス＝アン＝プロヴァンスでは、革命期の議会の貴族の数は七パーセントだった（Derobert-Ratel, *Institutions et vie municipale*, p. 590）。

*52 革命期の市議会議員のファイルは、*Almanach historique de la province de Languedoc*,

1780-90 であたえられているリストにてらしてチェックされた。

＊53　Derobert-Ratel, *Institutions et vie municipale*, p. 601.

＊54　この点は、Lynn Hunt, *Revolution and Urban Politics in Provincial France: Troyes and Reims, 1786-1790*（Stanford, 1978）で詳細に論じられている。地元のレベルでは、法律家は、彼らの数が示唆するほど積極的ではなかった。レオナード・R・バーランステイン（Berlanstein）は、フランス革命期のトゥルーズでなんらかのレベルの官職についていた二七六人のなかにたった五四人の avocats〔弁護士〕しか見出せず、しかも彼らの多くは、恐怖政治期ないしはその直後に脱落したのである（*The Barristers of Toulouse in the Eighteenth Century [1740-1793]* [Baltimore, 1975], esp. pp. 165, 176）。

＊55　*The Jacobins: An Essay in the New History*（New York, 1930）, p. 60.

＊56　A.M., Toulouse, 1G 38-53, Contribution foncière, 1791. 税査定額は、市議会議員の四四パーセントについて判明した。恐怖政治期の市議会議員にかんするデータも少しも劣らなかった。つまり、四〇パーセントが判明したのである。革命委員会のメンバーと比較したライオンズは、「テルミドール派は、彼らの片割れのジャコバン派よりも高い収入とより多くの財産と資本をもっている傾向があった」ことを見出したが、にもかかわらず彼は、社会的区分が「ぼんやりして」いたことを強調している（*Revolution in Toulouse*, pp. 172-74）。各都市の市議会議員の相違を想定すれば、社会的相違は現実であったが、しかし圧倒的なものではなかった、と主張するのがより適切であるように思われる。

＊57　A.M., Toulouse, 1G 38-53.

＊58　あたえられている数値は、査定額が確定した商人にかんしてのものである。アミアンの税査定額は、A.M., Amiens, 1G 2.11, Contribution foncière, 1791 にみられる。

＊59　A.D., Somme, Mb 107529 bis, Liste de Notabilité du département de la Somme, an IX.

＊60　あたえられているパーセンテージは、職業の判明しているものである。一七九三年一月の市議会にかんしては、都市役人のみが勘定に入れられており、notables〔名士〕は勘定に入れられていなかった。二〇の職業のうちふたつは、確認されなかった。職業の不明の者は、一七九三年九月の市議会の場合にははるかに多い。五〇人のうち一八人が不明だった。フォレストは、あきらかに、一七九三年一月の市議会議員にかんする彼の数値に名士をふくめていた。すなわち、彼は、四六人の商人、一二人の自由業（五人の法律家をふくむ）、そして七人の職人ないしは小売商に言及している（*Revolutionary Bordeaux*, pp. 122–23）。

＊61　Hirigoyen, “Bénesse-Maremne”; Rondot, *Ormoy*, pp. 14–16, 41.

＊62　フランスにおける多くの村落研究と同様、この研究も、地方の小教区司祭によって書かれた（F. Page, *Meximieux: Une commune pendant la Révolution* [Belley, 1903]）。

＊63　先の注9を参照。

＊64　マイケル・L・ケネディは、*The Jacobin Club of Marseilles, 1790–1794*（Ithaca, N.Y., 1973）, p. 151 で利用できるデータを再検討している。

＊65　あらゆる職業をふくむ村会議員の唯一のリストは、共和暦三年ジェルミナル四日のものである（Edouard Isambard, *Histoire de la Révolution à Pacy-sur-Eure*, 2 vols. [Pacy, 1894] 2: 279）。

＊66　これは、メクシミューにかんするもっとも完全なリストである（Page, *Meximieux*, p. 228）。
＊67　Sampoli, "Politics and Society in Revolutionary Arles," pp. 58, 331.
＊68　Derobert-Ratel, *Institutions et vie municipale*, pp. 29, 590.
＊69　このリストは、A.M., Nancy, D 14, Délibérations municipales, 15 prairial an III にみえる。
＊70　ボルドーのベルナドーは、彼らを、「もはや必要のない饒舌家の集まり」とよんだ（"Tablètes contemporaines, historiques et cryptographiques, de l'Ecouteur bordelais," vol. 3 [21 septembre 1793 au 22 septembre 1802] in *Oeuvres complètes de Bernadau*, B.M., Bordeaux, ms. 713, vol. 7. 共和暦三年プリュヴィオーズ十四日の記載事項）。
＊71　市議会議員は、一七九四～九五年につくられた「恐怖政治家」のリストにほとんどあらわれなかった。問題の四つの都市にかんしては、以下を参照。A.M., Nancy, D 14, 15 prairial an III; A.M., Amiens, 2I 19, "Liste des citoyens dénoncés au représentant du peuple Blaux," 13 prairial an III; A.M., Toulouse, 2I 26, "Liste des terroristes bien reconnus pour tels"; A.M., Bordeaux, I 69, Police, 共和暦三年プレリアル十四日に武装解除された一〇九人の市民のリスト。これら四つの都市のリストに名前のあがった人びとの社会的特徴は、まったく同じである。多くの職業の名があげられてはおらず、おもにさまざまな書記、職人、小売商からなる人びとの名があげられていた。たとえば、ボルドーのリストでもっとも一般的な職業は、靴屋、かつら屋、仕立て屋だった。
＊72　Brinton, *The Jacobins*, p. 51. 彼は、négociants（大卸売業者）のみを勘定に入れ、さまざまな規模の都市をいっしょにした。ル・アーヴル（一七九一年）にかんする彼の数値は、

（職業の判明しているもののうち）二二パーセントが商人であったことをしめしており、商人は、知的専門職の人びとにたいして1対2の割合で数的に優越している。同様に、ストラスブールの商人は、一七九一年のジャコバン・クラブの四〇パーセントをしめており、知的専門職の人びとに1対2の割合で数的に優越していた。以下を参照、Brinton, tables, pp. 302-03。したがって大都市においては、ジャコバン・クラブへの商人の参加は、おそらく革命がより急進的になるにつれて減少したであろうが、けっしてとるにたらないものではなかったのである。さらに、Michel de Certeau, Dominique Julia, and Jacques Revel, *Une politique de la langue: La Révolution française et les patois: L'Enquête de Grégoire* (Paris, 1975), p. 44; Kennedy, *The Jacobin Club of Marseilles*, p. 156; Lyons, *Revolution in Toulouse*, pp. 182-83 であげられている数値を参照。

*73 モリスは、国民議会のメンバーに言及していた（Beatrix Cary Davenport, ed., *A Diary of the French Revolution by Gouverneur Morris [1752-1816], Minister to France during the Terror* [Boston, 1939], p. 68, 22 November 1790）。

*74 ここは、マルクスあるいはマルクス主義のさまざまな解釈をより一般的なかたちで十分詳細に語る場ではない。この問題にかんする最近のいくつかの文献にかんしては、Frank Parkin, *Marxism and Class Theory: A Bourgeois Critique* (New York, 1979) で批判的に再検討されている。

*75 (New York, 1963), p. 124.

*76 ジャコバン・クラブのメンバーを叙述するとき、ブリントンは、彼らが「旧い裁判貴族と

生まれたばかりの産業プロレタリアートをのぞく、フランス社会の完全な一断面をあたえる」と主張した（*The Jacobins*, p. 68）。パリのサン＝キュロットでさえ、なんらかの独立して生活できる手段をもった小売商や職人が支配的だった（Soboul, *Les Sans-culottes parisiens*, pp. 439-55）。

＊77 Lyons, *Revolution in Toulouse*, p. 174.

＊78 *Jacobin Legacy: The Democratic Movement under the Directory* (Princeton, 1970), esp. pp. 149-86.

第6章　アウトサイダー、文化の媒介者、政治的ネットワーク

＊1 私は、境界閾ということばを、Victor Turner, *The Ritual Process: Structure and Anti-Structure* (Ithaca, N.Y., 1969)〔冨倉光雄訳『儀礼の過程』思索社、一九七六年〕, esp. pp. 94-130 によってこのことばにあたえられた意味でもちいている。

＊2 A.N., F^{1C} III Vendée 4, Comptes rendus administratifs, 1791-an VIII. 一七九三年一月付の、サン・クリストフ＝デュ＝リニュロンからの書簡。

＊3 Alan Forrest, *Society and Politics in Revolutionary Bordeaux* (Oxford, 1975), p. 243.

＊4 Michel Vovelle, *Ville et campagne au 18e siècle: Chartres et la Beauce* (Paris, 1980), p. 115.

＊5 *The Jacobins: An Essay in the New History* (New York, 1930), pp. 56-57. マルセイユにかんしては、以下を参照、Michael Kennedy, *The Jacobin Club of Marseilles, 1790-1794*

(Ithaca, N.Y., 1973), p. 153.

＊6 *Le Moniteur universel,* no. 302 (2 thermidor an III [20 July 1795]), p. 1217 で報告されたボルダースによる演説から。

＊7 Vovelle, *Ville et campagne au 18e siècle,* p. 113. 人の移動にかんする文献は、Jean-Pierre Poussou, "Les Mouvements migratoires en France et à partir de la France de la fin du XVe siècle au début du XIXe siècle: Approches pour une synthèse," *Annales de démographie historique,* 1970, pp. 11-78 で再検討されている。

＊8 ランスでは、全国三部会のための町民の cahier de doléances〔陳情書〕が、町の役職をその町生まれの人びとに制限していることにたいする多くのギルドの変更要求をくりかえした。それは、一五年間住んでいることが〔町の役職に〕選出される条件であることを示唆していた。町会は、この立場をすてることを書面にしたためた (Lynn Hunt, *Revolution and Urban Politics: Troyes and Reims, 1786-1790* [Stanford, 1978], p. 60)。

＊9 *Ibid.,* p. 23. アミアンにかんしては、以下を参照、Marie-Yvonne Dessaux, "La Vie municipale à Amiens de 1782 à 1789," U.E.R. de Sciences historiques et géographiques (Amiens, 1978).

＊10 Forrest, *Revolutionary Bordeaux,* pp. 243-45.

＊11 Jean Beyssi, "Le Parti jacobin à Toulouse sous le Directoire," *AHRF* 22 (1950): 28-54, 109-33, esp. p. 37; Martyn Lyons, *Revolution in Toulouse: An Essay on Provincial Terrorism* (Berne, 1978), pp. 186-87; Georges Marinière, "Les Marchands d'étoffe de Toulouse à la fin du XVIIIe siècle," D.E.S.（Toulouse, 1958）, pp. 154-88.

＊12 "Souvenirs d'Abraham Furtado," *La Révolution française* 69（1916）: 543-51, quotes pp. 549, 547. 共和暦七年メシドール十四日の記載事項。

＊13 レスクーヴェは、contribution foncière〔地租〕支払いのために一二九五フランの収入と査定された。市議会議員全体の平均は、一一六四フランだった（査定額は、市議会議員の四二パーセントにかんして判明した）（A.M., Amiens, 1G 2.11, Contribution foncière, 1791）。彼は、一七五七年に農民の娘と結婚したとき、たった二〇〇〇リーブルと評価される結婚契約をおこなった（A.D., Somme, 2C Etude Morel, 28 May 1757）。これは、一七六四年に結婚した商人のピエール・ゲラールの結婚契約と対比することが可能である。彼の契約は、一三万一〇〇〇リーブルと評価されたのである（A.D., Somme, 2C 705）。ゲラールは、一七九〇年に市議会に選出された。

＊14 Renée Dubos, "Une Société populaire bordelaise: Les Surveillants de la Constitution," *Revue historique de Bordeaux* 25（1932）, 26（1933）, 27（1934）, 29（1936）. デュボによれば、このクラブは、おもに職人と小商店主によって構成されていた。

＊15 R. Brouillard, "Un Maire de Bordeaux inconnu: Pierre Thomas," *Revue historique de Bordeaux* 11（1918）, 12（1919）.

＊16 A.M., Nancy, D 14, Délibérations municipales, 15 prairial an III.

＊17 Henry Poulet, "Le Sans-culotte Philip, président de la Société populaire de Nancy," *Annales de l'Est et du Nord* 2（1906）: 248-83, 321-66, 501-29.

＊18 Pierre Bécamps, *La Révolution à Bordeaux (1789–1794): J.-B.-M. Lacombe, président de la Commission militaire* (Bordeaux, 1953).

＊19 Sainte-Luce-Oudaille, *Histoire de Bordeaux pendant dix-huit mois ou depuis l'arrivée des représentants Tallien et Ysabeau, Beaudot et Chaudron-Rousseau, jusqu'à la fin de leur mission* (Paris, n.d.), p. 3.

＊20 ブリントンは、同じことを指摘している（*The Jacobins*, p. 57）。

＊21 Edouard Isambard, *Histoire de la Révolution à Pacy-sur-Eure*, 2 vols. (Pacy, 1894) 2: 25, 182–83.

＊22 Pierre Doudier, *Villages comtois sous la Révolution et l'Empire* (Dôle, 1975), pp. 138–39.

＊23 Albert Soboul, "Une Commune rurale pendant la Révolution: Les Authieux-sur-le-Port-Saint-Ouen (Seine-Inférieure), 1789–1795," *AHRF* 25 (1953): 140–60, esp. 153–56.

＊24 Francis Hirigoyen, "Bénesse-Maremne pendant la Révolution française," *Bulletin de la société de Borda* 103 (1978): 51–70, esp. pp. 66–67.

＊25 Antoine Roquette, *Jean-Jacques Roquette ou la Révolution à Saint-Amans-des-Cots* (Paris, 1978), pp. 118–22.

＊26 *Ibid.*, pp. 145–48.

＊27 Colin Lucas, *The Structure of the Terror: The Example of Javogues and the Loire* (Oxford, 1973), quote on p. 235. ルーカスは、農村に革命的メッセージをつたえるための

政府委員の利用をかなり詳細に論じている（esp. pp. 189–219）。

*28 J. Brélot, *La Vie politique en Côte-d'Or sous le Directoire* (Dijon, 1932), p. 42.

*29 A.N., F^{1b} II Garonne (Haute) 25, "Proclamation de la liste des cent plus imposés de la commune de Toulouse, an IX."

*30 ドゥラモルリエールの最初の結婚にかんしては、以下を参照、A.D., Somme, 2C Etude Scribe, 15 July 1764. 彼の二度目の結婚にかんしては、以下を参照、Etude St. Germain, 21 October 1788. 結婚契約書には、立ち会い人のリストが、結婚するカップルにたいする彼らの関係の記載とともにふくまれている。

*31 Albéric de Calonne, *Histoire de la ville d'Amiens*, 3 vols. (Amiens, 1899–1900) 2: 415–16（アミアンからの三六人の代表のリスト）.

*32 マセにかんしては、以下を参照、A.D., Somme, 2C Etude Machart, 8 December 1779. デュポンにかんしては、以下を参照、Etude Delattre, 22 January 1792.

*33 ルイ・ルフェーヴルにかんしては、以下を参照、A.D., Somme, 2C Etude Baudelocque, 5 November 1775. 公証人のボドゥロックは、彼自身、一七九〇年には市議会議員であり、共和暦三年には名士、そしてボナパルトのクーデタののちにはふたたび市議会議員であった。

*34 ドゥラロシュにかんしては、以下を参照、A.D., Somme, 2C Etude Turbert, 19 April 1756.

*35 A.D., Somme, Mb 107529 bis, Mb 107547, and Mb 107574.

*36 *Affiches du Département de la Somme*, 26 Janualy 1793.

* 37　マルク・エドゥム・リゴロは、ブジュヴァン（オート＝マルヌ県）で生まれた（Calonne, *Histoire de la ville d'Amiens* 2: 475）。

* 38　A.D., Somme, 2C Etude Morel, 28 May 1757.

* 39　A.D., Somme, 2C Etude Baudelocque, 28 June 1783.

* 40　"Les Registres de capitation d'Amiens au XVIIIe siècle," *Revue du Nord 42* (1960): 19–26, esp. pp. 20–21.

* 41　この点は、Antonino de Francesco, "Le Quartier lyonnais de la Croisette pendant les premières années de la Révolution (1790–1793)," *Bulletin du Centre d'histoire économique et sociale de la région lyonnaise*, no. 4 (1979): 21–64 によって詳細に展開されている。

* 42　市議会の八人の商人〔の財産〕はこの二人の富裕な食料雑貨商よりも高く、五人は彼らよりも低く査定された（A.M., Amiens, 1G 2.11, Contribution foncière, 1791）。

* 43　Calonne, *Histoire de la ville d'Amiens* 2: 462–63.

* 44　フランス革命初期のアミアンの歴史にとってひじょうに貴重な史料は、*Documents pour servir à l'histoire de la Révolution française dans la ville d'Amiens*, 5 vols. (Paris, 1894–1902)。一七九二年七月〜八月の毛織物労働者の祭りとデモにかんしては、以下を参照、vol. 5: 189–298.

* 45　A.M., Amiens, 2I 19, "Liste des citoyens dénoncés au représentant du peuple Blaux, comme ayant participé aux horreurs commises avant le 9 thermidor à Amiens," 13

prairial an III. このリストには、たった一六人の名前しかなかった。

*46 フリーメーソンの会所の社会構成にかんする数値は、Daniel Roche, *Le Siècle des lumières en province: Académies et académiciens provinciaux, 1680-1789*, 2 vols. (Paris, 1978) 2: 419-24 からのもの。

*47 フリーメーソン主義とジャコバン主義との関係にかんしては、以下を参照; Michael L. Kennedy, *The Jacobin Clubs in the French Revolution: The First Years* (Princeton, 1982), pp. 5-7.

*48 市議会議員のファイルは、Charles Bernadin, *Notes pour servir à l'histoire de la Franc-maçonnerie à Nancy jusqu'en 1805* (Nancy, 1910) でリストにあがっている名前にてらしてチェックされた。これらの数値は、エクス＝アン＝プロヴァンスのそれときわめて似ている。すなわちエクス＝アン＝プロヴァンスでは、一七九〇年二月には三七パーセント、一七九三年九月には四パーセント、総裁政府後期には一五パーセントだった（Christiane Derobert-Ratel, *Institutions et vie municipale à Aix-en-Provence sous la Révolution [1789-an VIII]* [Millau, 1981], p. 602）。

*49 いくつかのフリーメーソン支部は、ナンシーでも、トゥルーズでも、一七八九年以降も会合をつづけていた。この持続性は、プロヴァンスにおけるフリーメーソン会所の消滅と対照をなしている（Maurice Agulhon, *Pénitents et Francs-Maçons de l'ancienne Provence* [Paris, 1968]）。

*50 J. Gros, "Les Loges maçonniques de Toulouse (de 1740 à 1870)," *La Révolution* *française* 40 (1901): 234-70, 297-318.

*51 市議会議員のファイルは、B.N., Fonds Maçonniques (F.M.)^{2} 443, 444, 451, 454, 455, 458, 462, 464, 471, 478, 479 の利用しうるメンバー・リストと比較した。疑いなく、トゥルーズのいくにんかのフリーメーソンは、リストがすべての支部にかんして完全ではないために、検出されなかった。アンシクロペディック会所にかんしては、一七八六年のリストが利用された。国立図書館のコレクションのボルドーのリストは、さらに不完全であったため、ここではボルドーはのぞかれた。ボルドーには一七八九年に一二の会所があった (G. Hubrecht, "Notes pour servir à l'histoire de la Franc-maçonnerie à Bordeaux," *Revue historique de Bordeaux et du département de la Gironde*, n.s. 3 [1954]: 143-50)。また、いくつかの孤立した伝記的情報が、Johel Coutura, *La Franc-Maçonnerie à Bordeaux* (*XVIIIe-XIXe siècles*) (Marseille, 1978) からえられた。

*52 Agulhon, *Pénitents et Francs-Maçons*, p. 186.

*53 Michel Taillefer, "La Franc-maçonnerie toulousaine et la Révolution française," *AHRF* 52 (1980): 59-90, esp. p. 72. タイユフェールは、トゥルーズのフリーメーソンがさまざまな政治的選択とむすびついた、と主張している。すなわち、ジロンド派の三八パーセント、ジャコバン派の三二パーセント、王党派の三〇パーセントは、フリーメーソンだった。この都市の市議会議員にかんする私の情報によれば、ジャコバン派であった人びとの二五パーセントはまた、フリーメーソンでもあった。

*54 Gros, "Les Loges maçonniques," p. 264; Taillefer, "La Franc-maçonnerie toulousaine," pp. 83-89.

＊55 Brinton, *The Jacobins*; Kennedy, *The Jacobin Clubs*.

＊56 Forrest, *Revolutionary Bordeaux*, p. 68.

＊57 A.D., Gironde, 12L 19. 日付のない、約四〇〇人のメンバーのリスト。メンバーの完全なリストがないため、ここで提示された数値は、近似的な数値と考えられるにすぎない。

＊58 Forrest, *Revolutionary Bordeaux*, pp. 63-66.

＊59 Beyssi, "Le Parti jacobin," p. 46.

＊60 トゥルーズでは、ジャコバン・クラブのメンバーのリストがひとつもない。ジャン・ベシは、「ジャコバン党」にかんする彼の分析を、クラブのメンバーの記録よりも総裁政府体制期の政治的忠誠にもとづいておこなった（*ibid.*）。ここで利用されたジャコバン派のリストは、そのクラブの議事録で言及されているすべての名前にもとづいている。そのような手続きは有益である（そしておそらく、ベシの方式よりも正確だ）が、けれども完全に満足すべきものではない。というのも、クラブの議事録は一七九三年八月二十四日までしかないからである（A.D., Haute-Garonne, L 4542-4544）。そのクラブのほかの記録は、同じ時期をカバーしているが（6 May 1790-24 August 1793）、それらには、ほとんど名前がふくまれていない。

＊61 A.M., Amiens, 2I 46, Registre de présence des membres de la société populaire, du 10 pluviôse an II au 7 frimaire an III. この記録は、恐怖政治の最盛期とその後の反動の数カ月をカバーしている（29 January 1794-27 November 1794）。けれどもそれは、おそらく、

革命初期には加入し、そののち去っていった人びとを除外しており、したがって、一七九二年八月以降に加入することの多かった職人や小売商の比率を強調している傾向がきわめて大きい。エクス＝アン＝プロヴァンスの市議会におけるジャコバン派の比率は、きわだって安定していた。すなわち、それは、テルミドール反動期の五一パーセントから一七九〇年十一月の六九パーセントまでに分布していた（ほかの時期はすべて、五一パーセントと五八パーセントのあいだにあった）（Derobert-Ratel, *Institutions et vie municipale*, p. 602）。エクスでは、一般的な市政とその地のジャコバン・クラブの立場とのあいだの相関関係は、きわめて密接であった。この点で、エクスはトゥルーズに似ていたが、しかしその理由は異なっていた。すなわち、エクスでは市政もジャコバン・クラブの立場もともに中道であったが、トゥルーズでは、どちらも左翼にくみすることが一般的だった。

＊62　職業が不明な者は都市ごとに大きく変化するので、ここでは、職業の判明する人びとのパーセンテージのみがあげられている。たとえば、トゥルーズでは、職業の不明な者が（市議会のジャコバン派のなかに）一一パーセントいた。職業が判明する人びとの一六パーセントは法律家であり、一一パーセントはそのほかの自由業の出身であった。

＊63　Gaston Ducaunnès-Duval, *Ville de Bordeaux: Inventaire-Sommaire des Archives municipales: Période révolutionnaire (1789-an VIII)*, 4 vols. (Bordeaux, 1896-1929) 3: 66, 76-77 (A.M., Bordeaux, D 156, 1 messidor an V and 28 frimaire an VI).

＊64　Beatrix Cary Davenport, ed., *A Diary of the French Revolution by Gouverneur Morris (1752-1816), Minister to France during the Terror* (Boston, 1939), p. 68, 22 November

1790.

＊65 Ducaunnès-Duval, *Ville de Bordeaux* 3: 99–104（A.M., Bordeaux, D 159, 20 thermidor an VII）.

＊66 Mona Ozouf, *La fête révolutionnaire, 1789–1799*（Paris, 1976）, p. 337.

＊67 *Ibid.*, pp. 149–87. 都市生活と祭りのあいだのつながりにかんしては、ミシェル・ヴォヴェルの数量的研究を参照。*Les Métamorphoses de la fête en Provence de 1750 à 1820*（Paris, 1976）, esp. pp. 151–56.

＊68 “Violence thermidorienne et société traditionelle: L’Exemple du Forez,” *Cahiers d’histoire* 24（1929）: 3–43, quote on p. 28.

＊69 T.J.A. Le Goff and D.M.G. Sutherland, “The Revolution and the Rural Community in Eighteenth-Century Brittany,” *Past and Present,* no. 62（1974）: 96–119.

＊70 Thomas F. Sheppard, *Lourmarin in the Eighteenth Century: A Study of a French Village*（Baltimore, 1971）, p. 192.

＊71 Eugène Dubois, *Histoire de la Révolution dans l’Ain*, 6 vols.（Bourg, 1931–35）6（Le Directoire）: 203–5. この出来事は、一七九九年一月十三日にセセル（Seyssel）でおこった。

＊72 文献にかんするいくつかの有益な指摘は、Reinhard Bendix, “Tradition and Modernity Reconsidered,” *Comparative Studies in Society and History* 9（1967）: 292–346.

＊73 （New Haven, 1968）, quote p. 265. この意味では、革命は、暴力と不安定の特有の形態である。

＊74 *States and Social Revolutions: A Comparative Analysis of France, Russia, and China*（Cambridge, 1979）, p. 286.

＊75 *Ibid.*, p. 170.

＊76 *The Vendée*（Cambridge, Mass., 1964）, p. 11.

＊77 モーリス・アギュロンは、一八四八年革命期のこの見習い訓練のなかに、「道徳的な考え方と最大限の内容をもった共和国」とより保守的な「純粋に憲法にのっとった考え方と最小限の内容をもった共和国」とを区別している。この区別は、トゥルーズ（最大限のプログラム）とアミアン（最小限のプログラム）における共和主義の指導者のあいだの相違を特徴づけている（*1848 ou l'apprentissage de la République, 1848–1852* [Paris, 1973], p. 230）。

＊78 私はここでは、バリントン・ムーア・Jr.によって表明された近代化論的見解に反対する議論をおこなっている（*Social Origins of Dictatorship and Democracy: Lord and Peasant in the Making of the Modern World* [Boston, 1967], esp. n. 112, p. 84）。

結論　政治文化における革命

＊1 民主的な社会的結合関係の起源にかんする古典的な議論にかんしては、以下を参照; Augustin Cochin, *L'Esprit du Jacobinisme: Une interprétation sociologique de la Révolution française*（Paris, 1979）, esp. pp. 128–36.

＊2 *Revolutionary Change*, 2nd ed.（Stanford, 1982）, pp. 169–94.

＊3 この議論のヴァリエーションは、E. Victor Wolfenstein, *The Revolutionary Personality:*

Lenin, Trotsky, Gandhi (Princeton, 1967) にみられる。

＊4　構造的なものの長所を強調するふたつのタイプの議論は、Theda Skocpol, *States and Social Revolutions* (Cambridge, 1979) にみられる。

＊5　Johnson, *Revolutionary Change*, pp. 169-94.

＊6　*Political Order in Changing Societies* (New York, 1968).

＊7　*Social Origins of Dictatorship and Democracy: Lord and Peasant in the Making of the Modern World* (Boston, 1966), pp. 457-58.

＊8　社会的・経済的趨勢にかんするすぐれた再検討として、以下を参照; Louis Bergeron, *France under Napoleon*, trans. by R.R. Palmer (Princeton, 1981), pp. 119-90. ベルジュロンは膨大な文献を要約し、すぐれた文献上の示唆を提供している。

＊9　起源にかんする文献にかんする包括的な再検討として、以下を参照; William Doyle, *Origins of the French Revolution* (Oxford, 1980).

＊10　*States and Social Revolutions*.

＊11　Alexis de Tocqueville, *The Old Regime and the French Revolution*, trans. by Stuart Gilbert (New York, 1955), esp. pp. 81-107.

＊12　ふたつの「ブルジョワ的な」考え方のあいだの緊張は、Patrice Higonnet, *Class, Ideology, and the Rights of Nobles during the French Revolution* (Oxford, 1981) でくわしく展開されている。

＊13　*The Old Regime and the French Revolution*, p. 1.

＊14　詳細な、しかし一面的な説明として、以下を参照、J. E. Talmon, *The Origins of Totalitarian Democracy* (New York, 1960)〔市川泰治郎訳『フランス革命と左翼全体主義の源流』拓殖大学海外事情研究所、一九六四年〕, pp. 167-247.

＊15　Martyn Lyons, *France under the Directory* (Cambridge, 1975), p. 35.

＊16　Albert Meynier, *Les Coups d'état du Directoire,* 3 vols. (Paris, 1928).

＊17　*Proclamation de général Bonaparte, le 19 brumaire, 11 heures du soir.*

＊18　古典的な説明は、Albert Vandal, *L'Avènement de Bonaparte,* 5th ed. (Paris, 1908) 1: *La Genèse du Consulat, Brumaire, la Constitution de l'an VIII.*

＊19　この議論は、Lynn Hunt, David Lansky, and Paul Hanson, "The Failure of the Liberal Republic in France, 1795-1799: The Road to Brumaire," *Journal of Modern History* 51 (1979): 734-59でくわしく展開されている。

＊20　*Mémoires de La Revelliére-Lépeaux,* 2 vols. (Paris, 1895) 1: 379.

＊21　P. Ciani, *Les Monnaies françaises de la Révolution à la fin du premier empire, 1789 à 1815* (Paris, 1931).

＊22　*Opinion de Boulay* (*de la Meurthe*), *sur la situation de la République, et sur le projet présenté par la commission chargée d'examiner la cause de ses maux, et d'indiquer les moyens de les faire cesser* (séance de la nuit du 19 brumaire an VIII, à Saint Cloud).

＊23　この1節における情報は、Hunt, Lansky, and Hanson, "The Failure of the Liberal Republic in France" からとられている。

＊24　*Die brumairianische Elite: Kontinuität und Wandel der französischen Führungsschicht zwischen Ancien Régime und Julimonarchie* (Stuttgart, 1977), pp. 111-12.

＊25　*Ibid.*, p. 430.

＊26　とはいえ、判別分析は、一七九八年の選挙が一七九五年と一七九七年の結果と首尾一貫していないことをしめした。つまり、右翼の県と左翼の県は、同じようには分離しなかった。それゆえ、一七九八年の結果は、統計から除外した。以下を参照。Lynn Hunt, "The Political Geography of the Revolutionary France," *Journal of Interdisciplinary History* 14 (1984): 535-59.

＊27　*Die brumairianische Elite.* ギーセルマンは、社会的背景、イデオロギー、政治的経歴にかんしては詳細な議論をおこなっている。しかし残念ながら、彼は、どの県の出身なのかについてはほとんど議論していない。

＊28　「それは伝道の熱狂を生みだし、そして実際、宗教的再生のあらゆる側面をそなえていた」(*The Old Regime and the French Revolution*, p. 13)。

＊29　*Ibid.*, pp. 210-11.

訳者あとがき

フランス革命にかんする研究がますます細分化しつつある現在、その総体を独自の観点から統一的に把握して新しい革命像を提示することは、けっして容易な作業ではない。というのも、そのためには、みずからの実証研究のなかからみずみずしい体感として事実を獲得しているばかりでなく、この事実を拠点として膨大で多様な個別的・一般的研究を裁断し、概念化する能力が要求されるからである。リン・ハント『フランス革命の政治文化』(原題は『フランス革命における政治・文化・階級』)は、まぎれもなくそのような条件をみたしている歴史家の作品である。革命二〇〇周年を前にしていくつか総合の試みがあらわれているが、本書はその白眉をなすものといってよいし、これまでのフランス革命論のなかでももっとも傑出した作品のひとつに数えることができよう。しかも本書の内容や方法の射程は、フランス革命史や西洋史をはるかにこえて、日本史や美術史、さらには政治学や文化人類学、社会学や文学理論の領域にまでおよんでいる。翻訳の才にめぐまれているとは思えない私があえて本書の翻訳をひきうけたのも、このような本書の内容をできるだけ多くの人びとに知っていただきたいと念じたからであった。以下では、本書の論点のうち訳者が魅せられた点を中心にして、すこし敷衍しておきたい。

ハントがまずもって強調するのは、フランス革命の固有の成果は、社会的・経済的なものではなく政治的なものであり、レトリックやシンボルや儀式の実践によって構成される新しい「政治文化」の創造であったということ、そしてこの「政治文化」が革命期の政治行動の論理を提供していたということ、である。このような考え方はもちろん、ひとりハントの独創ではない。一九七〇年代後半のフュレやオズーフやアギュロンの研究は、それぞれ革命期のレトリックや祭典や画像を対象として、文化が政治と不可分の関係にあったことを明らかにしていたからである。だが彼らは、このような考え方を表現するために

「政治文化」という用語をもちいたわけではなかった。「政治文化」という用語でもってそのような考え方を代表させ、これをフランス革命の総体を説明する鍵概念にしたてあげたのは、じつにハントの功績なのである。とはいえ、訳者がハントの研究に魅せられたのは、この点よりもむしろ、彼女の独創とみなすべき以下のふたつの論点であった。

第一は、新しい「政治文化」を構成するレトリックとシンボルとの関係をめぐる論点である。ハントは革命家の意図や目的を重視し、しかもその表現である政治的レトリックを文芸批評でいうテクストとしてあつかう。その結果、革命期の政治的レトリックにおいて

は、不平等と相違の社会である過去のフランスの拒否とこれを前提とする国民共同体の創造が強調されており、それゆえ、国民共同体内部に不平等や相違をもちこむ政治家や政党は原理的にみとめられず、自由主義的な政党政治の可能性がとざされることになったことを明らかにする。さらに、革命期のレトリックにおいてこのような組織にもとづく政治が拒否された結果、政治闘争が狭義の政治領域の外部に拡張し、シンボルや儀式の領域（日常生活の領域）で展開されることになった、と指摘する。こういわれてみれば、フランス革命期には集団をつくることが陰謀の企てと同一視された、といった趣旨のアルベール・マティエのかつての指摘を思いだし、ハントとマティエとのあいだの微妙な類縁性に思いをめぐらした人があるいはいるかもしれない（実は訳者もそうだった）。だがそのことを認めたうえでなお、革命期における政治的レトリックをアメリカの場合と比較して分析し、それとシンボルや儀式との関連を明確に定式化したのは、ハントの独創であるといってよいように思われる。マティエの指摘からハントのそれまでには、すくなからざる距離があるからである。

第二は、新しい「政治文化」とそれをつくりだした（そしてそれによってつくりだされた）「新しい政治階級」との関係をめぐる論点である。ハント自身の地道な実証研究をふまえて提示されたこの論点は、説得的であると同時にきわめて独創的である。そもそも、フランス革命を遂行した階級（＝革命的ブルジョワジー）の問題は、革命史研究がはじまって以来の大問題であった。ところがこれまで、この問題は十分な回答をあたえられてこなかった。マルクス主義者にしろ、修正主義者にしろ、アンシャン・レジームや革命後の社会階級の分析から革命をおこなった階級を推定するにとどまり、この階級そのものを実証的かつ包括的に検証することがなかった。これにたいしてハントは、アミアン、ボルドー、ナンシー、トゥルーズという四都市の革命期の市議会議員を中心とする包括的な分析にもとづいて、「新しい政治階級」はアンシャン・レジームの政治指導者にたいして新しいだけでなく、その顔ぶれが革命の一〇年間にほとんどたえまなく変化したことを実証し、従来の常識をくつがえす。これだけでも、フランス革命史研究にとっては、その欠落部分を埋めたという点で重要な成果である。だがハントはさらに、この研究成果を新しい「政治文化」と関連づけて、瞠目すべき議論を展開する。すなわち、革命初期にはアンシャン・レジームとの妥協が可能であると考えられたため、政治指導者のなかには多くの貴族、国王役人、かなりの数の旧世代人の人びとがふくまれていた、だが革命の進行とともに「政治文化」が急進化し、現存のあらゆる慣習や伝統との決裂がよりつよく主張されるようになるにつれて、アンシャン・レジームの権力の中枢に近い者からよりマージナルな者へと、政治階級の性格も変化した。つまり、「新しい政治階級」は、新しい「政治文化」との持続的な相互作用によってかたちをあたえられたのであり、「政治文化」の急進化と相関してその性格と顔ぶれをたえず変えた、というのである。したがって、そもそも「新しい政治階級」は、マルクス主義者や修正主義者が想定したような、安定したひとつの社会的カテゴリーではなかったのだ。このハントの議論（およびそこから展開しうる動態的な革命論）はその卓抜な着想において驚嘆すべきものがあるが、革命期の地方都市の権力構造にかんする彼女自身の実証研究の成果をまってはじめて着想しえた議論であることを忘れてはなるまい。ハントの議論が定説の位置をしめるためにはさらなる実証研究が不可欠であるにしろ、じつに大胆で魅力的な仮説であることはたしかであろう。

以上、ふたつの論点にかぎってハントの独自性の一端についてふれた。総じて彼女の学の特徴は、地道な実証研究に基礎をおきながら、文化人類学、社会学、文学理論、統計学などの隣接諸科学の方法論や考え方を駆使して広い視野から対象にアプローチし、独創性にとむ一連の仮説を提示する点にあるといえよう。

リン・ハントの著作や論文の翻訳はわが国でははじめてなので、以下では彼女にかんして若干の紹介をしておきたい。

リン・ハントは、一九四五年にパナマで生まれたが、少女時代をアメリカ合衆国のミネソタですごした。さらに同じミネソタのカールトン・カレッジで学生時代をおくったのち、本格的な研究の場をカリフォルニアのスタンフォード大学にうつし、ここで一九七三年、近代史部門の博士号を取得した。学位論文のタイトルは、「一七八九年におけるトロワとランスの市政革命」である。翌一九七四年から一三年間、カリフォルニア大学バークリー校で教鞭をとったのち、一九八七年以後は、フィラデルフィアのペンシルヴェニア大学で歴史学教授をつとめて、現在にいたっている。この間、一九八四〜八五年の冬には、フランスの社会科学高等研究院で共同研究の指導にもあたった。現在は、大学で教鞭をとるかたわら、三つの専門誌（*Representations, Journal of Modern History, American Historical Review*）と国際共同企画「フランス革命史料コレクション」の編集委員をつとめており、また、カリフォルニア大学出版局の「社会と文化の歴史にかんする研究」シリーズの共同編者でもある。

①著作

Revolution and Urban Politics in Provincial France: Troyes and Reims, 1786–1790 (Stanford University Press, 1978).（一九八〇年にオーブ県〔トロワが位置する県〕アカデミー協会のアルベール・バボー賞を受賞）

Politics, Culture, and Class in the French Revolution（University of California Press, 1984).（アメリカ歴史協会太平洋岸支部から一九八四〜八五年度の若手研究者による最優秀論文賞を受賞）本書。

The New Cultural History, edited and with an introduction by Lynn Hunt（University of California Press, 1989).

②主要論文（本書『フランス革命の政治文化』以後に発表されたものにかぎる）

"Charles Tilly's Collective Action," in Theda Skocpol, ed., *Vision and Method in Historical Sociology* (Cambridge University Press, 1984), pp. 244–75.

"French History in the Last Twenty Years: The Rise and Fall of the Annales Paradigm," *Journal of Contemporary History*, 21 (1986), pp. 209–24.

(with George Sheridan), "Corporatism, Association, and the Language of Labor in France, 1750–1850," *Journal of Modern History*, 58 (1986), pp. 813–44.

"The 'National Assembly'," in Keith M. Baker, ed., *The French Revolution and the Creation of Modern Political Culture*, vol 1 : *The Political Culture of the Old Regime* (New York, 1987), pp. 403–15.

"The Sacred and the French Revolution," in Jeffrey Alexander, ed., *Durkheimian Sociology: Cultural Studies* (Cambridge, 1988), pp. 25–43.

"The Political Psychology of Revolutionary Caricatures," in *French Caricature and the French Revolution, 1789–1799*, published in conjunction with an exhibition co-organized by the University of California, Los Angeles, and the Bibliothèque Nationale, de France (Los Angeles, 1988), pp. 33–40.

③以上の著作・主要論文のほか、Ph. Ariès et G. Duby, eds., *Histoire de la vie privée*, vol. 4（Paris, 1985–1987）への寄稿、学会での報告論文、歴史辞典への寄稿などが数点ある。

いうまでもなく、本書が完成するまでには、多くの人びとの有形・無形の助力をえた。著者のハントは、訳者の求めにおうじて「日本語版への序文」や経歴などをよせてくれただけでなく、訳者のたびかさなる質問にもすみやかに答えてくれた。日本語にした場合にわかりにくくなってしまう若干の箇所については、協議のうえで、原文そのものを一部書きなおすということさえしていただいた。柴田三千雄、遅塚忠躬の両先生からは、一度ならず励ましのことばをいただいた。とくに遅塚先生には、貴重なアドバイスをいただいただけでなく、きわめて多忙ななかにあって本書のゲラを一読していただいた。そのほか名前をいちいちあげることはできないが、本書の内容が多岐にわたることもあって、多くの方々の御教示をあおいだ。この場をかりて深く感謝したい。また、本書の完成に最後までつきあってくれた平凡社編集部の井上智充氏にも感謝しなければならない。氏は、一般読者の立場から、ともすれば生硬になりがちな私の訳文を容赦なく批判してくれた。もし本書が、その高度な内容にもかかわらず、日本語として比較的わかりやすいものとなっているとすれば、それは、ひとえに井上氏のおかげである。だがありうべき誤訳や悪訳は、ひとり訳者の責任に帰されるべきものであることはいうまでもない。

なお、本書の著者ハントは、本年十月、日本における国際討論会の報告者の一人として来日する予定である。本書がハントとの討論を豊かにすることにすこしでも貢献することができるならば、さいわいである。

一九八九年三月

訳者

ちくま学芸文庫版訳者あとがき

リン・ハント『フランス革命の政治文化』は、もともと、平凡社の「テオリア叢書」の一冊として一九八九年三月に公刊されたものであった。その年の一〇月には、フランス革命二〇〇周年にちなんで日本でも国際シンポジウムが開催され、ハントさんも報告者のひとりとして来日した。その意味では時宜にかなった翻訳・刊行であった。それから三〇年。その間、本書の担当編集者であった井上智充さんは平凡社を退社され、本書も絶版となり、新刊で入手することが不可能になっていた。そのような折り、筑摩書房の伊藤大五郎さんから一通の手紙をいただいたのは、二〇一九年一〇月のことだった。『フランス革命の政治文化』を「ちくま学芸文庫」に収録したいというご提案であった。私も、本書が長らく市場に出回っていないことを日頃から残念だと思っていたので、伊藤さんのご提案を二つ返事で受けることにした。これが、ちくま学芸文庫版の『フランス革命の政治文化』誕生の経緯である。

『フランス革命の政治文化』の国際的なインパクトは、驚くほど大きかった。そのことは、英語で執筆された本書が日本語だけでなく、ドイツ語、イタリア語、スペイン語、ポルトガル語、チェコ語、中国語、フランス語（抄訳）に翻訳されたことからも明らかであろう。また、ハントの著作が刊行された一九八四年以後、とりわけ英語圏の諸国で「政治文化」にかんして膨大な数の著作と論文が刊行されている。ためしに、英国図書館のカタログのデータベースを利用してタイトルに「政治文化 political culture」をふくむ著作数を検索してみれば、一九八四年が画期となっていることがわかる。一九〇〇～一九八四年の冊数が九二冊（そのうち九〇冊は一九五六年以後の著作）であるのに対して、一九八五年以後の冊数は五五〇冊にのぼっているからである。

「政治文化」という用語じたいは、政治学の分野では一九五六年のガブリエル・アーモンドの論文「比較政治システム」以来、政治システムと諸個人の心理的側面の媒介項として、いわばブラックボックスとして位置づけられ、使われてきた。それが、「九〇冊は一九五六年以後の著作」の意味である。けれどもこの政治学における政治文化では、シンボル的要素という意味での文化的要素は否定されていた。

『フランス革命の政治文化』においてフランス革命を理解する鍵概念としてもちいられた「政治文化」は、政治学における政治文化とはまったく異なる考え方を表現する概念であった。そこでは、フランス革命の固有の成果は、ことばやシンボルや儀礼によって構成される「政治文化」の劇的変容であり、この「政治文化」が革命期の政治行動の論理を提供していたとされていたからである。ハントがこのような「政治文化」論を提示していらい、「政治文化」を論じることは、フランス革命史研究においてもっとも重要な課題のひとつとなった。そのことは、一九八九年のフランス革命二〇〇周年を機に、その前後数年にわたって四回、「フランス革命と近代政治文化の創造」を共通テーマとする大規模な国際シンポジウムが開催され、その報告書が公刊されていることからも明らかであろう。二〇〇四年には、『フランス革命の政治文化』の二〇周年版がカリフォルニア大学出版局から刊行されている。

他方、わが国においても、『フランス革命の政治文化』のインパクトは、欧米におけるそれに勝るとも劣らないものがあった。データベース CiNii Books をもちいて検索すると、「政治文化」をタイトルにふくむ著作は、一九五〇〜一九八八年が二七点（そのすべてが一九七〇年代以降の著作）、『フランス革命の政治文化』が出版された一九八九年以後は八四点であった。政治学や西洋史の分野にとどまらず、『平安朝の女性と政治文化』『アイヌと松前の政治文化論』『明治維新期の政治文化』『近代中国の政治文化』など、日本史や東洋史の分野でも「政治文化」をタイトルに掲げた著作が増加し、一九九〇年代以降「政治文化」論は流行現象の様相を呈した。その場合、わが国の歴史学においても、『フランス革命の政治文化』の前半部分、つまりレトリックやシンボルや儀礼などを分析した文化史的部分が独自で刺激的な研究として注目された。

しかしながら、『フランス革命の政治文化』をそのように理解することは、ハントの意図に反していよう。ちくま学芸文庫版の「まえがき」にも明らかなように、ハントが「政治文化」に焦点をあてた意味は、「ことばの通常の意味での政治史も文化史も提供するものではなかった」からである。そうではなく、標準的なマルクス主義の図式、つまり、もっとも重要なファクターとしての「土台」と「土台の機械的な副産物である上部構造としての政治と文化」という図式も、逆に「社会的区分や経済的変化を生み出すものとしての政治や文化」という考え方も是認できなかった結果としての「政治文化」という概念であり、その理解を助けるメタファーとしての「メビウスの帯」であった。したがって、『フランス革命の政治文化』が「政治の社会学」ではなく「政治の詩学」からはじめられているのは、詩学（政治・文化）が社会学（経済・社会）よりも因果関係上の優位性をもつと考えたためではなく、一九八四年の刊行当時は社会学が詩学よりも重要だと考える人びとが多かったからであり、そのような人びとの考え方を揺り動かすためだったということになる。したがってまた、フランス革命の詩学（政治・文化）を分析することが支配的な潮流となった今となっては、政治の社会学が強調されねばならないということになろう。じっさい、ハントも「まえがき」で指摘しているように、フランス革命二〇〇周年以後、少なからざる革命史家が「すべては政治である」と考えるフランソワ・フュレを批判し、「フランス革命の社会的意味を分析する新しい方法」を探求している。つまり、「マルクスの復権」が進行しているのである。

『フランス革命の政治文化』は、フランス革命の総体を新しい「政治文化」の創造という独自の観点から把握して新しい革命像を提示したという点で、これまでのフランス革命論のなかでももっとも傑出した革命論のひとつである。そこには、みずからの実証研究をふくむ膨大な個別的・一般的研究を、社会学、文化人類学、文学理論などの隣接諸科学の方法論や考え方を駆使して一個の作品にまとめあげるハントの総合《サンテーズ》の能力がいかんなく発揮されているといえよう。しかし同時に指摘しておくべきは、前述したように、ハントの戦略性であり、バランス感覚であり、伝統的に継承されてきた考え方や枠組みへの疑念や問い直しである。「政治文化」に焦点を当て、視覚的メタファーとしての「メビウスの帯」を強調した意味も、そこにあった。ハントもこう述べている。「わたしは、この書物におけるすべてのことが完全に妥当なままであると主張するつもりはありませんが、その基本的研究方法、政治と社会とのあいだの、権力の詩学と政治の社会学とのあいだのバランスは、いまでもフランス革命についてのわたしの理解を象徴しています」と。

『フランス革命の政治文化』を「ちくま学芸文庫」に収録するにあたって、著者のハントさんは今回も「まえがき」をよせてくれるとともに、ご自身の写真を提供してくれた（なお、ハントさんは、二〇一三年からカリフォルニア大学ロサンゼルス校の「特別研究教授」となっている）。またこの機会に、平凡社のテオリア叢書版の訳文を原文と照合し、不適切と思われる訳語や表記を修正するなどして、日本語としてより自然で読みやすい訳文となるようにつとめた。とくに相関分析にかかわる訳文については、同僚の渡邊大輔さんの知恵を借りた。だがなによりも、筑摩書房の伊藤大五郎さんの慧眼と冒険魂に感謝すべきであろう。『フランス革命の政治文化』を「文庫」の一冊とするには尋常ではない眼と魂が必要とされると思われるからである。本書が文庫本というかたちで新しい、より広い読者を獲得し、新たなかたちで読まれることを願ってやまない。

二〇二〇年三月　松浦義弘

索　引

1　本索引は原則として原著の索引にもとづき、収録範囲は本文および原注である。
2　当該の見出し語がもちいられていない場合でも、内容上の言及があれば収録した。
3　送り項目は→で、参照すべき関連項目は⟶でしめした。また、見出し語をくりかえす場合は——をもちいた。
4　原注への指示は注番号によった。たとえば、序 n1、③ n2 はそれぞれ、序説の原注1、第3章の原注2をしめす。

あ行

か行

さ行

た行

な行

は行

ま行

や行

ら行

わ行

本書は一九八九年三月、平凡社より刊行された。

緑の資本論　中沢新一

『資本論』の核心である価値形態論を一神教的に再構築することで、自壊する資本主義からの脱出の道を考察した、画期的論考。（矢田部和彦）

反＝日本語論　蓮實重彥

仏文学者の著者、フランス語を母国語とする夫人、日仏両語で育つ令息。三人が遭う言語的葛藤から見えてくるものとは？（シャンタル蓮實）

橋爪大三郎の政治・経済学講義　橋爪大三郎

政治は、経済は、どう動くのか。この時代を生きるために、日本と世界の現実を見定める目を養い、考える材料を蓄え、構想する力を培う基礎講座！

フラジャイル　松岡正剛

なぜ、弱さは強さよりも深いのか？　薄弱・断片・あやうさ・境界・異端……といった感覚に光をあて、「弱さ」のもつ新しい意味を探る。（高橋睦郎）

言葉とは何か　丸山圭三郎

言語学・記号学についての優れた入門書。ソシュール研究の泰斗が、平易な語り口で言葉の謎に迫る。術語・人物解説、図書案内付き。（中尾浩）

〈ひと〉の現象学　鷲田清一

知覚、理性、道徳等。ひとをめぐる出来事は、哲学の主題と常に伴走する。ヘーゲル的綜合を目指すのでなく、問いに向きあいゆるやかにトレースする。

空間の詩学　ガストン・バシュラール　岩村行雄訳

家、宇宙、貝殻など、さまざまな空間が喚起する詩的イメージ。新たなる想像力の現象学を提唱し、人間の夢想に迫るバシュラール詩学の頂点。

リキッド・モダニティを読みとく　ジグムント・バウマン　酒井邦秀訳

変わらぬ確かなものなどもはや何一つない現代世界。社会学の泰斗が身近な出来事や世相から〈液状化〉の具体相に迫る真摯で痛切な論考。文庫オリジナル。

社会学の考え方〔第2版〕　ジグムント・バウマン／ティム・メイ　奥井智之訳

日常世界はどのように構成されているのか。日々変化する現代社会をどう読み解くべきか。読者を〈社会学的思考〉の実践へと導く最高の入門書。新訳。

コミュニティ
ジグムント・バウマン
奥井智之訳
グローバル化し個別化する世界のなかで、コミュニティはいかなる様相を呈しているか。安全をとるか、自由をとるか。代表的社会学者が根源から問う。

ウンコな議論
ハリー・G・フランクファート
山形浩生訳／解説
ごまかし、でまかせ、いいのがれ。なぜ世の中、こんなものがみちるのか。道徳哲学の泰斗がその正体とカラクリを解く。爆笑必至の訳者解説を付す。

世界リスク社会論
ウルリッヒ・ベック
島村賢一訳
迫りくるリスクは我々から何を奪い、何をもたらすのか。『危険社会』の著者が、近代社会の根本原理をくつがえすリスクの本質と可能性に迫る。

民主主義の革命
エルネスト・ラクラウ／シャンタル・ムフ
西永亮／千葉眞訳
グラムシ、デリダらの思想を摂取し、根源的で複数的なデモクラシーへ向けて、新たなヘゲモニー概念を提示した、ポスト・マルクス主義の代表作。

鏡の背面
コンラート・ローレンツ
谷口茂訳
人間の認識システムはどのように進化してきたのか、そしてその特徴とは。ノーベル賞受賞の動物行動学者が試みた抱括的知識による壮大な総合人間哲学。

人間の条件
ハンナ・アレント
志水速雄訳
人間の活動的生活を《労働》《仕事》《活動》の三側面から考察し、《労働》優位の近代世界を思想史的に批判したアレントの主著。（阿部齊）

革命について
ハンナ・アレント
志水速雄訳
《自由の創設》をキイ概念としてアメリカとヨーロッパの二つの革命を比較・考察し、その最良の精神を二〇世紀の惨状から救い出す。（川崎修）

暗い時代の人々
ハンナ・アレント
阿部齊訳
自由が著しく損なわれた時代を自らの意思に従い行動し、生きた人々。政治・芸術・哲学への鋭い示唆を含み描かれる普遍的人間論。（村井洋）

責任と判断
ハンナ・アレント
ジェローム・コーン編
中山元訳
思想家ハンナ・アレント後期の未刊行論文集。人間の責任の意味と判断の能力を考察し、考える能力の喪失により生まれる〈凡庸な悪〉を明らかにする。

政治の約束
ハンナ・アレント
ジェローム・コーン編
高橋勇夫訳

われわれにとって「自由」とは何であるのか——。政治思想の起源から到達点までを描き、政治的経験の意味に根底から迫った、アレント思想の精髄。

プリズメン
Th・W・アドルノ
渡辺祐邦／三原弟平訳

「アウシュヴィッツ以後、詩を書くことは野蛮である」。果てしなく進行する大衆の従順化と、絶対的物象化の時代における文化批判のあり方を問う。

スタンツェ
ジョルジョ・アガンベン
岡田温司訳

西洋文化の豊饒なイメージの宝庫を自在に横切り、愛・言葉そして喪失の想像力が表象に与えた役割をたどる。21世紀を牽引する哲学者の博覧強記。

事物のしるし
ジョルジョ・アガンベン
岡田温司／岡本源太訳

パラダイム・しるし・哲学的考古学の鍵概念のもと、「しるし」の起源や特権的領域を探求する。私たちを西洋思想史の彼方に誘うユニークかつ重要な一冊。

アタリ文明論講義
ジャック・アタリ
林昌宏訳

歴史を動かすのは先を読む力だ。混迷を深める現代文明の行く末を見通し対処するにはどうすればよいのか。「欧州の知性」が危難の時代を読み解く。

プラトンに関する十一章
アラン
森進一訳

『幸福論』が広く静かに読み継がれているモラリスト、アラン。卓越した哲学教師でもあった彼が平易かつ明快にプラトン哲学の精髄を説いた名著。

コンヴィヴィアリティのための道具
イヴァン・イリイチ
渡辺京二／渡辺梨佐訳

破滅に向かう現代文明の大転換はまだ可能だ！ 人間本来の自由と創造性が最大限活かされる社会をどう作るか。イリイチが遺した不朽のマニフェスト。

重力と恩寵
シモーヌ・ヴェイユ
田辺保訳

「重力」に似たものから、どのようにして免れればよいのか……ただ「恩寵」によって。苛烈な自己無化への意志に貫れた、独自の思索の断想集。ティボン編。

工場日記
シモーヌ・ヴェイユ
田辺保訳

人間のありのままの姿を知り、愛し、そこで生きたい——女工となった哲学者が、極限の状況で自己犠牲と献身について考え抜き、克明に綴った、魂の記録。

青色本
L・ウィトゲンシュタイン
大森荘蔵訳
「語の意味とは何か」。端的な問いかけで始まるこのコンパクトな書は、初めて読むウィトゲンシュタインとして最適な一冊。（野矢茂樹）

法の概念〔第3版〕
H・L・A・ハート
長谷部恭男訳
法とは何か。ルールの秩序という観念でこの難問に立ち向かい、法哲学の新たな地平を拓いた名著。批判に応える「後記」を含め、平明な新訳でおくる。

解釈としての社会批判
マイケル・ウォルツァー
大川正彦／川本隆史訳
社会の不正を糺すのに、普遍的な道徳を振りかざすだけでは有効でない。暮らしに根ざしながら同時にラディカルな批判が必要だ。その可能性を探究する。

ポパーとウィトゲンシュタインとのあいだで交わされた世上名高い10分間の大激論の謎
デヴィッド・エドモンズ／ジョン・エーディナウ
二木麻里訳
このすれ違いは避けられない運命だった？　二人の思想の歩み、そして大激論の真相に、ウィーン学団の人間模様やヨーロッパの歴史的背景から迫る。

大衆の反逆
オルテガ・イ・ガセット
神吉敬三訳
二〇世紀の初頭、《大衆》という現象の出現とその功罪を論じながら、自ら進んで困難に立ち向かう《真の貴族》という概念を対置した警世の書。

死にいたる病
S・キルケゴール
桝田啓三郎訳
死にいたる病とは絶望であり、絶望を深く自覚し神の前に自己をすてる。実存的な思索の深まりをデンマーク語原著から訳出し、詳細な注を付す。

ニーチェと悪循環
ピエール・クロソウスキー
兼子正勝訳
永劫回帰の啓示がニーチェに与えたものは、同一性の下に潜在する無数の強度の解放である。二十一世紀にあざやかに蘇る、逸脱のニーチェ論。

世界制作の方法
ネルソン・グッドマン
菅野盾樹訳
世界は「ある」のではなく、「制作」されるのだ。芸術・科学・日常経験・知覚など、幅広い分野で徹底した思索を行ったアメリカ現代哲学の重要著作。

新編 現代の君主
アントニオ・グラムシ
上村忠男編訳
労働運動を組織しイタリア共産党を指導したグラムシ。獄中で綴られたそのテキストから、いま読み直されるべき重要な29篇を選りすぐり注解する。

存在と無 Ⅲ
ジャン＝ポール・サルトル
松浪信三郎訳
Ⅲ巻は、第四部「持つ」「為す」「ある」を収録。この三つの基本的カテゴリーとの関連で人間の行動を分析し、絶対的自由を提唱。（北村晋）

公共哲学
マイケル・サンデル
鬼澤忍訳
経済格差、安楽死の幇助、市場の役割など、私達が現代の問題を考えるのに必要な思想とは？　ハーバード大講義で話題のサンデル教授の主著、初邦訳。

パルチザンの理論
カール・シュミット
新田邦夫訳
二〇世紀の戦争を特徴づける「絶対的な敵」殲滅の思想の端緒を、レーニン・毛沢東らの《パルチザン》戦争という形態のなかに見出した画期的論考。

政治思想論集
カール・シュミット
服部平治／宮本盛太郎訳
現代新たな角度で脚光をあびる政治哲学の巨人が、その思想の核を明かしたテクストを精選して収録。権力の源泉や限界といった基礎もわかる名論文集。

神秘学概論
ルドルフ・シュタイナー
高橋巖訳
宇宙論、人間論、進化の法則と意識の発達史を綴り、シュタイナー思想の根幹を展開する——四大主著の一冊、渾身の訳し下し。（笠井叡）

神智学
ルドルフ・シュタイナー
高橋巖訳
神秘主義的思考を明晰な思考に立脚した精神科学へと再編し、知性と精神性の健全な融合をめざしたシュタイナーの根本思想。四大主著の一冊。

いかにして超感覚的世界の認識を獲得するか
ルドルフ・シュタイナー
高橋巖訳
すべての人間には、特定の修行を通して高次の認識を獲得できる能力が潜在している。その顕在化のための道すじを詳述する不朽の名著。

自由の哲学
ルドルフ・シュタイナー
高橋巖訳
社会の一員である個人の究極の自由はどこに見出されるのか。思考は人間に何をもたらすのか。シュタイナー全業績の礎をなしている認識論哲学。

治療教育講義
ルドルフ・シュタイナー
高橋巖訳
障害児が開示するのは、人間の異常性ではなく霊性である。人智学の理論と実践を集大成したシュタイナー晩年の最重要講義。改訂増補決定版。

人智学・心智学・霊智学
ルドルフ・シュタイナー
高橋巖 訳
身体・魂・霊に対応する三つの学が、霊視霊聴を通じた存在の成就への道を語りかける。人智学協会の創設へ向け最も注目された時期の率直な声。

ジンメル・コレクション
ゲオルク・ジンメル
北川東子編訳
鈴木直 訳
都会、女性、モード、貨幣をはじめ、取っ手や橋・扉にまで哲学的思索を向けた「エッセーの思想家」の姿を一望する新編・新訳のアンソロジー。

宴のあとの経済学
E・F・シューマッハー
長洲一二監訳
伊藤拓一 訳
『スモール イズ ビューティフル』のシューマッハー最後の書。地産地消を軸とする新たな経済共同体の構築を実例をあげ提言する。（中村達也）

私たちはどう生きるべきか
ピーター・シンガー
山内友三郎監訳
社会の10％の人が倫理的に生きれば、政府が行う社会変革よりもずっと大きな力となる――環境・動物保護の第一人者が、現代に生きる意味を鋭く問う。

自然権と歴史
レオ・シュトラウス
塚崎智／石崎嘉彦訳
自然権の否定こそが現代の深刻なニヒリズムをもたらした。古代ギリシアから近代に至る思想史を大胆に読み直し、自然権論の復権をはかる20世紀の名著。

生活世界の構造
アルフレッド・シュッツ／トーマス・ルックマン
那須壽 監訳
「事象そのものへ」という現象学の理念を社会学研究で実践し、日常を生きる「普通の人びと」の視点から日常生活世界の「自明性」を究明した名著。

悲劇の死
ジョージ・スタイナー
喜志哲雄／蜂谷昭雄訳
現実の「悲劇」性が世界をおおい尽くしたとき、劇形式としての悲劇は死を迎えた。二〇世紀の悲惨を目のあたりにして描く、壮大な文明批評。

哲学ファンタジー
レイモンド・スマリヤン
高橋昌一郎訳
論理学の鬼才が、軽妙な語り口ながら、切れ味抜群の思考法で哲学から倫理学まで広く論じた対話篇。哲学することの魅力を堪能しつつ、思考を鍛える！

ハーバート・スペンサー コレクション
ハーバート・スペンサー
森村進編訳
自由はどこまで守られるべきか。リバタリアニズムの源流となった思想家の理論の核が凝縮された論考を精選し、平明な訳で送る。文庫オリジナル編訳。

ナショナリズムとは何か
アントニー・D・スミス
庄司信訳

ナショナリズムは創られたものか、それとも自然なものか。この矛盾に満ちた心性の正体を、世界的権威が徹底的に解説する。最良の入門書、本邦初訳。

反解釈
スーザン・ソンタグ
高橋康也他訳

《解釈》を偏重する在来の批評に対し、《形式》を感受する官能美学の必要性をとき、理性や合理主義に対する感性の復権を唱えたマニフェスト。

声と現象
ジャック・デリダ
林好雄訳

フッサール『論理学研究』の綿密な読解を通して、「脱構築」「痕跡」「差延」「代補」「エクリチュール」など、デリダ思想の中心的〝操作子〟を生み出す。

歓待について
ジャック・デリダ
アンヌ・デュフールマンテル序論
廣瀬浩司訳

異邦人=他者を迎え入れることはどこまで可能か？ギリシャ悲劇、クロソウスキーなどを経由し、この喫緊の問いにひそむ歓待の（不）可能性に挑む。

省察
ルネ・デカルト
山田弘明訳

徹底した懐疑の積み重ねから、確実な知識を探り世界を証明づける。哲学入門者が最初に読むべき、近代哲学の源泉たる一冊。詳細な解説付新訳。

哲学原理
ルネ・デカルト
山田弘明／吉田健太郎／久保田進一／岩佐宣明訳・注解

『省察』刊行後、その知のすべてが記された本書は、デカルト形而上学の最終形態といえる。第一部の新訳と解題・詳細な解説を付す決定版。

方法序説
ルネ・デカルト
山田弘明訳

「私は考える、ゆえに私はある」。近代以降すべての哲学は、この言葉で始まった。世界中で最も読まれている哲学書の完訳。平明な徹底解説付。

宗教生活の基本形態（上）
エミール・デュルケーム
山﨑亮訳

宗教社会学の古典的名著を清新な新訳で。オーストラリアのトーテミスムにおける儀礼の研究から、宗教の本質的要素=宗教生活の基本形態を析出する。

宗教生活の基本形態（下）
エミール・デュルケーム
山﨑亮訳

「最も原始的で単純な宗教」の分析から、宗教を、社会を「作り直す」行為の体系として位置づけ、20世紀人文学の原点となった名著。詳細な訳者解説を付す。

社会分業論
エミール・デュルケーム
田原音和訳
人類はなぜ社会を必要としたか。社会はいかにして発展するか。近代社会学の嚆矢をなすデュルケーム畢生の大著を定評ある名訳で送る。（菊谷和宏）

公衆とその諸問題
ジョン・デューイ
阿部齊訳
大衆社会の到来とともに公共性の成立基盤は衰退した。民主主義は再建可能か？ プラグマティズムの代表的思想家がこの難問を考究する。（宇野重規）

旧体制と大革命
A・ド・トクヴィル
小山勉訳
中央集権の確立、パリ一極集中、そして平等を自由に優先させる精神構造――フランス革命の成果は、実は旧体制の時代にすでに用意されていた。

ニーチェ
ジル・ドゥルーズ
湯浅博雄訳
〈力〉とは差異にこそその本質を有している――ニーチェのテキストを再解釈し、尖鋭なポスト構造主義的イメージを提出した、入門的な小論考。

カントの批判哲学
ジル・ドゥルーズ
國分功一郎訳
近代哲学を再構築してきたドゥルーズが、三批判書を追いつつカントの読み直しを図る。ドゥルーズ哲学が形成される契機となった一冊。新訳。

基礎づけるとは何か
ジル・ドゥルーズ
國分功一郎／長門裕介／西川耕平編訳
より幅広い問題に取り組んでいた、初期の未邦訳論考集。思想家ドゥルーズの「企画の種子」群を紹介し、彼の思想の全体像をいま一度描きなおす。

スペクタクルの社会
ギー・ドゥボール
木下誠訳
状況主義――「五月革命」の起爆剤のひとつとなった芸術＝思想運動――の理論的支柱で、最も急進的かつトータルな現代消費社会批判の書。

論理哲学入門
E・トゥーゲントハット／U・ヴォルフ
鈴木崇夫／石川求訳
論理学とは何か。またそれは言語や現実世界とどんな関係にあるのか。哲学史への確かな目配りと強靭な思索をもって解説するドイツの定評ある入門書。

ニーチェの手紙
茂木健一郎編・解説
塚越敏／眞田収一郎訳
哲学の全歴史を一新させた偉人が、思いを寄せる女性に綴った真情溢れる言葉から、手紙に残した名句まで――書簡から哲学者の真の人間像と思想に迫る。

存在と時間　上・下
M・ハイデッガー
細谷貞雄訳
哲学の根本課題、存在の問題を、現存在としての人間の時間性の視界から解明した大著。刊行時すでに哲学の古典と称された20世紀の記念碑的著作。

「ヒューマニズム」について
M・ハイデッガー
渡邊二郎訳
『存在と時間』から二〇年、沈黙を破った哲学者の後期の思想の精髄。「人間」ではなく「存在の真理」の思索を促す、書簡体による存在論入門。

ドストエフスキーの詩学
ミハイル・バフチン
望月哲男／鈴木淳一訳
ドストエフスキーの画期性とは何か？《ポリフォニー論》と《カーニバル論》という、魅力にみちた二視点を提起した先駆的著作。（望月哲男）

表徴の帝国
ロラン・バルト
宗左近訳
「日本」の風物・慣習に感嘆しつつもそれらを〈零度〉に解体し、詩的素材としてエクリチュールとシーニュについての思想を展開させたエッセイ集。

エッフェル塔
ロラン・バルト
宗左近／諸田和治訳
伊藤俊治図版監修
塔によって触発される表徴を次々に展開させることで、その創造力を自在に操る、バルト独自の構造主義的思考の原形。解説・貴重図版多数併載。

エクリチュールの零度
ロラン・バルト
森本和夫／林好雄訳註
哲学・文学・言語学など、現代思想の幅広い分野に怖るべき影響を与え続けているバルトの理論的主著。詳註を付した新訳決定版。（林好雄）

映像の修辞学
ロラン・バルト
蓮實重彥／杉本紀子訳
イメージは意味の極限である。広告写真や報道写真、そして映画におけるメッセージの記号を読み解き、意味を探り、自在に語る魅惑の映像論集。

ロラン・バルト　中国旅行ノート
ロラン・バルト
桑田光平訳
一九七四年、毛沢東政権下の中国を訪れたバルトの旅行の記録。それは書かれなかった中国版「記号の国」への覚書だった。新草稿、本邦初訳。（小林康夫）

ロラン・バルト　モード論集
ロラン・バルト
山田登世子編訳
エスプリの弾けるエッセイから、初期の金字塔『モードの体系』に至る記号学的モード研究まで。初期のバルトの才気が光るモード論考集。オリジナル編集・新訳。

呪われた部分
ジョルジュ・バタイユ
酒井健訳
「蕩尽」こそが人間の生の本来的目的である！ 思想界を震撼させ続けたバタイユの主著、45年ぶりの待望の新訳。沸騰する生と意識の覚醒へ！

エロティシズム
ジョルジュ・バタイユ
酒井健訳
人間存在の根源的な謎を、鋭角で明晰な論理で解き明かす、バタイユ思想の核心。禁忌とは、侵犯とは何か？ 待望久しかった新訳決定版。

宗教の理論
ジョルジュ・バタイユ
湯浅博雄訳
聖なるものの誕生から衰滅までをつきつめ、宗教の根源的核心に迫る。文学、芸術、哲学、そして人間にとって宗教の〈理論〉とは何なのか。

純然たる幸福
ジョルジュ・バタイユ
酒井健編訳
著者の思想の核心をなす重要論考20篇を収録。文庫化にあたり「クレー」「ヘーゲル弁証法の基底への批判」「シャプサルによるインタビュー」を増補。

エロティシズムの歴史
ジョルジュ・バタイユ
湯浅博雄／中地義和訳
三部作として構想された『呪われた部分』の第二部。荒々しい力〈性〉の禁忌に迫り、エロティシズムの本質を暴く、バタイユの真骨頂たる一冊。（吉本隆明）

エロスの涙
ジョルジュ・バタイユ
森本和夫訳
エロティシズムは禁忌と侵犯の中にこそあり、それは死と切り離すことができない。二百数十点の図版で構成されたバタイユの遺著。（林好雄）

呪われた部分 有用性の限界
ジョルジュ・バタイユ
中山元訳
『呪われた部分』草稿、アフォリズム、ノートなど15年にわたり書き残した断片。バタイユの思想体系の全体像と精髄を浮き彫りにする待望の新訳。

ニーチェ覚書
ジョルジュ・バタイユ編著
酒井健訳
バタイユが独自の視点で編んだニーチェ箴言集。ニーチェを深く読み直す営みから生まれた本書には二人の思想が相響きあっている。詳細な訳者解説付き。

入門経済思想史 世俗の思想家たち
R・L・ハイルブローナー
八木甫ほか訳
何が経済を動かしているのか。スミスからマルクス、ケインズ、シュンペーターまで、経済思想の巨人たちのヴィジョンを追う名著の最新版訳。

分析哲学を知るための
哲学の小さな学校
ジョン・パスモア
大島保彦／高橋久一郎訳

数々の名テキストで哲学ファンを魅了してきた分析哲学界の重鎮が、現代哲学を総ざらい！　思考や議論の技を磨きつつ、哲学史を学べる便利な一冊。

表現と介入
イアン・ハッキング
渡辺博訳

科学にとって「在る」とは何か？　科学は真理を捉えられるのか？　現代哲学の鬼才が20世紀を揺るがした問いの数々に鋭く切り込む！　（戸田山和久）

社会学への招待
ピーター・L・バーガー
水野節夫／村山研一訳

社会学とは、「当たり前」とされてきた物事をあえて疑い、その背後に隠された謎を探求しようとする営みである。長年親しまれてきた大定番の入門書。

聖なる天蓋
ピーター・L・バーガー
薗田稔訳

全ての社会は自らを究極的に審級する象徴の体系、「聖なる天蓋」をもつ。宗教について理論・歴史の両面から新たな理解をもたらした古典的名著。

人知原理論
ジョージ・バークリー
宮武昭訳

「物質」なるものなど存在しない——。バークリーの思想的核心が、平明このうえない訳文と懇切丁寧な注釈により明らかとなる。主著、待望の新訳。

デリダ
ジェフ・コリンズ
鈴木圭介訳

「脱構築」「差延」の概念で知られるデリダ。現代思想に偉大な軌跡を残したその思想をわかりやすくビジュアルに紹介。丁寧な年表、書誌を付す。

ベンヤミン
ケイギル／コールズ／アピニャネジ
久保哲司訳

〈批評〉を哲学に変えた思想家ベンヤミン。親和力、多孔質、アウラ、廃墟などのテーマを通してその思想の迷宮をわかりやすく解説。詳細な年譜・文献付。

ビギナーズ 哲学
デイヴ・ロビンソン文
ジュディ・グローヴズ画
鬼澤忍訳

初期ギリシャからポストモダンまで。社会思想や科学哲学も射程に入れ、哲学史を見通すビジュアルガイド。哲学が扱ってきた問題が浮き彫りになる！

ビギナーズ 倫理学
デイヴ・ロビンソン文
クリス・ギャラット画
鬼澤忍訳

正義とは何か？　なぜ善良な人間であるべきか？　倫理学の重要論点を見事に整理した、道徳的カオスの中を生き抜くためのビジュアル・ブック。

ビギナーズ『資本論』
マイケル・ウェイン
チェ・スンギョン画
鈴木直監訳　長谷澪訳
『資本論』は今も新しい古典だ！　むずかしい議論や概念を、具体的な事実や例を通してわかりやすく読み解き、今読まれるべき側面を活写する。（鈴木直）

宗教の哲学
ジョン・ヒック
間瀬啓允／稲垣久和訳
古今東西の宗教の多様性と普遍性は、究極的実在に対する様々に異なるアプローチであり応答である。「宗教的多元主義」の立場から行う哲学的考察。

自我論集
ジークムント・フロイト
竹田青嗣編
中山元訳
フロイト心理学の中心、「自我」理論の展開をたどる新編・新訳のアンソロジー。「快感原則の彼岸」「自我とエス」など八本の主要論文を収録。

明かしえぬ共同体
モーリス・ブランショ
西谷修訳
G・バタイユが孤独な内的体験のうちに失うという形で見出した〈共同体〉。そして、M・デュラスが描いた奇妙な男女の不可能な愛の〈共同体〉。

フーコー・コレクション（全6巻＋ガイドブック）
ミシェル・フーコー
小林康夫／石田英敬／松浦寿輝編
20世紀最大の思想家フーコーの活動を網羅した『ミシェル・フーコー思考集成』。その多岐にわたる思考のエッセンスをテーマ別に集約する。

フーコー・コレクション１　狂気・理性
ミシェル・フーコー
小林康夫／石田英敬／松浦寿輝編
第1巻は、西欧の理性がいかに狂気を切りわけてきたかという最初期の問題系をテーマとする諸論考。“心理学者”としての顔に迫る。（小林康夫）

フーコー・コレクション２　文学・侵犯
ミシェル・フーコー
小林康夫／石田英敬／松浦寿輝編
狂気と表裏をなす「不在」の経験として、文学がフーコーによって読み解かれる。人間の境界＝極限を、その言語活動に探る文学論。（小林康夫）

フーコー・コレクション３　言説・表象
ミシェル・フーコー
小林康夫／石田英敬／松浦寿輝編
ディスクール分析を通しフーコー思想の重要概念も精緻化されていく。『言葉と物』から『知の考古学』へ研ぎ澄まされる方法論。（松浦寿輝）

フーコー・コレクション４　権力・監禁
ミシェル・フーコー
小林康夫／石田英敬／松浦寿輝編
政治への参加とともに、フーコーの主題として「権力」の問題が急浮上する。規律社会に張り巡らされた巧妙なるメカニズムを解明する。（松浦寿輝）

フーコー・コレクション5　性・真理
ミシェル・フーコー　小林康夫／石田英敬／松浦寿輝編
どのようにして、人間の真理が〈性〉にあるとされてきたのか。欲望的主体の系譜を遡り、「自己の技法」の主題へと繋がる論考群。（石田英敬）

フーコー・コレクション6　生政治・統治
ミシェル・フーコー　小林康夫／石田英敬／松浦寿輝編
西洋近代の政治機構を、領土・人口・治安など、権力論から再定義する。近年明らかにされてきたフーコー最晩年の問題群を読む。（石田英敬）

フーコー・コレクション　フーコー・ガイドブック
ミシェル・フーコー　小林康夫／石田英敬／松浦寿輝編
20世紀の知の巨人フーコーは何を考えたのか。主要著作の内容紹介・本人による講義要旨・詳細な年譜で、その思考の全貌を一冊に完全集約！

マネの絵画
ミシェル・フーコー　阿部崇訳
19世紀美術史にマネがもたらした絵画表象のテクニックとモードの変革を、13枚の絵で読解。フーコーの伝説的講演録に没後のシンポジウムを併録。

間主観性の現象学　その方法
エトムント・フッサール　浜渦辰二／山口一郎監訳
主観や客観、観念論や唯物論を超えて「現象」そのものを解明したフッサール現象学の中心課題。現代哲学の大きな潮流「他者」論の成立を促す。本邦初訳。

間主観性の現象学Ⅱ　その展開
エトムント・フッサール　浜渦辰二／山口一郎監訳
フッサール現象学のメインテーマ第Ⅱ巻。自他の身体の構成から人格的生の精神共同体までを分析し、真の関係性を喪失した孤立する実存の限界を克服。

間主観性の現象学Ⅲ　その行方
エトムント・フッサール　浜渦辰二／山口一郎監訳
間主観性をめぐる方法、展開をへて、その究極の目的（行方）が、真の人間性の実現に向けた普遍的目的論として呈示される。壮大な構想の完結篇。

内的時間意識の現象学
エトムント・フッサール　谷徹訳
時間は意識のなかでどのように構成されるのか。哲学・思想・科学に大きな影響を及ぼしている名著の新訳。詳密な訳注を付し、初学者の理解を助ける。

風土の日本
オギュスタン・ベルク　篠田勝英訳
自然を神の高みに置く一方、無謀な自然破壊をする日本人の風土とは何か？　フランス日本学の第一人者による画期的な文化・自然論。（坂部恵）

ちくま学芸文庫

フランス革命《かくめい》の政治《せいじ》文化《ぶんか》

二〇二〇年五月十日　第一刷発行

著　者　リン・ハント
訳　者　松浦義弘（まつうら・よしひろ）
発行者　喜入冬子
発行所　株式会社　筑摩書房
東京都台東区蔵前二―五―三　〒一一一―八七五五
電話番号　〇三―五六八七―二六〇一（代表）
装幀者　安野光雅
印刷所　三松堂印刷株式会社
製本所　三松堂印刷株式会社

ISBN978-4-480-09974-7 C0122